AF493656

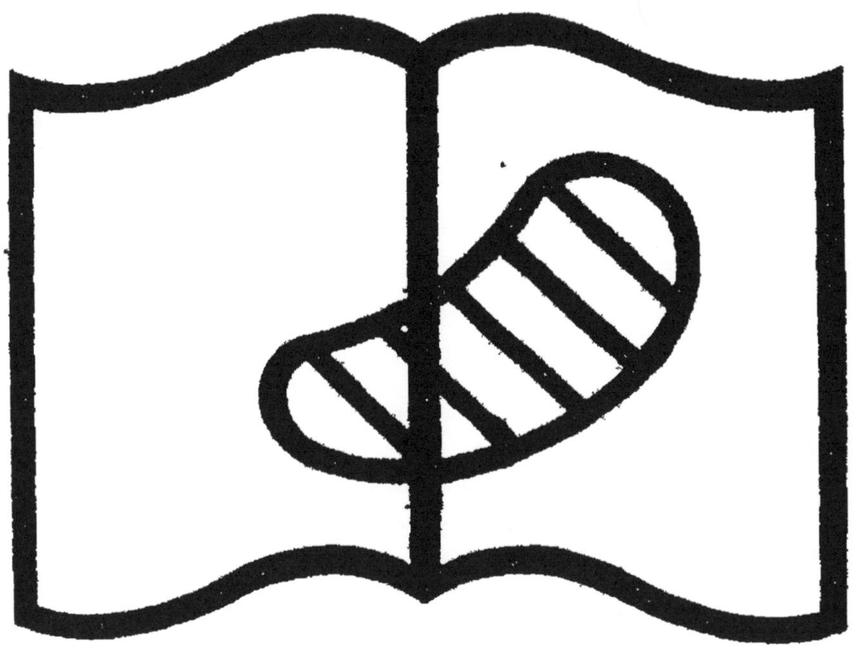

MONOGRAPHIE

DES COMMUNES

DU CHAROLLAIS ET DU BRIONNAIS

2

DÉPARTEMENT DE SAONE-&-LOIRE

MONOGRAPHIE

DES COMMUNES DU

CHAROLLAIS

ET

DU BRIONNAIS

Par F. M. D.

NOMBREUSES ILLUSTRATIONS HORS TEXTE

IIᴱ VOLUME

CHARLIEU
IMPRIMERIE TYPOGRAPHIQUE E. MICOLON

1904

AVANT-PROPOS

Dans le précédent volume, il a été question des communes se rattachant directement au Charollais. Dans celui-ci nous nous occuperons spécialement du territoire qu'on est convenu aujourd'hui d'appeler le Brionnais.

Autrefois, ce canton habité par les Brannovii, dont Briant et Briennon (Loire) paraissent avoir conservé le nom, était bien plus étendu qu'il ne l'est actuellement. Au moyen âge Charlieu en faisait partie, selon Papyre Masson. On voit des reprises de fief faites au baron de Semur par les seigneurs du Mont (St-Nizier-sous-Charlieu) et d'autres vassaux voisins. Un certain nombre de paroisses rattachées depuis au Mâconnais portent encore un nom d'origine brionnaise, telles que Saint-Laurent-en-Brionnais, Colombier-en-Brionnais, etc.

Selon Courtépée, le Brionnais s'étendait jadis sur les deux rives de la Loire depuis Briennon jusqu'à Digoin, en comprenant la vallée du Sornin et partie de celle de l'Arroux, de l'Arconce, de la Bourbince et de la Semence.

L'Assemblée constituante en forma les cantons de Marcigny et de Semur dont nous allons nous occuper.

F. M. D.

Cluny : Vue de l'Abbaye, monument historique (XIIe et XVIIIe siècle).

MARCIGNY

2 578 habitants. — Poste et gare de la localité, 28 kilomètres de Charolles. — Voitures pour Chauffailles, La Clayette et Charlieu. — Superficie : 802 hectares, dont 432 en prairies, 290 en céréales et cultures, 80 en vignes. — Vins tendres. — Fabrique de poterie, carrosserie, pâtisseries. — Ville à un kilomètre de la Loire, à l'entrée d'un fertile vallon. — Eglise romane du XIVe siècle. — Commerce important de bétail et de produits de basse-cour. — Centre du commerce des environs. — Tissage de la soie.

Cette ville, située à l'entrée d'un vallon fertile et sur la rivière du Merdasson, est à un kilomètre de la Loire. Le Merdasson qui descend de Semur a souvent inondé Marcigny. Les principales crues connues sont celles de 1738, 1755, 1764 et juin 1904.

Autrefois, cette localité était construite plus près du fleuve, dans le voisinage de l'église Saint-Nicolas, aujourd'hui détruite. L'histoire de Marcigny ne remonte pas au-delà du IXe siècle et se confond avec celle de son prieuré.

Ce fut en 1054 que saint Hugues de Semur, sixième abbé de Cluny, y fonda un monastère de religieuses bénédictines pour les dames nobles. La mère de Hugues le Grand, Aremburge de Vergy, femme de Dalmace de Semur, eut, avant sa naissance, le pressentiment des destinées religieuses de son fils.

Après avoir fait ses premières études chez les moines de Chalon, le jeune Hugues entra à Cluny à l'âge de 15 ans. Dix ans plus tard, ses vertus, ses talents, le firent élire abbé de la célèbre abbaye.

L'éclat de sa naissance, les alliances de sa famille, sa physionomie, son habileté dans les affaires, contribuèrent à lui donner l'autorité qu'il exerça sur ses contemporains. Il termina un différend avec l'empereur d'Allemagne, Henri le Noir, au sujet de l'abbaye de Payerne. Il amena la réconciliation du roi de Hongrie, André, avec l'empereur d'Allemagne, et celle plus difficile du pape Grégoire VII et d'Henri IV, le vaincu de Canossa.

Il s'entremit entre son beau-frère Robert, duc de Bourgogne, et les Auxerrois qui avaient massacré son fils et l'évêque d'Autun, son ennemi, dont il voulait saccager la ville.

Toute sa vie fut un apostolat de concorde et d'apaisement. Sa prudence, son tact et la sûreté de sa conduite, le firent appeler dans toutes les grandes assemblées politiques et religieuses de son temps. Il assista aux conciles de Rheims, de Mayence, de Rome. Les empereurs d'Allemagne et le célèbre pape Grégoire VII furent en relations constantes avec saint Hugues. Mais, entre toutes les œuvres qui occupèrent sa vie, ce fut sur le couvent de Marcigny qu'il porta sa plus grande sollicitude.

L'ordre de Cluny n'avait pas de monastère de femmes. Il voulut combler cette lacune pour celles, non seulement qui désiraient «échapper aux embûches du monde», mais encore et surtout pour les personnes qui, frappées par les coups du sort, restaient seules dans la vie sans appui et sans consolations. Elles étaient nombreuses dans ces époques troublées. Plus d'une dame de haut rang s'était vu enlever un époux, un fils, un père, par une fin tragique. Plus d'une attendait le moment de fuir un foyer où elle ne trouvait ni égards, ni respect, quand elle n'y trouvait pas des sujets d'effroi ou de honte. Geoffroy de Semur, frère de saint Hugues, lui fournit les moyens de réaliser son dessein en lui donnant ses domaines de Marcigny.

Le couvent s'ouvrit en 1061 et la première infortune qu'il abrita fut celle de sa famille. Dalmace de Semur, père de saint Hugues, avait été assassiné dans un festin par son gendre Robert, duc de Bourgogne. — Aremburge, veuve de la victime; Hélie, femme du meurtrier; la femme de Geoffroy et ses trois filles, vinrent ensemble confondre leur douleur.

Saint Hugues avait mis deux prieurs à la tête de sa fonpation de Marcigny : l'un, chargé de tout le temporel et du soin spirituel des moines ; l'autre, chargé seulement de la direction religieuse des Bénédictines. Le premier, à l'origine, s'appelait procurateur et exerçait sa charge au nom de l'abbé de Cluny qui s'était réservé d'être plus particulièrement le père des religieuses et de tout le monastère. Ce ne fut que dans la suite qu'il prit le nom de préposé ou prieur et qu'il en exerça tout l'office. Il eut dès lors un aide qu'on appelait *socius*, procurateur, chambrier, et même quelquefois prieur.

Les supérieurs du cloître des Dames, c'est-à-dire leur père spirituel, s'appelaient aussi prieurs d'ordre, prieurs claustraux, ou prieurs des Dames.

La première d'entre les sœurs (après la Sainte-Vierge qui était reconnue pour abbesse), celle qui exerçait la supériorité sous la direction du prieur d'ordre, prenait aussi le titre de prieure (1).

La grande réputation de l'ordre de Cluny, la renommée personnelle de saint Hugues, firent accourir au monastère de Marcigny les dames du plus haut rang.

Sainte-Véraise, fille d'Alphonse, roi d'Aragon, et sainte Frédoline, vinrent d'Espagne. Canonisées comme vierges et martyres, on célébra leur office le 15 juillet et leurs reliques furent exposées à l'autel de l'église Saint-Nicolas.

Adèle de Normandie vint d'Angleterre ; fille de Guillaume le Conquérant, elle avait épousé Etienne, comte de Blois, qui

(1) Cucherat. — *Cluny au XIe siècle*, p. 220.

fut roi d'Angleterre. Elle-même, après la mort de son mari, porta le sceptre. A la majorité de ses enfants, elle prit le voile à Marcigny.

Mathilde, nièce d'Adèle de Normandie et fille de Henri Ier, roi d'Angleterre, la suivit au couvent. Elle avait épousé successivement Henri V, empereur d'Allemagne, puis Geoffroy Plantagenet qui fut roi d'Angleterre sous le nom de Henri II. Emeline de Blois, sa fille, et Hermengarde de Boulogne, sa nièce, prirent le voile en même temps qu'elle.

L'Ecosse envoya Marie, fille de Malcolm ; l'Italie, Gastonne de Plaisance, Mathilde de Pergame et la comtesse Branica.

Quelques religieuses vinrent à la suite d'événements dont le souvenir a été conservé.

Alix de Busseul, femme de Pierre de Chassy, vint pleurer la mort de son mari qui avait été assassiné. Gille de Béarn vint expier un moment d'égarement. Elle avait épousé son parent Centule IV, vicomte de Béarn et d'Oléron, malgré les prohibitions de l'Eglise. Grégoire VII annula cette union et Gille cacha, sous l'habit des religieuses, son veuvage prématuré.

La femme de Guy, comte de Mâcon, et les femmes de trente chevaliers de leur maison se retirèrent à Marcigny à la suite d'une de ces manifestations diaboliques qui ne furent pas rares au moyen âge.

Othe Guillaume, père de Guy, était un seigneur dissolu. Un jour d'orgie, dans son palais de Mâcon, on vint lui dire qu'un inconnu à cheval le demandait à la porte. Il sortit, mais à peine était-il dehors que l'inconnu le prit en croupe ; le cheval fit un bond prodigieux et ils disparurent. Il ne resta de leur passage qu'une brèche faite dans le mur par la monture infernale pour attester aux spectateurs qu'ils n'étaient pas le jouet d'une hallucination. Guy et ses trente chevaliers se firent moines à Cluny.

La noblesse locale fournit au couvent de Marcigny un grand nombre de religieuses.

Cluny : Hôtel de l'Abbé, monument historique (XVIe siècle).

Pour être complet, l'auteur croit bon de publier ici le catalogue des prieurs préparés par les Bénédictins de Marcigny pour le *Gallia christiana* et complété jusqu'à la Révolution par M. l'abbé Cucherat.

Le catalogue des religieuses qui suit est la reproduction intégrale d'un manuscrit de M. Potignon de Montmegin, aidé des recherches de M. Verchère de Reffye et de celles du prieur Pierre Symon, rédacteur et éditeur du *Bullaire de Cluny*, publié en 1680.

A. — Catalogue des prieurs de Marcigny.

B. — Catalogue des Dames prieures de Marcigny.

C. — Catalogue des Dames religieuses du prieuré de Marcigny.

D. — Etat personnel de l'établissement cluniste de Marcigny en 1640.

Dès l'origine, le couvent n'admit que des femmes âgées de vingt ans, suivant les règles de l'Eglise, et, en outre, d'origine noble. Plus tard, on exagéra les intentions des fondateurs en exigeant des novices quatre quartiers de noblesse du côté du père et la noblesse de la mère.

La Sainte-Vierge était abbesse perpétuelle et de droit. Au-dessous d'elle, une religieuse choisie à l'élection prenait le titre de prieure et avait la direction générale. Une cellerière, une sacristaine, une camérière, une infirmière, une religieuse chargée de l'huile, s'occupaient des soins intérieurs du couvent.

La claustration était absolue, un fait va le prouver. — En l'an 1091, un incendie éclata dans les bâtiments contigus au monastère. En un clin d'œil, la flamme entoura le couvent.

Favorisé par un vent violent, l'incendie rendit tous les efforts inutiles. On dut renoncer au sauvetage des religieuses. La multitude épouvantée supplia à grands cris les religieuses de sortir du cloître où elles étaient réunies. Elles refusèrent ce moyen de salut plutôt que de violer leur clôture.

Hugues, archevêque de Lyon, légat du pape, se trouvait à Marcigny. On le pria d'user de son autorité pour déterminer les religieuses à sortir de leur monastère.

Touché de compassion, l'archevêque pénétra dans le cloître et exhorta les religieuses à sortir ; mais elles répondirent par la voix de Gisèle, religieuse de haute vertu, qu'elles ne craignaient que le feu de l'enfer : « Armez-vous plutôt de la vertu du Christ dont vous êtes le pontife, commandez aux flammes de s'arrêter et elles vous obéiront. » Saisi d'admiration, le saint archevêque traça le signe de la croix en disant : « Seigneur Jésus, exaucez le vœu de cette chrétienne, écartez de la demeure de vos servantes ce feu terrible. » Dès que le pontife eut prononcé ces paroles, le vent et la flamme s'arrêtèrent soudain et l'incendie s'éteignit de lui-même. — (Pierre le Vénérable. *Livre des miracles*).

Chaque religieuse était libre d'amener avec elle une femme pour son service. — La prière, la lecture, la méditation et quelques ouvrages manuels occupaient le temps des religieuses. La charité devait être leur principale occupation.

Elles entretinrent la maladrerie située au lieu dit la Maladière, l'auberge des Abergeries où l'on recevait les voyageurs sans asile. Elles faisaient de fréquentes distributions de pain, de légumes et d'habillements. Le repas de la Vierge, abbesse du couvent, était servi tous les jours au réfectoire et donné ensuite au premier pauvre qui se présentait. Quand une religieuse mourait, on continuait pendant trente jours à servir son repas au réfectoire et on le donnait aux pauvres.

Le couvent eut des ramifications à Montet, diocèse de Chalon ; à Saint-Jean-de-Corello, diocèse d'Autun ; à Saint-Loup, près de Decize ; à Zamora, en Espagne, et dans le diocèse de Salusbury, en Angleterre.

Les revenus du prieuré, provenant soit des dots apportées, soit des donations, étaient très importants.

Geoffroy de Semur avait donné sa terre de Charency à Iguerande et des domaines à Brian et à Baugy. Le curé de Baugy payait chaque année 30 deniers à la prieure et remettait à la cellerière 200 œufs, le jour où l'on célébrait la Cène.

Les Dames de Berzé, en entrant en religion, donnent la plus grande partie de cette commune qui est échangée avec saint Hugues contre la paroisse d'Iguerande. En 1100, Béatrix, veuve du seigneur de Narbeau, donne Artaix et ses dépendances. En 1103, Jean de Cypierre donne la métairie de Cassanole, commune d'Hautefond. La même année, Ilion de Semur donne l'église de Brian ; Semur de Saint-Alban et Hugues, leurs fiefs ; Geoffroy et Jean de Fautrières, les dîmes de la même paroisse.

En 1105, Norgaud, évêque d'Autun, donne ses domaines de Saint-Julien-de-Civry. En 1106, Eldin de Glaine donne ses domaines de Saint-Martin du-Lac. En 1119, La Roche-Milay est donnée au monastère. Berthe de Luzy, en entrant en religion, donne son fief de Chizeuil. En 1235, Guy, comte de Nivernais et de Forez cède la moitié de ses droits dans la commune de Villerest au couvent de Marcigny.

En 1323, la prieure acquiert de Robert de Lespinasse ses domaines de Chessy et de Baugy. La prieure est patronne et décimatrice des cures de Briennon, Sainte-Foy, Jonzy, Mailly, Saint-Christophe, Varennes, Saint-Léger, Saint-Martin-du-Lac, Vindecy, Artaix et de plusieurs autres communes.

On a vu plus haut qu'à côté des Bénédictines, saint Hugues avait ouvert un prieuré destiné à recevoir quelques moines. Le nombre, primitivement fixé à douze, dépassa parfois trente.

Plusieurs seigneurs des environs prirent, à Marcigny, l'habit de religieux, tels que Eldin de Glaine, Hugues Duvaux de Chizeuil, Bernard de Saligny.

Parmi les hommes remarquables qui résidèrent dans ce prieuré, on cite Pierre le Vénérable, contemporain de saint Hugues et son successeur sur le trône abbatial de Cluny; Raynaud, qui de prieur devint abbé de Vézelay et archevêque de Lyon.

Saint Anselme, archevêque de Cantorbéry, forcé de s'expatrier par suite de la lutte pour la liberté de son église, qu'il soutenait contre le roi d'Angleterre, Guillaume le Roux, vint se réfugier à Marcigny. Un jour, vers la fin de juillet de l'an 1100, il causait sous les arcades du cloître avec saint Hugues et Eadmer, qui nous a conservé ce récit. Dans la conversation, saint Hugues s'écria que « le persécuteur de l'église de Cantorbéry venait d'être appelé au tribunal de Dieu, jugé et condamné sans appel ». En effet, les premières nouvelles venues d'Angleterre apprirent qu'au moment même où saint Hugues avait parlé, Guillaume le Rouge avait été frappé, dans une partie de chasse, d'une flèche qui ne lui était pas destinée.

Saint Hugues, en mourant, avait recommandé le couvent de Marcigny aux abbés de Cluny, ses successeurs. Ces recommandations n'étaient pas superflues, car il courait par le monde une foule d'aventuriers qui ne demandaient qu'à se tailler des fiefs par la force des armes. Chacun se défendait avec ses propres ressources, et les coups d'épée et de masse d'armes suppléaient aux lacunes des lois et au silence des tribunaux qui n'avaient pas le moyen de faire respecter leurs décisions. D'ailleurs, les possessions d'un couvent de femmes offraient une proie trop facile pour ne pas exciter des convoitises.

Le prieuré, comme tous les établissements de l'époque, avait été fortifié. Il était protégé par une enceinte de murs flanquée de tours et de bastions, qui entouraient en même temps la ville. Il était défendu par quelques soldats à gages.

L'Eglise avait pris l'ordre de Cluny sous sa protection et les papes avaient lancé de terribles malédictions contre ceux qui attenteraient à ses propriétés. Mais ces effrayants anathèmes n'arrêtaient pas toujours l'audace des malfaiteurs.

En ouvrant ses fenêtres, la prieure pouvait, en comptant les châteaux qui se dressaient à l'horizon, compter le nombre de ses ennemis. Plus près d'elle, elle pouvait voir la maison du prieur des Bénédictins d'où allait lui surgir un adversaire plus intime et plus redoutable. Déjà, elle pouvait se demander pourquoi deux prieurs pour un seul couvent.

Les Bénédictines n'étaient pas femmes à se laisser abattre par la perspective des difficultés. Elevées dans ces familles nobles qui vivaient dans la lutte comme dans leur élément naturel, elles ne connaissaient ni la crainte ni l'abattement. S'appuyant tantôt sur les armes, tantôt sur les papes et les rois et plus tard sur l'autorité des tribunaux, elles firent face à tous leurs ennemis.

Un des premiers seigneurs qui les attaquèrent fut Bernard de Saligny, seigneur de Chaveroche. Après leur avoir fait éprouver de graves dommages pendant plusieurs années, il se rendit aux instances de Damien, évêque d'Ostie. Il devint même leur bienfaiteur. Sa fille prit le voile à Marcigny et lui-même se retira dans le monastère des Bénédictins et donna au prieuré le tiers de la forêt de Collonge. A cette époque, le prieuré fut éprouvé par un violent incendie qui détruisit une grande partie des maisons qui s'étaient groupées autour du monastère. Quelque temps après, une épidémie maligne, espèce de flamme qui dévorait les malades, fit un grand nombre de victimes.

Pour rendre leurs possessions plus respectables à leurs redoutables voisins, les religieuses leur firent donner une sorte de consécration par les souverains pontifes. Une bulle d'Urbain II, du 7 septembre 1096, et une autre de Caliste II, du 14 février 1120, leur confirmèrent la possession de Marcigny, de son église et de tous les biens qui leur avaient été donnés.

En 1130, Humbert, évêque d'Autun, revendiqua la propriété des églises de Sarry et de Brian. Le prieur Archambaud soumit le différend au pape Innocent II, qui confirma les bulles de ses prédécesseurs. Amédée, métropolitain de Lyon, réussit à les amener à une transaction; le prieuré, moyennant une légère redevance, conserva les églises contestées.

Un adversaire plus redoutable fut Guillaume, comte de Chalon. Il se posait comme « l'ennemi juré des moines », et quand il était à satisfaire sa haine, il ne regardait pas de très près l'habit de ses victimes. A la tête d'une armée, il vint dans le Brionnais; après avoir saccagé Cluny, il mit Semur et Marcigny au pillage. Les abbés de Cluny mirent leurs prieurés sous la protection du roi et Louis VII mit enfin un terme à ses déprédations. Le fils de Guillaume, en lui succédant au comté de Chalon, hérita de ses mauvais sentiments. Il fut réduit par une armée de Philippe-Auguste qui s'empara de Chalon, de Mont-Saint-Vincent et de Dun.

Les successeurs de Geoffroy de Semur, fondateur du prieuré, contestèrent la donation de Marcigny et le considérèrent comme un fief soumis à leur suzeraineté. Le premier différend fut soumis au pape Innocent II qui commit le prieur de Saint-Irénée et le grand pénitencier de Lyon pour en connaître. Ils rendirent une sentence, mais elle ne portait que sur des points de détail et ne termina rien.

Quelque temps après Regnault, seigneur de Semur, revendiqua le droit de rendre justice à Marcigny et la propriété de la Loire qui passait sur le territoire de la commune. Le prieur Jacob repoussa ces prétentions. L'affaire fut soumise à l'arbitrage de l'abbé de la Bénisson-Dieu.

Après une discussion de plusieurs années, entremêlée de quelques violences, Jean de Châteauvilain, qui avait succédé à Regnault, et le prieur Yves signèrent une transaction en 1266. Elle reconnaissait aux religieuses le droit de justice à

Marcigny et dans le port, à charge d'appel au bailliage de Semur; le droit de pêcher dans la Loire le long de leur seigneurie et d'y passer sans rien payer. De leur côté, elles devaient payer chaque année aux seigneurs de Semur 50 livres en argent et leur remettre 200 bichets de seigle et 15 charretées de paille. Le seigneur de Châteauvilain avait sans doute redoublé de violences pendant les préliminaires de ce traité car, depuis, les moines protestèrent toujours contre la manière dont il leur avait été arraché et ne s'acquittèrent jamais de leurs redevances.

En 1310, Hubert de l'Espinasse et Dalmace de l'Espinasse, avec une quarantaine de domestiques, descendirent sur les bords de la Loire et maltraitèrent les gens du prieuré et les habitants de Marcigny. Ce fut le commencement d'un long procès qui se plaida au bailliage de Charlieu.

Il n'était pas terminé quand il s'en éleva un autre à propos de la léproserie de la maladrerie.

Le prieur, soutenant que sa juridiction s'étendait sur cet endroit et voulant affirmer son droit, fit saisir et jeter dans sa prison de Marcigny quelques uns des malades. Guichard de Beaujeu, seigneur de Semur, vint à son tour avec ses gens et mit le feu aux bâtiments : vingt-trois des malheureux lépreux périrent dans les flammes. Il fit ensuite raser les constructions que l'incendie avait épargnées. Cet acte monstrueux fut déféré au bailli de Mâcon. Des lettres-patentes de 1323 condamnèrent Guichard à réparer ces dommages et à payer 10.000 livres au prieur et 500 livres au roi, somme énorme pour ce temps là. En même temps, pour soustraire Marcigny à la domination des seigneurs de Semur, un arrêt du Parlement de Paris en date du 31 mars 1323, appelé « arrêt d'intérim », ordonna que pendant toute la durée des débats entre les seigneurs et les prieurs « la saisine de la justice » resterait entre les mains du roi, avec attribution de juridiction au bailliage de Mâcon.

Mais une lutte d'une nature plus délicate s'éleva dans

l'intérieur du prieuré. — Dans la pensée de saint Hugues, le monastère de Marcigny avait été fondé exclusivement pour les femmes. Elles seules devaient en avoir la direction et le bénéfice. Les pères Bénédictins, placés à côté, ne devaient s'occuper que du côté spirituel. Cette pensée n'avait pas été exprimée assez nettement pour prévenir les empiètements de chacun. Ce fut la cause d'un long conflit.

Chacun des couvents avait à sa tête un prieur dont les attributions étaient mal définies. Le prieur des Bénédictins ne tarda pas à s'arroger toute l'administration du monastère. Il se heurta à une énergique résistance de la part de femmes qui, pour avoir pris le voile, n'avaient pas entièrement dépouillé l'humeur fière et batailleuse des seigneurs, leurs parents.

Les taquineries réciproques commencèrent vers 1130, du temps du prieur Archambaud. Elles tournèrent à l'aigre avec le prieur Jean Viard. Les définiteurs de l'ordre lui firent défense d'apposer le sceau du prieuré sans l'approbation de la prieure, de la cellerière, de la sacristaine et de l'infirmière.

Jean de Châteauvilain, successeur de Jean Viard, n'était pas homme à se laisser mener par des femmes. Il s'avisa d'un genre de vexation assez original. Le prieur avait toujours eu la nomination du directeur spirituel des Dames. Il s'attacha à choisir celui qui pouvait leur être le plus désagréable. Les Bénédictines se plaignirent au Chapitre de Cluny. Il fut décidé que le choix appartiendrait à l'abbé de Cluny, non au prieur de Marcigny.

La même difficulté s'éleva pour la nomination de la Camérière. Les abbés de Paray et de Charlieu, commis par les définiteurs de Cluny, donnèrent raison aux Bénédictines. Jean de Châteauvilain ne se découragea pas et son esprit inventif sut trouver de nouvelles vexations. Les esprits se montèrent et en 1304, pour la fête de la Nativité, la prieure et les religieuses refusèrent d'assister à la messe dite par le prieur. Puis trouvant cette vengeance trop bénigne, à quelque temps de là, pendant un office, elles envahirent la chapelle en criant, agitant des sonnettes ; elles brisèrent les stalles des moines et, faisant un vacarme infernal, se rendirent dans la salle du Chapitre où elles déchirèrent les registres pour empêcher les réunions.

L'année 1318 vit arriver un prieur énergique : Guillaume Amale de Luzy. Pour abattre cet esprit de révolte chez les Bénédictines, il leur coupa les vivres. Il cessa de leur distribuer les vêtements et les choses les plus indispensables à la vie.

Les religieuses ripostèrent en cessant d'aller aux offices et en fermant les portes de la chapelle pour empêcher les moines d'entrer. Elles adressèrent, en même temps, leurs justes plaintes au Chapitre de Cluny. L'abbé de Cluny délégua, à Marcigny, un procureur avec mission de percevoir en son nom les revenus du couvent et de leur distribuer ce qui était nécessaire.

En 1325, une jeune fille d'origine roturière, admise à la profession par ordre du prieur, fut brutalement expulsée par ses jalouses et vindicatives compagnes.

Les vexations réciproques continuèrent ainsi jusqu'en l'année 1366, où il se tint, à Cluny, un grand Chapitre destiné à y mettre fin.

Jusqu'à cette époque, les Bénédictins n'avaient eu à leur disposition que la chapelle des religieuses. Séparés seulement par une cloison de bois, ils assistaient ensemble aux offices et chantaient alternativement les chœurs. Quand survenait un conflit, les religieuses désertaient la chapelle et en fermaient les portes. Le Chapitre de Cluny réduisit à douze le nombre des Bénédictins, leur assigna une chapelle spéciale et confirma aux Bénédictines la possession de la leur. Les Bénédictines jubilèrent.

Il se trouva une petite minorité pour regretter les anciens usages ; elle fit à elle seule autant de tapage que tout le reste du couvent. L'abbé de Cluny vint en personne pour calmer les dissidentes ; elles s'entêtèrent de plus en plus dans leur révolte, il fallut recourir aux moyens de coercition les plus énergiques de l'autorité séculière. Elles se soumirent de mauvaise grâce tout en continuant leurs plaintes sous une forme moins violente. Ces querelles s'éteignirent pendant l'invasion des Anglais.

En 1366, le prince de Galles, le fameux Prince Noir, après la défaite de Poitiers, passa la Loire à Marcigny et ne s'éloigna qu'après avoir saccagé la ville, Semur, Anzy et tout le pays des alentours.

Des aventuriers plus redoutables que les Anglais s'abattirent sur le Brionnais pour le rançonner. Ces bandes, formées de soldats licenciés et de gens sans aveu, achevèrent les ruines commencées par l'étranger. Marcigny et les villes voisines virent passer tour à tour les Routiers, les Retondeurs, les Tard-Venus, qui redoublèrent de cruauté pour arracher au peuple ses dernières ressources. Duguesclin en délivra la France en les conduisant en Espagne faire la guerre à Pierre le Cruel, roi de Castille, qui avait insulté la France, dans la personne de sa femme.

En 1370, Marcigny reçut en triomphe le duc de Bourgogne, Philippe le Hardi, se rendant à Riom pour voir son frère, le duc de Berry.

A cette époque, Jacques Ier, abbé de Cluny, embellit Marcigny. L'église Saint-Nicolas fut agrandie et on construisit les Halles. Il donna au couvent un fragment du bras de saint Hugues, son fondateur. La tranquillité était générale, les seigneurs de Semur en profitèrent pour reprendre leur lutte contre le monastère. Le port de la ville appartenait aux habitants à charge de payer aux prieurs 20 sols pour droit de stationnement par bateau. Les religieux avaient le droit « de tenir sur la Loire, nefs, bateaux et autres vaisseaux, de céder leur droit au bail, de passer et repasser sur la rivière sans rien payer et d'y pêcher. » Edouard de Beaujeu qui prétendait être propriétaire exclusif de la Loire, descendit sur le port avec quelques hommes d'armes. Ils se saisirent du pontonnier et le rouèrent de coups ainsi que les habitants qui se trouvaient sur les lieux. Le roi, par lettres patentes du 3 juin 1384, lui fit défense d'inquiéter les moines. Un arrêt du Parlement (17 janvier 1393) confirma aux habitants de Marcigny et aux religieux la possession de leurs droits respectifs.

Les Bénédictines s'agitaient de leur côté. La prieure, Agnès de Rebé, fit fermer au prieur, Etienne Tachon, la porte des Archives. Le chapitre de Cluny, réuni en 1390, ordonna qu'une clef des Archives serait remise aux deux plus anciennes religieuses de la communauté.

La querelle des rois de France et des ducs de Bourgogne attira sur Marcigny de nouvelles calamités. Placée à la limite du duché, la ville souffrit des premières attaques. Pendant vingt ans, elle fut saccagée alternativement par les gens du roi et les gens du duc. En 1419, le dauphin qui fut plus tard Charles VII vint y mettre le siège, mais il fut battu par le maréchal Cottebrune et obligé de repasser la Loire.

Plus heureux, le comte de Clermont réussit à s'emparer de la ville en 1431, mais il se la laissa reprendre aussitôt par Perrinet-Grasset, capitaine général du Nivernais. Perrinet-Grasset, la rendit, en 1433, au duc de Bourbon « pour le bien de la paix ». Celui-ci ne la garda pas longtemps. En 1434, Bernard de la Broquerie y était installé comme gouverneur au service du duc de Bourgogne avec 800 livres de gages. Une armée royale la reprit en 1438 ; mais la même année, François de Sarienne, dit l'Aragonnais, maître de l'artillerie du duc s'en empara par escalade.

Cette même année, 1438, le pays fut ravagé par la peste et

par les bandes des Ecorcheurs. Heureusement le roi de France et le duc de Bourgogne se réconcilièrent et la paix fut rendue au pays.

La lutte reprit aussitôt entre les prieurs et les seigneurs de Semur au sujet de la justice à Marcigny et des droits de pêche et de port sur la Loire.

En 1438, Philibert de l'Espinasse fit une incursion sur les bords du fleuve. Par transaction, il renonça à toutes ses prétentions.

En 1480, Etienne de l'Espinasse descendit sur le port avec une nombreuse troupe, s'empara des filets de pêche, coupa les amarres des bateaux qui s'en allèrent à la dérive et fit rouer de coups le malheureux pontonnier, éternelle victime de ces querelles, ainsi que les habitants qui voulaient défendre leurs biens. Le 19 février 1481, le roi par lettres patentes lui fit défense d'inquiéter les habitants et les religieux de Marcigny à peine d'une amende de cent marcs d'argent.

La question de justice restait obscure. Charles V, en 1374, et Louis XI, en 1477, avaient rattaché cette ville au plus proche Bailliage du duché de Bourgogne. Charles VIII avait ordonné que Marcigny restât dans le ressort de Semur. Malgré cette décision la lutte continua. Jean Gamard, lieutenant du bailliage d'Autun, au siège de Semur, fit arracher les poteaux de la justice du prieuré à Iguerande et aux Chambons du Lac, mais en 1487, il fut condamné à les replanter à ses frais et en personne. Il eut beaucoup de peine à se soumettre à cette dernière partie du jugement.

En 1518, le prieuré eut encore gain de cause au sujet des difficultés soulevées par les seigneurs de Bourg-le-Comte, relativement à certains terrains placés au bord de la Loire.

Au début du xve siecle, une crue du fleuve emporta le pont de Marcigny qui existait déjà en 1366.

En 1521, le roi se trouvant à Autun fit mander Adrienne de la Palu de Varax, prieure de Marcigny, pour réformer les

Cluny : Entrée de l'Eglise Notre-Dame, monument historique

religieuses de l'abbaye de Saint-Jean-le-Grand et leur abbesse Claude de Rabutin. L'évêque d'Autun l'investit du pouvoir d'administration tant au spirituel qu'au temporel avec toutes les charges et attributions dévolues aux abbesses. Sa mission de réforme dura quatorze ans, jusqu'au décès de Claude de Rabutin.

A cette époque, et suivant l'usage, un sergent du roi, Nicolas Cambray, vint prendre le planton dans l'abbaye pour veiller à la garde et conservation de ses biens. Les religieuses s'assemblèrent pour nommer l'abbesse. Adrienne de la Palu de Varax obtint dix-neuf suffrages sur vingt-trois exprimés. Mme de Chauldenay qui n'avait eu que quatre voix contesta le résultat et prétendit au titre d'abbesse.

Pendant les contestations, Nicolas Cambray demeurait à son poste ou se faisait remplacer quand il était obligé de sortir. Un jour, il oublia cette dernière précaution et étant sorti pour ses affaires, il trouva la porte fermée quand il voulut rentrer. L'infortuné sergent essaya de parlementer. Loys Sainpère, procureur de l'abbaye, lui ayant remontré par une fenêtre « qu'il n'était pas besoin de tenir garnison en l'abbaye, qu'elle n'était point vacante, Mme de Mareigny en ayant été nommée abbesse », Nicolas Cambray et ses amis venus pour l'assister furent obligés de vider les lieux et de porter leurs doléances ailleurs.

On reconnut le bon droit de Mme de Varax et le cardinal de Lorraine, abbé de Cluny, lui confirma son titre, Mme de Chauldenay, bien loin de se soumettre, entreprit contre sa rivale une campagne de dénigrement, disant qu'elle ne recevrait ni vivres, ni aliments, non plus que les quatre religieuses ses partisantes. Son frère, le moine René de Chauldenay fit chorus avec elle. L'official ouvrit une enquête qui tourna à la confusion des religieuses récalcitrantes. On reconnut qu'elles ne se prosternaient pas à l'église pendant le *confiteor*, qu'elles ne mangeaient pas au réfectoire, qu'elles ne couchaient pas au dortoir, qu'elles ne voulaient pas obéir à leur abbesse. Après les avoir bien sémoncées, on les mit en demeure d'avoir à suivre leur règle et de se soumettre à Mme de Varax, leur abbesse. Ce qu'elles firent.

La longue guerre des catholiques et des protestants ne fut pour Marcigny qu'une suite de sièges, d'assauts et de pillages.

Son commerce important de vins du Mâconnais et du Beaujolais, et du bétail du Brionnais que l'on embarquait sur la Loire était suffisant pour exciter les convoitises des belligérants.

Cette ville était entourée de murailles flanquées de bastions et défendues par un château-fort.

En 1562, deux capitaines huguenots, Poncenat et Saint-Aubin réussirent à s'en emparer par la trahison du juge Jean Raquin et de deux bouchers, J. Ménant et Nicolas Chauvais. Ils mirent tout à feu et à sang; qu'on en juge par une pièce inédite due à l'obligeance de M. Joseph Déchelette (voir à la fin de la notice sur Marcigny).

Au cours d'une sortie, Poncenat et Saint-Aubin furent défaits près de Joncy par Saulx-Ventoux et la ville fut reprise.

En 1567, le roi Charles IX ordonna au capitaine Martin, qui commandait en son nom à Marcigny, de réparer le château et le pont-levis et de refaire le casernement des soldats. Sur la demande des habitants, il permit aussi de fortifier le port. On construisit à cet effet dans le lieu dit Beauregard, près de l'hôpital d'aujourd'hui, une tour que l'on appella Tour de Milan Perle. C'était une « forteresse haute de cinq étages, flanquée de guérites et bien fossoyée. » Cet ouvrage n'arrêta pas les armées de Condé et du prince Casimir. Ils passèrent la Loire à Marcigny, en 1576, avec treize mille fantassins et douze mille chevaux. La cavalerie passa à gué, l'infanterie et l'artillerie sur un pont de bateaux venus de Roanne. Les reîtres de Condé s'emparèrent de la ville et ceux de Casimir saccagèrent Anzy.

Elle fut reprise peu à près par les catholiques et, en 1584, le roi Henri III s'y arrêta en allant prendre les eaux à Bourbon.

L'année suivante une peste horrible décima la ville, sur cent personnes quatre-vingt moururent. Pendant que tous fuyaient la contagion, le curé Cottout resta à son poste pour prodiguer ses soins à ses malheureux paroissiens.

Après la peste, vinrent les terribles inondations de 1586 et 1587 qui coûtèrent la vie à plusieurs personnes.

L'année 1587, Marcigny fut le théâtre d'une horrible tragédie. Après la défaite des protestants à Auneau, un détachement de religionnaires, conduits par le duc de Bouillon et le comte de Châtillon, arriva ici le 6 décembre 1587. Le comte de Tavannes qui les poursuivait leur fit proposer un arrangement. Le comte de Châtillon rejeta ses propositions et se retira dans le Vivarais avec 1.500 chevaux. Le duc de Bouillon plus confiant et plusieurs autres seigneurs entrèrent en pourparlers. Il y eut, à cette occasion, un grand festin dans le prieuré. Tavannes avait fait venir des plats rares de Lyon, le repas fut très gai. Sur sa fin, Tavannes annonça à ses convives qu'il leur donnait toutes facilités pour se retirer à Genève. Ils partirent pleins de confiance, mais en arrivant, ils moururent dans des conditions qui leur firent soupçonner leur hôte de les avoir empoisonnés. Ce fut l'origine du proverbe cité par de Thou : *Méfie-toi du dîner de Marcigny.*

Après les guerres de religion vinrent les guerres de la Ligue. On s'était battu entre catholiques et protestants ; on se battit dès lors entre gens du roi et gens de la Ligue. Les combats ne furent ni moins nombreux ni moins sanglants. De nouveau, villes et campagnes furent rançonnées et subirent la loi du vainqueur.

Au printemps de 1590, le comte de Saulx, chef ligueur, apprenant que des négociants de Lyon avaient déposé 4.000

muids de sel dans la tour de Milan-Perle, se présenta devant Marcigny et y rentra sans coup férir. Il s'éloigna ensuite n'y laissant qu'une petite garnison.

Sur ces entrefaits, le comte de Tavannes, qui tenait campagne pour le roi Henri IV, résolut de reprendre Marcigny, car il savait que la tour était remplie de sel et Tavannes comptait là-dessus pour payer ses soldats. Cette tour paraissait au premier abord bien défendue. Ordre fut donné de l'attaquer. Des mousquetaires, à la faveur d'un char de foin, s'approchèrent des murailles et se disposèrent à y pratiquer une brèche. La tour ne renfermait que trente soldats. Ceux-ci se rendirent à la première sommation. — Tavannes s'empara aussitôt du sel le fit vendre d'après les indications des receveurs et paya ses soldats. M. de Varennes, gouverneur de Mâcon pour la Ligue, se mit en marche pour reprendre Marcigny; mais apprenant que le comte de Tavannes, ayant reçu du renfort, se portait à sa rencontre, il rentra à Mâcon avec le gros de ses troupes. Deux de ses compagnies, commandées par Varennes-Nagu, Tallemont et Rouvray, poussèrent plus loin. Tavannes résolut de leur livrer bataille et décida que le lendemain on traverserait la Loire. Le jour suivant, il avait à peine fait deux lieues que les paysans vinrent l'avertir que l'ennemi se retirait. Le capitaine huguenot pressa sa marche et sa troupe arriva à L'Espinasse à la tombée de la nuit. Le commandant des troupes catholiques venait d'y arriver et comptait y passer la nuit, mais il n'avait pas eu le temps ou pris la précaution de placer des sentinelles. Tavannes sans s'attarder ordonna au marquis de Mirabeau, son lieutenant, de charger. Il fait descendre de cheval tous les arquebusiers car l'infanterie n'était pas encore arrivée, met le feu à une maison pour s'éclairer et se porte aux issues du village pour les garder.

Le marquis se précipite dans le bourg; l'ennemi surpris fuit de toutes parts. Tavannes tue ou fait prisonnier tout ce

Cluny : Entrée de l'Eglise abbatiale et de l'Hôtel de l'Abbé

qui lui tombe entre les mains et L'Espinasse est incendié. Le comte de Tavannes satisfait retourne à Marcigny et de là en Bourgogne.

C'était à l'époque où les Ligueurs assiégeaient Charlieu qu'ils emportèrent d'assaut. Le comte de Lux vint à Marcigny avec un corps de 4.000 Ligueurs, il y resta quatre jours et y laissa une garnison sous les ordres de Molins-Latour.

Vers le même temps, le duc de Mayenne contraignit les habitants d'Autun à payer la taille pour le compte de la Ligue. Quinze jours après, le capitaine Espiard se fit payer le même impôt au nom du roi.

Ecrasé par toutes ces contributions, le pays vit redoubler ses alarmes quand on annonça qu'une grande armée royale s'avançait par Autun sur Marcigny. Un échec obligea le maréchal d'Aumont, qui la commandait, à changer d'itinéraire. Il passa la Loire à Digoin et alla mettre le siège devant Saint-Pourçain.

Ce danger était à peine écarté que la ville tomba par surprise entre les mains d'une de ces bandes qui battaient le pays. Dans la nuit du 24 août 1591, un capitaine au service du roi, Saint-Martin, après s'être ménagé des intelligences dans la place, s'embusque aux environs. A trois heures du matin, on lui ouvre les portes. Il marche au prieuré dont il fait sauter la porte avec un pétard, mais tout est désert. Il se dirige vers le château : la garnison est sortie et les deux suisses qui sont restés abaissent le pont-levis.

Maître du château, Saint-Martin commence le pillage et charge son butin sur quarante chariots. Saint-Christophe et Molins, apprenant ce désastre, accourent avec quarante arquebusiers et attaquent les faubourgs. Saint-Martin s'enferme dans le château. Une armée de Ligueurs commandée par de Thiange et d'Uxelle vient en faire le siège. — Saint-Martin repousse les assiégeants qui demandèrent deux couleuvrines à Mâcon. En apprenant qu'elles sont en route,

Saint-Martin se rend et obtient de se retirer à Arcy. — Deux jours après les couleuvrines arrivent, les Ligueurs les tournent contre le château d'Arcy et s'en emparent. Ils traversent la Loire et vont débloquer Saint-Pourçain assiégé par d'Aumont. Après avoir réussi, ils revinrent à Marcigny le 17 janvier 1592. Les Ligueurs étaient maîtres de tout le pays, mais les habitants de Marcigny étaient las de vivre dans une perpétuelle incertitude du lendemain. Ils aspiraient à retrouver la sécurité et le calme. Ayant appris qu'un capitaine de l'armée du roi, La Nocle, se trouvait aux environs, ils lui envoyèrent des émissaires et lui firent remettre les clefs de la ville. De Thiange, irrité de cette défection, écrivit au duc de Mayenne pour lui demander des troupes et du canon afin de raser la place. L'arrivée du maréchal de Biron en Bourgogne ne lui permit pas d'exécuter son dessein.

Maître de Marcigny, La Nocle soumit le pays environnant. Il investit, avec cinq cents hommes et deux pièces de canon, le château du Champseaux défendu par le portugais Rivière, le prit et le rasa. Il se tourna ensuite contre le château d'Arcy et força le capitaine Desprès à capituler. La perte de cette place entraîna la reddition de la ville de Paray.

L'abjuration de Henri IV termina cette guerre fratricide. Les villes et les campagnes étaient aux abois. « Ce n'est partout, dit un contemporain, que vols, pillages, saccagements de villes, de campagnes et de châteaux par les Royaux et les Ligueux. Dieu y boute fin et nous délivre des garnements. »

Ceux qui avaient pris parti dans la guerre civile n'étaient pas tous poussés par le zèle religieux ou les préférences politiques et l'on trouvait dans leurs rangs plus d'un malfaiteur engagé par la facilité du pillage. Dans cet interminable défilé de « capitaines » qui couraient le pays en criant : Vive le Roi ou Vive la Ligue ! auxquels il fallait payer la taille et montrer des égards, on reconnaissait des gens qu'en d'autres temps les archers du bailliage eussent conduits au gibet des voleurs. Deux mariniers de Briennon, Lagrève et Laroche, s'étaient ainsi improvisés « capitaines » et pendant plusieurs années, ils avaient écumé la Loire « pour le bien du roi ». Nombre d'autres travaillaient comme eux pour le bien de quelqu'un ou de quelque chose et trouvaient de quoi vivre honnêtement en faisant le bien.

Les villes ni les châteaux n'étaient à l'abri de leurs entreprises. Semur avait été pillé trois fois, en 1590, 1591 et 1594. Ph. Damas de Brèves avait été assassiné dans son château de Maulevrier.

Malgré cette tourmente, la lutte s'était continuée entre le prieuré et les seigneurs de Semur sur la question du port et du droit de justice.

Une sentence du bailliage de Mâcon, rendue sur la requête du prieur Philibert Joly, confirma au couvent « le droit de haute, moyenne et basse justice tant en la ville de Marcigny que rivages et balmes de la rivière de Loire, proche d'icelle ville, ou droit et faculté qui n'est loisible à aucun d'attacher sur ladite balme et bord de rivière, aucun moulin, ni faire en icelle balme édifier ou construire aucune chose sans la permission dudit sieur prieur ».

Dès que le calme fut rétabli, les habitants demandèrent au roi la permission de démolir le château, cause de la plupart de leurs malheurs. Cette construction fut rasée en 1603. Les matériaux en furent donnés, par le duc de Bellegarde, aux Récollets qui s'établirent à cette époque à Marcigny, et sur son emplacement, M. Dupuy de Châteauvert se fit construire une belle maison. La ville conserva son enceinte que la tranquillité du XVIIe siècle rendit inutile. Dans ce grand calme, il convient de noter une petite sédition qui se produisit en 1627.

« Quelques habitants s'assemblèrent, dit le rapport du lieutenant criminel, armés de bâtons à feu, longs bois et pierres, tambour battant et tocsin sonnant, tant de jour que de nuit à diverses fois; ils s'acheminèrent de la ville jusque sur la rivière de Loire pour y saisir et arrêter les bateaux et marchands qui avaient chargé des blés sur ladite rivière et ce, sous prétexte de soulagement des pauvres ». Le bailliage de Mâcon ouvrit une enquête. La condamnation des plus compromis à quelques mois de prison termina les troubles et prévint toute idée de récidive.

Les Bénédictines remportèrent dans le cours de ce siècle le plus grand succès qui eût encore signalé leur longue lutte contre les Bénédictins.

La prieure, Marguerite Blondeau, rêvait de marcher la première dans ce couvent de Marcigny où elle devait encore céder le pas au prieur.

Elle s'était adressée à Richelieu, ministre tout-puissant alors et abbé commendataire de Cluny. Elle essuya un refus. N'ayant plus à compter que sur elle-même, elle prit hardiment l'offensive. Le receveur des revenus du prieuré, l'avocat Olivier Gregaine lui étant entièrement dévoué, elle coupa les vivres au prieur. En 1633, dom Jean Richard fut obligé de plaider au bailliage de Mâcon pour ne pas mourir de faim.

Marguerite Blondeau fit plus, elle demanda au chapitre de Cluny la changement du titre de Prieur de Marcigny en celui de « Prieur des Dames » et plus tard, le prieur ne fut plus que le « confesseur des Dames ». Elle s'était appuyée d'une bulle datée du 10 mai 1638 et portant la signature du pape Urbain VIII. Cluny s'était incliné.. Ce fut un véritable triomphe, il ne devait guère durer.

L'élévation de la prieure souleva un vif mécontentement chez un grand nombre de ses subordonnées. Elles écrivirent au vicomte d'Amanzé, gouverneur de Marcigny, pour le prier de remettre Marguerite Blondeau à sa place. La prieure se sentant menacée s'adressa au roi. Louis XIII écrivit au vicomte d'Amanzé et lui ordonna de soutenir Marguerite

Blondeau. Il n'y avait qu'à se soumettre, le « confesseur des Dames », dom Ignace Philibert, ne s'y résigna pas facilement. Il chercha inutilement à faire entrer dans ses vues le gouverneur de Marcigny. Ce fut en vain, ce dernier avait une consigne, il voulut la faire exécuter.

Réduit à l'impuissance, en but à des vexations quotidiennes, le prieur déchu se laissa aller à lancer des épîtres fort vives à sa rivale et à ses partisantes. Elles se plaignirent au vicomte d'Amanzé « de ce qu'il les gratifiait dans ses lettres de tripières et de harengères ». Les adversaires de l'altière prieure ne désarmaient pas. On en vint à examiner de plus près la prétendue bulle sur laquelle reposait sa grandeur, on vit qu'elle était apocryphe et de sa main. Cette femme, qui avait tant fait pour l'émancipation féminine, fut déposée avec autant de pompe qu'elle en avait mis autour de son élévation et retombant au rang de simple religieuse, elle s'éteignit dans l'obscurité en 1658.

La révolution de Marguerite Blondeau avait soulevé un vent d'indiscipline dans le couvent. Jacques de Nuchèze, évêque d'Autun, envoya une mission de religieuses de l'abbaye de Lancharre pour la calmer. Elle était composée de l'abbesse Marie du Blé, et des religieuses Madeleine de Chevriers, Françoise de St-Mauris, Madeleine de Chanvigy et Marie de Damas. Arrivées en 1648, elles en repartirent en 1654, après avoir rétabli la discipline religieuse.

Mais l'esprit d'antagonisme contre les Bénédictins n'était pas éteint. Il se réveilla quelques années après la mort de Marguerite Blondeau. Mme de la Chaize, d'Aix en Forez, n'avait ni moins d'ambition, ni moins de hauteur que sa devancière. Elle fut plus puissante, grâce au crédit de son oncle, le Père Jésuite de la Chaize, confesseur de Louis XIV.

Elle mit à profit un vice très commun alors dans l'organisation des couvents : les abbés commendataires. Ces « abbés », souvent étrangers aux ordres, étaient plus recommandables par leurs services politiques que par leur zèle religieux ; ils laissaient aux moines le soin de louer Dieu et se contentaient de toucher les revenus de l'abbaye. Le fils de messire Lelièvre, président du grand conseil, avait été nommé abbé-commendataire de Marcigny. Après lui, titre et bénéfices étaient passés au duc d'Albret, neveu du cardinal de Bouillon.

Mme de la Chaize sut faire ressortir les inconvénients d'un couvent de femmes dirigé par un laïc dans une pétition signée des Bénédictines qu'elle adressa au cardinal de Bouillon. Sur les instances de son oncle, le duc d'Albret consentit à se démettre de son titre au profit de la prieure. Pour consolider encore son autorité, Mme de la Chaize s'adressa au pape Innocent III. Une bulle homologuée en 1696, déclara le prieuré de Marcigny « bénéfice féminin ».

La lutte avec les seigneurs de Semur, quoique moins vive, continuait toujours. Marcigny avait été rattaché au bailliage de Mâcon. Là avait été jugé les fauteurs de troubles de 1627. Là fut aussi jugé, quelques années plus tard, en 1633, une affaire qui avait eu un scandaleux retentissement dans le pays. Marc Antoine de Digoine, seigneur du Palais, avait enlevé Marguerite Bonnefoy, femme de Léonard Bellot, notaire de Marcigny, « par force, violences, grandes menaces et sans raison et l'avait retenue et fait garder au Châtel du Palais par l'espace de douze jours ». En réparation, le seigneur du Palais avait été condamné à verser aux époux Bellot la somme de 300 livres tournois et à aumôner 200 livres aux pauvres prisonniers de la ville de Mâcon. Tous ces procès avaient été instruits et jugés à Mâcon.

L'éloignement des sièges de justice royale était, pour les plaideurs, une cause de retards et de déplacements onéreux. Prieurs et seigneurs de Semur avaient constamment lutté pour conserver les choses en l'état, car les procès étaient une cause de revenus fort appréciable. Ils n'avaient pas cessé de rappeler le caractère temporaire de « l'arrêt d'intérim » et la décision de Charles VIII qui avait rattaché Marcigny au bailliage de Semur.

L'affaire fut soumise une fois de plus au Parlement et un arrêt fut rendu le 20 juin 1648. Il maintenait Marcigny dans la recette de Semur et par appel au Parlement de Dijon. En matière de police, la ville restait de justice royale et ressortissait au bailliage de Mâcon et par appel au Parlement de Paris.

Ce succès fut le point de départ de démêlés avec Louis de Lorraine, comte d'Armagnac, pair et grand écuyer de France, fermier des droits d'aides pour le Mâconnais. Il prétendit établir ces droits à Marcigny sous prétexte que la ville dépendait du bailliage de Mâcon. C'eût été un coup terrible pour le commerce de vins qui avait été exempt de cet impôt.

On exhuma les vieilles chartes qui se rattachaient aux droits de la ville. Un arrêt du Conseil du roi, du 19 mars 1685, maintint la ville et les faubourgs dans la franchise des droits d'aides du Mâconnais « comme ayant toujours fait partie du duché de Bourgogne ».

Au XVIIe siècle, la ville de Marcigny-sur-Loire changea son nom en celui de Marcigny-les-Nonains qu'elle conserva jusqu'à la Révolution. Deux nouvelles communautés religieuses s'installèrent dans ses murs. Les Récollets, fondés en 1623, reçurent de grands biens de F. Gregaine et de Madeleine Racaud, sa femme, dont le fils était provincial de l'Ordre.

Les Ursulines s'établirent vingt ans plus tard à Marcigny. Elles furent favorablement accueillies car elles élevaient gratuitement les enfants pauvres et admettaient à la profession toutes les postulantes, sans distinction d'origine. Dès 1620, l'église de Saint-Nicolas devint église paroissiale.

En 1695, le gain d'un procès permit d'élever l'hôpital. Le 17 janvier 1560, Claude Goutaudier avait fait don aux pauvres d'une rente de 240 livres et depuis lors elle avait été très irrégulièrement servie. Les héritiers furent condamnés à payer la somme de 3.600 livres dont une partie fut employée à élever l'Hôpital qui ne tarda pas à recevoir de nombreux dons. Les deux premières religieuses qui le desservirent furent les sœurs Jacquet et Tisserand..

Pendant le cours de ce siècle, Marcigny eut une existence assez brillante grâce aux visites des nombreux personnages de marque qu'attirait l'importance du prieuré.

Les luttes soutenues par les Bénédictines ne doivent pas nous faire oublier que le meilleur de leur vie est resté enveloppé dans l'ombre du couvent. L'ardeur à la procédure ne les empêchait pas de poursuivre leur mission de charité dont les avait chargées saint Hugues. Au plus fort de leurs démêlés, elles ne cessaient pas de faire les mêmes distributions d'aumône, d'entretenir les mêmes établissements de bienfaisance qu'à l'origine.

Les Récollets avaient une réputation d'éloquence, surtout leur provincial, le père Gregaine. Les notables de la ville se piquaient de littérature. On trouvait chez les Dupuy, les Verchère, les de Chalonnay, des bibliothèques importantes.

Il n'était pas rare de rencontrer dans les châteaux des environs des personnages qui avaient rempli de hautes missions, tels : André du Ryer, châtelain de Malezar, qui avait été ambassadeur en Egypte, et François de Savary de Brèves, seigneur de Maulévrier, ambassadeur à la Porte.

Richelieu passa deux fois à Marcigny en 1630 ; la première fois, il allait à l'armée d'Italie ; la seconde fois, il accompagnait la reine Marie de Médicis. En 1642, le 13 septembre, on vit arriver le fameux Gaston d'Orléans. Richelieu le suivit à cinq jours d'intervalle ; il arriva en bateau avec Henri de Bourbon, fils du Grand Condé. Le 10 juin 1664, ce fut le cardinal Chigi, légat du pape Alexandre VII, qui se rendit à Paris avec le duc de Montausier.

Jusqu'à la fin du XVIIe siècle, l'histoire du prieuré a été celle de la commune de Marcigny. Ensemble, ils se sont défendus contre les agressions des premiers siècles contre les violences des guerres civiles et contre les empiètements des seigneurs de Semur. La communauté des intérêts les avait unis dans les moments de crise. La longue tranquillité du siècle écoulé rompit l'union que le péril commun avait amenée.

L'hostilité éclata en 1736 à propos du pré de l'Eguillon et des terrains avoisinants. Il était difficile de préciser à qui ils appartenaient, les débordements de la Loire ayant empêché les propriétaires d'y exercer leurs droits. Au début de la procédure, ces terrains formaient de vagues pâtis dont jouissaient les habitants de Marcigny.

Le 17 octobre 1736, la prieure, Mme de La Chaize, les loua au sieur de Chalonnay, syndic de Marcigny, et au sieur Descoteaux. Le sieur Guegnot, commis au grenier à sel et économe du prieuré, et le sieur Dupuy « par haine et jalousie, après avoir échauffé les esprits d'une foule de vils manœuvres et artisans par des discours pleins d'artifice, les excitèrent à faire irruption sur les fonds des fermiers et à détruire leurs travaux ».

Ces excitations produisirent leur effet. Le 21 avril 1737, jour de Pâques, à 6 heures du soir, une bande « armée de pelles, pioches, piques, coignées, arracha, détruisit, tous les travaux exécutés par de Chalonnay et Descoteaux, coupa les arbres et amena cinquante chevaux pour leur faire manger toute l'herbe » (1).

Guegnot et Dupuy furent arrêtés. L'affaire fut portée devant les chambres de justice de Mâcon et de Lyon ; elles donnèrent raison aux habitants de Marcigny. La prieure mécontente intenta un nouveau procès aux habitants de Marcigny. En

(1) Procès-verbal du lieutenant-criminel de Mâcon,

même temps le maréchal de Langeron, seigneur de Maulevrier revendiqua pour lui les terrains contestés, en sa qualité d'ayant droit de la famille de Semur. De leur côté, les habitants de Chambilly s'en mêlèrent en faisant valoir l'incertitude des titres des autres parties plaidantes. Cette affaire dura vingt-neuf ans avec des alternatives de gain et de perte ; le sieur de Chalonnay y perdit sa place de syndic. Elle n'était pas terminée quand il s'en éleva une autre qui roulait sur des droits non moins obscurs.

Les Bénédictines avaient depuis un temps immémorial l'habitude de faire tous les lundis, mercredis et vendredis de carême une distribution de pain de seigle aux pauvres des communes de Marcigny, Baugy, St-Martin-du-Lac, St-Martin-de la-Vallée, Artaix et Chambilly. C'était une dépense considérable pour le prieuré, car Marcigny nourrissait à lui tout seul sept à huit-cents nécessiteux, et ce concours de miséreux amenait quelques désordres. Les prieures désiraient s'en affranchir. L'avidité de leurs hommes d'affaires avait commencé par diminuer le poids des morceaux de pain et la qualité de la farine. Le 17 mars 1762, les préposés à la distribution refusèrent formellement l'aumône et ordonnèrent à ceux qui étaient dans la cour de sortir et de ne plus revenir. Il y eut des murmures. « Dom Bardon, dit le rapport des échevins de la ville, descendit alors de sa chambre avce un fouet à la main et fondit sur la populace pour l'expulser. Il s'en suivit un grand tumulte. Plusieurs enfants furent renversés et blessés, « un ou deux eurent même quelques membres disloqués et fracassés, et furent portés au couvent pour y être soignés et raccommodés ». Les habitants de Marcigny chargèrent leur curé d'amener la prieure à des sentiments plus charitables. Celle-ci répondit que l'aumône dépendait de sa volonté et qu'elle était bien décidée à ne faire à l'avenir que des aumônes particulières et plus d'aumônes générales.

Avant d'entamer un procès, on résolut de faire une

nouvelle démarche. MM. de la Chaize, Chevalier, Cudel, écuyer, F. Verchère et J.-B. Verchère de Reffye, médecin, en furent chargés. La prieure ne voulut pas les recevoir, elle fit dire qu'elle n'avait rien à ajouter à ce qu'elle avait dit au curé de la paroisse. L'affaire fut portée devant le Grand Conseil. Les habitants intéressés représentèrent que l'aumône avait eu lieu de tout temps, qu'elle revêtait un caractère de dette plutôt que de charité, puisque certaines dîmes avaient été instituées pour y faire face, comme celles de Baugy, Chambilly, Saint-Martin-du-Lac qui portaient le nom de « dîmes des pauvres ou de l'aumônerie » et qu'elle ne constituait pas une trop grande dépense pour le prieuré, attendu qu'elle n'allait pas à la trentième ou quarantième partie de ses revenus. Un arrêt du 30 janvier 1765 admit ces raisons et leur donna gain de cause.

Un autre arrêt du 17 mars 1765 ne reconnut aux Bénédictines que la propriété de l'Eguillon avec ses atterrissements et attribua toutes les autres parcelles aux habitants de Marcigny. Très irritée par ces deux procès, la prieure avait fait démolir le port d'Artaix et supprimer le bac.

Par la transaction de 1769, la ville renonça au bénéfice de l'arrêt de 1765, ainsi qu'à l'aumône générale et s'obligea de payer à la prieure une redevance annuelle de 7 livres 15 sols. En échange la prieure renonçait au droit de lods, s'obligeait à donner chaque année à la ville soixante bichets de seigle et permettait aux habitants de construire un lavoir le long de son jardin.

La rivalité des Bénédictines et des Bénédictins s'était terminée quelque temps avant par un procès. En 1704, Hugues Molard avait pris le titre de « prieur claustral de Marcigny ». La susceptibilité de Mme de la Chaize s'alarma de cette dénomination. Le cas fut soumis au chapitre de Cluny et un arrêt du 19 septembre 1747 vida définitivement ce différend, en confirmant la bulle d'Innocent XII, il déclara le prieuré de Marcigny « bénéfice féminin ».

Sur la fin du XVIIIe siècle, Marcigny atteignit un degré de prospérité qui contrastait avec les communes voisines. Le pays était complètement défriché. Le sol fertile donnait de bonnes récoltes de seigle dans la plaine du côté d'Arcy. Le bétail était une grosse source de revenus. Le vin était bon marché; le port attirait celui du Mâconnais et du Beaujolais. Le bois abondait dans les hautes futaies. A Semur, la pierre était à fleur de terre en telle quantité qu' « on dirait, écrit Malteste, qu'il y pleut des cailloux ». On trouvait d'excellentes carrières de pierre à Iguerande, Chenoux et Jonzy. La ville comptait 2.000 habitants. Ils fabriquaient du fil. Les cordonniers et chamoiseurs, réunis en confrérie sous le patronage de « messieurs saint Crépin et saint Crépinien », étaient très nombreux. Le ruisseau de la vallée faisait tourner neuf moulins.

La ville était reliée aux localités voisines par un service de voitures assez complet. Les diligences de Paris passaient trois fois par semaine. La voiture de La Clayette arrivait tous les mardis. Un courrier partait pour Charolles trois fois par semaine et un autre se dirigeait sur Lapacaudière. « Les habitants font tranquillement leur commerce, dit un magistrat du temps, M. Dupuy, il ne leur manque qu'un peu plus d'émulation. L'oisiveté est un des fléaux du pays ».

La ville avait trois pouvoirs au-dessus d'elle : le roi, les Etats du duché et le prieuré.

L'autorité royale n'avait pas de limites bien précises. Le roi donnait son consentement à la nomination du syndic et des échevins; il veillait à la conservation des fortifications de la ville. Son action se bornait là. Un édit de novembre 1733, avait créé un poste de « gouverneur de la ville et de la place de Marcigny », mais l'emploi ne fut rempli qu'en novembre 1766, par la nomination de M. de Bernis, lequel ne songea ni à remplir ses fonctions ni même à venir à son poste.

Brionnaise

Les Etats du duché de Bourgogne votaient chaque année à Dijon les impôts qu'ils jugeaient nécessaires pour les besoins du royaume et du duché. Le mode de votation et le recrutement des députés ne faisaient qu'une part insignifiante à Marcigny. Les Etats s'occupaient encore du recrutement des milices de la province. Ils se bornaient à fixer le chiffre d'impôts, le nombre de soldats que Marcigny devait fournir chaque année. Les habitants s'arrangeaient ensuite comme ils l'entendaient pour y pourvoir.

Le prieuré n'avait conservé que la nomination du curé de la paroisse et la police de la ville. La prieure nommait, avec l'assentiment de l'abbé de Cluny, les officiers du bailliage qui s'étendait sur Marcigny, Artaix, Baugy, Saint-Martin-du-Lac et Chambilly.

Tous les habitants âgés de 25 ans et inscrits sur le rôle des tailles s'occupaient de la gestion des affaires de la ville. Ils avaient à leur tête un syndic élu à vie et deux échevins élus pour deux ans avec l'agrément du roi. Le vote des membres de la communauté décidait de tout. Recettes, dépenses, impositions, tout leur était soumis. La question du vote et de la répartition des impôts tenait la première place dans les délibérations de la communauté. Aussi le rôle des tailles qu'envoyaient chaque année MM. les élus des Etats du duché de Bourgogne était-il épluché et toujours mal accueilli. Chaque fois la communauté se récriait contre le chiffre auquel elle avait été taxée. Elle adressait force réclamations à M. le Gouverneur du duché, mais ces réclamations restaient lettres-mortes. Cependant en 1705, la communauté obtint « à la recommandation de Mme la Prieure et de plusieurs autres dames une diminution notable des tailles et commissions des seigneurs les élus généraux de Bourgogne ». En reconnaissance, elle décida que M. le syndic et MM, les échevins « feraient présent à la dame prieure de 25 livres de sucre et de deux pains de sucre aux autres dames ». Le prix de ce sucre devait être payé par « Maurice Caugeron, fermier du port sur la rivière de Loire appartenant à la communauté sur le prix de son bail ».

Pour faire la répartition des impôts entre les habitants, la communauté nommait des commissaires. Leur travail soumis à l'assemblée soulevait les mêmes récriminations que la demande des Etats, chacun se plaignant du mauvais état de ses affaires. Dans une réunion du 4 juin 1758, les sieurs Sarret père et fils, marchands drapiers, firent une réclamation « pour être diminués de leurs tailles et impositions, sous le prétexte que leur commerce et leur fortune ont diminué », mais la grande majorité de la communauté prononça « que loin de diminuer, leurs biens ont plutôt augmenté et qu'il n'y a pas lieu à réduction ».

En 1703, M. Louis Geffrier, échevin « pour satisfaire à la déclaration concernant la milice et à l'ordonnance des seigneurs, les élus de la province, fit ordonner à tous les garçons de Marcigny, par la publication faite à son de tambour, de se réunir en assemblée de la communauté le 22 décembre afin de dresser un rôle de leurs noms et de se présenter le lendemain 23, en la ville de Semur, par-devant M. le Prévôt de Charolles, commis par les seigneurs les Élus, afin de tirer entre eux au sort pour reconnaître celui qui sera obligé de servir comme soldat de milice ». Le sort tomba sur un sieur Martin, lequel devait se présenter le 1er janvier à M. le Prévôt de Charolles, pour être enrôlé ; mais au dernier moment, il disparut.

Le lendemain 2 janvier, M. le Prévôt de Charolles établissait à Marcigny une garnison qui devait être logée, nourrie et payée par les habitants. La communauté s'assembla aussitôt et décida que « pour éviter la continuation de la garnison, il était à propos de tirer de nouveau au sort le nom des garçons de la ville ». Le sort étant tombé sur le sieur Claude Perrin « compagnon chez le sieur Berger », il fut fait défense formelle au nouveau conscrit « de s'absenter de la ville sans l'ordre des sieurs échevins ».

Les revenus de la ville variaient entre 17 et 1800 livres et provenaient de la ferme des droits de la pêche, d'octroi, du port, etc. — La communauté n'avait, ni comptable ni caissier, Toutes les opérations d'argent se faisaient directement entre ses créanciers et ses débiteurs sous son contrôle.

Par crainte des dépenses inutiles, la communauté rejetait soigneusement les étrangers besogneux qui pouvaient retomber à sa charge. En 1708, elle frappa d'une imposition de 12 livres « tous les propriétaires qui leur en loueront, afin que lesdits étrangers ne séjournent plus d'un jour en ladite ville ». Mais tous les soins apportés pour « faciliter la retraite des pauvres étrangers ayant été inutiles », et voulant prévenir « les vols et malversations qui se commettaient jour et nuit », la communauté décida, le 20 avril 1709, de faire dans la ville et les environs des patrouilles composées de six hommes et conduites « par l'un des principaux et notables habitants ».

Les dépenses ordinaires de la communauté comprenaient 16 livres 5 sols de redevance au prieuré, 14 livres 5 sols aux sociétaires de l'église et 50 sols de rente au sieur Dupuy de Châteauvert. L'instruction primaire et secondaire absorbait 600 livres par an.

Les procès comptaient pour une bonne partie au passif du budget. Elle plaida contre le seigneur d'Artaix qui percevait des droits exorbitants sur les bateaux passant la Loire devant sa seigneurie. Le Grand Conseil, en 1730, réduisit ce droit à 2 sols et 6 deniers par bateau.

Elle plaida contre les fermiers du Chalennais qui voulaient l'obliger à consommer leur sel. — Un arrêt de 1736 lui permit de s'approvisionner du sel lyonnais au grenier de Charlieu.

La question des grains était matière à de grandes difficultés, car le souvenir des famines de 1708, 1709 et 1710 était dans toutes les mémoires. A cette triste époque, les gens avaient été réduits à se nourrir de glands et de racines de fougères et, sur cent personnes, les trois quarts étaient mortes de faim.

En 1766, tous les habitants se plaignaient des marchands de grains. Le procureur fiscal, Joseph Jaillon, ouvrit une enquête. « Les marchands, dit son rapport, avaient fait fabriquer des mesures de deux échantillons, savoir : une grande pour acheter et une beaucoup plus petite pour vendre sur lesquelles étaient contrefaits les poinçons du prieuré et, ainsi, ils abusaient de la confiance publique. »

Il fit rechercher les étalons des mesures sans pouvoir les retrouver M. de Chalonnay ne les ayant pas remis à son successeur. On en fit fabriquer d'un nouveau modèle ; un pour la grenette de Marcigny tenant vingt livres de froment et portant le poinçon G D M (Grenette de Marcigny) et un autre pour le commerce avec le poinçon M D M (mesure de Marcigny). On ne voit pas que les auteurs des fraudes aient été poursuivis. On fut plus sévère pour Simonin et Ressort, marchands de grains et fermiers du droit de layde.

La grenette avait été élevée par le prieuré et ouverte aux marchands moyennant une redevance, au droit de layde. Simonin et Ressort furent accusés d'accaparement et d'avoir augmenté le droit de layde. Les habitants se plaignirent au Gouverneur de la Bourgogne. J.-B. Monnot, lieutenant-criminel au bailliage de Mâcon, envoyé sur les lieux, fixa le droit de layde à 15 sols par char et fit condamner Simonin et Ressort à une amende de 300 livres chacun. Par la suite, le Gouverneur de la Bourgogne supprima, en 1775, le droit de layde malgré les réclamations de la prieure.

La grande affaire de la communauté était l'entretien de son collège et de ses petites écoles.

En 1763, Jean Coiffe était principal puis Matheras lui succéda jusqu'en 1766.

Après son départ, on s'adressa au sieur Jacq.-Franc. Millon,

Marcigny : Tour du Moulin des Moines.

maître ès-arts à Bourbon. On lui posa les conditions suivantes : Il devra enseigner la lecture, l'écriture et la latinité. Il aura un régent agréé par les officiers municipaux. Il enseignera gratuitement douze enfants pauvres choisis par ces officiers. Il conduira ses écoliers aux offices les dimanches et jours de fêtes. Il leur enseignera le catéchisme tous les jours et leur fera faire la prière matin et soir. Il fera aux bâtiments du collège les réparations nécessaires.

En retour, il recevra 600 livres par an et 300 s'il n'a pas de sous-maître. Il aura droit d'exiger vingt sols par mois des écoliers qui apprendront le latin ; 15 sols de ceux qui apprendront à lire, écrire et compter ; 10 sols de ceux qui apprendront à lire et à écrire et 5 sols de ceux qui apprendront à lire. Il aura son logement et celui de son sous-maître dans le collège, il sera exempt de toutes les impositions et charges de la communauté.

Par suite du manque de grosses réparations, les bâtiments menacèrent bientôt ruines. Pour économiser l'argent nécessaire à la reconstruction du collège, les notables proposèrent de supprimer le traitement du principal. Les autres habitants s'y opposèrent parce que le collège instruisait gratuitement douze enfants pauvres. On tint une grande assemblée pour arriver à une entente, le Gouverneur de Bourgogne s'y fit représenter. Le sieur Bouthier prit la parole et rappela que « les notables avaient tous les moyens d'envoyer leurs enfants dans des collèges étrangers, et qu'il est de l'intérêt de l'Etat que les enfants pauvres ne se livrent pas à l'étude. D'ailleurs, le sieur Millon a le défaut de naziller et d'aimer le vin ». Jean Amelot, délégué de Semur, parla dans le même sens : « Je suis peu partisan des collèges dans les petites villes, cela donne occasion au peuple de faire apprendre le latin à leurs enfants et d'en faire de mauvais prêtres ou des procureurs ou des sergents, ou autre engeance de même espèce, au lieu de bons artisans et laboureurs qu'ils auraient été. » Le collège fut fermé. Il rouvrit avec le sieur Margaron et Turreau qui s'acquittèrent mal de leur tâche. Vers la même époque, le sieur Voury chargé des petites écoles, est aussi peu exact à remplir sa charge « pour raison des excès qu'il fait dans le vin ». On lui donna un mois pour venir à résipiscence. En 1782, le 6 octobre, il fut congédié. Claude Rivet, commis de la marine, lui succéda.

Au collège, le sieur Tavernier, étant mort en 1784, fut remplacé par le sieur Clément. On lui donna son congé le 1er avril 1786, sous prétexte qu'il n'avait pas passé d'examen. Le sieur Planchamp le remplaça moyennant 600 livres par an. Il avait le droit de se faire payer trente sols par chaque écolier de Marcigny. Chaque écolier devait en outre trois francs le jour de la rentrée « pour chauffer et allumer le poële ». Les classes duraient de 8 heures à 11 heures du matin et de 1 h. à 4 heures du soir. Le jeudi était jour de congé. Les vacances partaient du 1er octobre au 1er novembre.

La prieure Mme Anne-Nicole de la Queuille trouvant sa maison malsaine en fit élever une autre. M. Verniquet, architecte, qui venait de reconstruire le château d'Arcy, en dressa les plans. La première pierre fut posée par Mgr de la Rochefoucauld, abbé de Cluny et archevêque de Rouen, le 9 mai 1777.

COPIE DU PROCÈS VERBAL

fait au sujet du pillage et dévastation qu'éprouva le prieuré de Marcigny en l'année 1562, lors du passage de 15 à 1600 Huguenots sortis de Lyon et cotoyant la rivière de Loyre pour se rendre au siège de la ville d'Orléans.

Claude De Montchanin, seig[r] de la Garde, juge pour le roi notre sire, en la châtellenie royale du Bois-Ste-Marie, bailliage du Maconnois, sçavoir faisons, que ce jourd'huy 14e jour du mois d'octobre, en l'an 1562, au monastère et prieuré de Marcigny les Nonains, a comparu pardevant nous R. P. en Dieu Dom Cristophe Coquille, docteur en théologie, grand prieur de Cluni et dud. Marcigny, par lequel nous a été remontré, comme n'a guères aucuns séditieux et rebelles de la ville de Lyon font marcher leur camp contre la ville d'Orléans sous la conduite des s[rs] de St-Aubin, Poncenat et plusieurs autres capitaines, et passèrent par la ville de Marcigny tant à pied qu'à cheval, jusqu'au nombre d'environ 15 à 1.600 hommes; lesquelles compagnies furent tirées et sollicitées par aucuns tant dud. Marcigny que des environs, étant de la nouvelle religion et tenant leur party, ou ils s'emparèrent.

Premièrement du prieuré et monastère, duquel lieu ils mirent par terre toutes les croix, rompirent, brisèrent et ruinèrent les autres images, sanctuaires et peintures, mirent en pièces tous les livres, tant de l'église que des librairies, forcèrent les portes et serrures non seulement des églises et armoires, mais aussi des dortoirs, infirmeries, caves, greniers, et de toute la maison, en pillèrent pareillement, les joyaux, thrésors, chappes, ornements et reliquaires, violèrent les spultures, levèrent les tombes et en tirèrent les corps; firent brûler les images, en jetèrent les cendres au vent, rompirent les autels, gâtèrent et arrachèrent les plombs des fontaines, lesquels ils brisèrent pour en faire butin, emportèrent les batans des cloches, emportèrent celles qu'ils purent emporter; comme aussi grand nombre de meubles qui étaient aud. monastère, tant du côté des relgx que des rlgses, brisèrent et emportèrent toutes les serrures, portes et fenêtres dud. monastère, les treillis et verrières d'icelles fenêtres tant des églises, chapelles qu'autres lieux. Bref, ne laissèrent les susdites compagnies et séditieux, aucunes choses entières aud. monastère; vendirent et gatèrent grande quantité de vin et de grains, en sorte que tous les religx et relgses furent contraints eux séparer, et s'en aller ça et là; lesquels religx et relgses désirant volontiers eux rassemblés aud. lieu et monastère, pour y faire et continuer le service divin, comm' ils faisaient auparavant, ce qu'ils ne pouvaient faire sans réparer en Ier lieu les autels, toutes les ruines de l'église, lieux réguliers et maisons, et icelui remeubler, toutefois désirans, avant que commencer faire apparoir quels étaient les dégâts et pillages faits en lad. abbaye, et les conducteurs acteurs et fauteurs; aurait led. s^{r} R^{d} Grand prieur dudit Cluni et de Marcigny; recouru à Mgr de Tavannes, chevalier de l'ordre, lieutenant gnal pour le roi au gouvernement de Bourgogne, lequel sur la requête à lui présentée, nous auroit commis tant à la visitation des susdites ruines, que pour informer contre lesd. séditieux dudit lieu de Marcigny qu'autres, comme nous en avoit fait apparoir par la commission en date du 8e jour d'octobre l'an 1562. Signé de Saux, et cacheté du cachet dud. seigneur: nous aurait led. s^{r} Grand prieur dud. Cluni et dud. Marcigni, prié et requis procéder et vaquer à lad. visitation pour procéder en laquelle plus assurément, il auroit fait ajourner par notre ordon^{ce} les ouvriers nommés au dernier de la présente visite, et ce par sergent royal, comm' il nous a rapporté, afin d'assister tous à lad. visitation, priser et estimer le dommage, chacun ce qui est de raison, et du totage leur être fait bon et fidel procès verbal et acte expédier, faire expédier, servir et valoir tout ce qu'il appartiendra, pour oüir par nous commissaire député en cette partie, et vu la commission a nous adressée, nous aurions procédés à lad. visitation, ainsi que cy après est écrit, avec les maîtres ouvriers dernier nommés et ajournés auparavant, après avoir prins de tous le serment en tel cas requis de bien et diligemment recorder, voir et visiter les ruines et dégâts, et justemment évaluer chacun en son endroit, prins pour notre scribe commis pour notre greffier Me Martin Gaillard, notaire royal du Bois-Ste-Marie avec nous au dernier de lad. visite signé :

Premièrem^{t} Nous avons entré par la grande porte que l'on entre dans de la ville dud. Marcigny aud. mônastère en laquelle fut levée et emportée la serrure et le marteau duquel on frappe à lad. porte, arrachés par lesdits de la nouvelle religion.

D'icelle sommes venus en la chambre du portier en laquelle lesdits huguenots avaient rompu et forcé la porte, serrure, paumelles, et verroux d'icelle, aussi rompirent et brisèrent la fenêtre d'icelle chambre, emportèrent les pomelles et verrouils d'icelle.

Plus montant plus haut avons vu oculairement la grande porte double que l'on entre à la nef de l'église dudit monastère qui avoit été brisée et rompue, les serrures, verroux, paumelles et gonds arrachés et emportés par lesd. hug. et que depuis a été fermée à clef, pour éviter que le bétail n'entrât en lad. église.

Visite de l'église. — Sur lad.porte aurions vu une fenêtre quarrée qui était verrierée que nous a rapporté Dom Etienne fabry sacristin dud. prieuré qui a été arrachée et emportée avec les barres et verges de fer qui tenoient lad. verrière. Au plus haut d'icelle porte y avoit une autre fenêtre longue d'une toise et demie pied de largeur ou environ qui était pareillement garnie derrière icelle avec les barres et verges de fer ravies et emportées par lesd. huguenots.

Etant devant laquelle église et allé à main droite aurions trouvé la fosse, comme nous a rapporté led. sacristin, du feu curé de Saint-Sulpice qui fut ouverte par lesd. rebelles et séditieux, le corps franchem' enlevé mis en apparence, et pensant trouver quelque autre meilleur butin, parmi laquelle grande allée de lad. église aurions vu et trouvé plusieurs feuillets de missels et livres de chant de l'église brisés et lacérés.

Près la porte entrant du cloître (des religx) en icelle allée aurions trouvé un bénitier de pierre, qui étoit enclavé dans la muraille, rompu et mis en plusieurs pièces.

Au-dessus de laquelle porte est la croisée de lad. église; en la main dextre étoit la chapelle de s' Benoit, ou il y avait un crucifix, les images de S' Benoit, S' Jean B., S' Léonard, et S' Hugues ne sont été mises par terre et brulées par lesd. hug.

Au devant de l'autel étoit un tableau de toile posé en bois, environné et enrichi d'un parement de pierre bien détaillé et peinturé d'or et d'azur, auquel tableau était figuré le trépas de Notre D^e qui a été arraché et gaté par lesd. hug.

La table dud, autel d'icelle chapelle a été brisée tout aux envons de sorte qu'elle ne sçaurait servir, et auquel autel a été rompu le lieu ou étoient les reliques.

Aux environs de la quelle chapelle aurions vu des bancs à dossier et coffres de bois chêne nouvellem' faits qui ont été la plupart brisés et rompus, et toutes les serrures levées et emportées au nombre de six serrures.

Du côte droit dud. autel y avait un buffet au rapport dud. sacristin qui était fait nouvellement de bois de chêne, et une liette et armoire fermant à deux clefs, lequel fut prins et emporté par lesd. hug.

De l'autre côté dud. autel y avait un tel et semblable buffet aussi levé et emporté par lesd. hug.

Montant l'haut en la main dextre près de la porte qui va de l'église au dortoir des relgx y avait au rapport dud. sacristin, un banc fait coffre et couvert dessus en forme de voute, qui était de pareil ouvrage que les susd. fermant a bonne clef icelui coffre qui pareillem' a été emporté, ravi et pillé par lesd. hug.

La porte du dortoir desd. relgx auroit été rompu et forcé par lesd. hug. les serrures, paumelles et verroux arrachés pillés et emportés.

Au dessous de laquelle porte y avoit un coffre de bois de chêne vieux, qui fermoit à deux serrures et deux clefs, lequel étoit à dossier, et pardessus revers en forme de voute, lequel a été mis par terre et rompu en plusieurs endroits, et les deux serrures levées et emportées par les hug.

Au bout de laquelle allée étoit la chapelle de St Laurent, sur laquelle étoient les images dud. St Laurent peinturées de neuf qui ont été aussi rompües et brulées par lesd. hug., la table de l'autel de lad. chapelle et le repositoire dés s[tes] reliques brisés et mis en pièces.

Au devant et dessous lequel autel le tableau en peinture plattre ou étoit le crucifiement et autres mystères de la passion figurés rompus et brisés.

Au long de lad. allée et sur lesd. chapelle et porte dud. dortoir desd. relgx aurions trouvé six fenêtres longues, les unes d'une grande toise, les autres de demie toise de largeur de trois pieds ou env[on] qui étoient toutes garnies de verrières, comme nous en a fait le rapport led. sacristin et nous a apparu des pièces et fragments desd. verrières, lesquelles ont été brisées, les plombs, barres et verges de fer rompus et emportés.

Entre laquelle allée et le grand autel de l'église, y avoit, comme nous a apparu, un pan de bois en belle menuserie, duquel la porte, serrures, et ferrements ont été pris et emportés par lesd. séditieux.

De la sommes entrés audev[t]. dud. grand autel, la table du quel aurions vû être d'albâtre, qui a été brisée par lesd. hug. en l'un des quarres est le siège et lieu des reliques brisé en plusieurs et divers endroits, sur lequel autel y avoit la portraiture et figure de N. Seig^r que la V. Marie tenoit en ses bras mort et élevé, en bois, peinte en bon or et azur; et andevant duquel autel y avoit un autre tableau semblablem^t élevé et peint, ou étoit la Ste Trinité; lesquels tableaux furent distraits et déchirés par lesd. hug. et ne sçait on ce qu'ils sont devenus.

Led. grand autel étoit environné de quatre pilliers de cuivre sur chacun desquels étoit une figure d'ange de cuivre, qui portoient les enseignes des mystères de la passion de J.-Christ.

Aussi au milieu dud. autel par derrière y avoit un pillier de semblable matière de cuivre, au milieu duquel étoit une crosse ou pendoit le ciboire, et au dessus la figure de J. C. tenant le monde en sa main et ayant une dralance sur la tête, le tout de cuivre; entre lequel grand autel et chœur d'icelle église il y avoit aussi un candélabre de sept branches de semblable matière de cuivre, de toutes lesquelles pièces de cuivre, l'une des parties a été retirée par lesd. relgx les autres prises, rompues et emportées par lesd. hug. entre lesquels quatre pilliers y avoit de fortes et grosses verges de fer que lesd. hug. ont emportées.

A l'env^on du grand autel y avoit les images de N. D^e, St Pierre et St Paul, St Louis, St Odile, St Hugues, St Claude et St Grégoire qui étoient l'une des parties de bois, et l'autre de pierre qui avoient été de nouvelle peinture d'or et d'azur, encore y avoit deux images sur deux pilliers derrière led. autel, sçavoir de Ste Catherine, et de Ste Barbe qui étoient aussi de pierre et de semblable peinture, lesquelles ont été mises par terre, rompues et brisées, comme nous a apparu par les fragments.

Au côté dextre dud. autel étoit une chaire de bois de chêne à coffre fermant à clef, ou le prêtre disant la messe se reposoit, faite à dossier, laquelle a été emportée, dérobée par lesd. hug. de l'autre côté dud. autel à main senestre y avoit un banc de semblable façon à coffre, lequel aussi a été ravi et emporté par lesd. séditieux.

Un peu plus bas que led. coffre y avoit une grande statüe de pierre en forme de diacre qui tenoit le pulpitre, sur lequel on posoit et disoit l'évangile, laquelle portraiture étoit d'hauteur d'un homme, et qui a été rompuë et brisée par lesd. hug. comme dessus.

Aux env^ons duq^l grand autel y avoit trois grandes fenêtres de hauteur d'une toise et demie, de largeur d'env^on quatre pieds qui étoient bien munies et garnies de verrières peintes, lesquelles avec barreaux et verges de fer ont été rompües, brisées et emportées par lesd. hug.

Au dessous duq[l] grand autel est le chœur des rlgx, auq[l] aurions vu plusieurs figures et images qui auroient été défigurées et rompuës par lesdits de la nouvelle religion ; sur lequel chœur est posé le clocher dud. monastère, ou aurions trouvé six cloches et l'horloge, desquelles six cloches les huguenots auroient pris et emporté les batans, dont les prieur et relgx dud. monastère en avoient racheté trois, les trois autres défaillans encore; et quant aud. horloge, les pièces d'icelui avoient été épanchées en plus[rs] endroits par lesd. séditieux qui ont été retirées a grande peine, et rachetées de plusieurs personnes, com[e] nous ont attesté et rapporté lesd. s[rs] prieur et relgx dud. Marcigny.

Semblablem[t] auroient lesd. séditieux pris et emporté les cordes desd. cloches desquelles n'en avons trouvé qu'une qui a été mise toute neuve.

Entre leq[l] chœur desd. relgx et celui des rlgses dud. monastère aurions trouvé une muraille qui en fait la séparation, au milieu de laquelle y avait une grande ouverture de sept pieds de quarrure qui étoit munie et garnie d'un grand et beau treillis de fer, si épais qu'a grande peine l'on pouvoit passer deux doigts entre deux, et par lequel les rlgses voyent le St Sacrement, et au milieu duq[l] treillis y avoit un petit guichet de semblable treillis de fer, par leq[l] on donnait l'eau bénite et on administrait la s[te] communion auxd. rlgses, fermant à clef, et cadenat, des deux côtés du treillis y avoient deux fenêtres, l'une de hauteur de trois pieds, et l'autre de deux, et chacune d'icelle large de deux pieds aussi chacune, garnies de treillis de fer de semblable façon que les dessus, qui servaient pour oüir les confessions sacramentelles desd. relgses ; lesquels grands et petits treillis fermaient du côté desd. rlgses a belles et fortes fenêtres de bois à serrures et clefs : tous lesq[ls] treillis et fenêtres ont été violemment arrachés et emportés par lesd. hug. et pour plus commodement les arracher et oter, ont rompu les pierres de taille auxq[ls] ils étoient attachés ; sur leq[l] entredeux desd. chœurs il y avoit un beau et grand crucifix de bois, et des deux côtés d'icelui, les images de N. D[e] et St Jean l'Evangel. posées sur beaux sièges faits en feüillages, le tout de bois et bien peint en or et azur, que lesd. hug. ont rompus et brulés co[e] nous a été rapporté par led. rlgx.

D'icelle sommes entrés par l'ouverture de lad. séparation dans le chœur desd. rlgses auquel du côté de l'abbé étoit une image appelée N. D[e] abbesse, laquelle a été brulée et brisée comme les autres par lesd. hug. à la menuserie duq[l] chœur avons vu plusieurs figures et images défigurées et gattées, ensemble des pulpitres brisés, gattés et mis en pièces, et parmi leq[l] chœur avons considéré et vu plus[rs] pseautiers, antiphonaires, gréaux et légendes rompus et mis par pièces. Aussi y avons vu grand nombre de feuillets et fragmens comme dessus ; et pour ce que led. chœur est en lieu humide et pavé d'aix de bois, avons vû à l'œil que lesd. hug. ont levé et rompu les aix dud. pavement, y pensant trouver quelque butin.

Aux deux côtés duq[l] chœur il y a huit fenêtres d'hauteur d'une toise et de largeur de deux pieds et demi chacune desq[lles] les verrières, barres et verges de fer ont été rompuës, brisées et emportées par lesd. hug. co[e] dessus.

Au dessous duquel chœur desd. rlgses, et sous la voute de la chapelle St Michel, avons trouvé plus[rs] coffres, buffets, armoires de bois qui ferment à clefs, auxq[lls] lesd. rlgses retiroient leurs habillemens d'autel et d'église, les livres, les huiles et cires pour les lampes et luminaires tout brisés et rompus, les serrures au nombre de 32, ou 34 avec les paumelles et autres ferremens arrachés et emp[tés] par lesd. hug.

En continuant sommes montés sur lad. voute St Michel, et au milieu de laq[lle], regardant sur le chœur desd. rlgses, aurions vû un pillier de pierre, sur leq[el] était assis un autel brisé et mis par terre, au dev[t] duq[l] autel y avoit semblablem[t] un palier de pierre servant de pulpitre.

Du côté droit de lad. voute avons trouvé un autel qui avait été rendu, renversé dessus trois pilliers ou il était posé.

Du côté droit dud. autel y avoit de grandes armoires de bois, divisées en méparties en six armoires, ou l'on mettoit les vieux et anciens livres écrits en parchemin ; lesd. armoires rompuës, les serrures, paumettes et barres de fer levées et emportées, lesd. livres brisés et épanchés sur lad. voute, co[e] nous est apparu, le tout par lesd. huguenots.

De l'autre côté de lad. chapelle aurions pareillem[t] trouvé et vû un grand coffre de chêne ou étoient encore quelques livres, leq[l] coffre fut forcé, brisé, et la serrure et barres de fer emportées.

Au dessous delaq[lle] chapelle, et au côté droit de la grande voute St Michel serions entrés au trésor, ou l'on retire les titres, documens et enseignemens dud. prieuré de Marcigny, et aurions trouvé la porte qui fermoit à deux clefs et à deux serrures, rompue et emportée ; dans leq[l] trésor d'une part y aurions trouvé de grandes armoires de bois de chêne divisées en douze fenêtres, lesq[lles] ont été rompuës et brisées, et les ferremens arrachés et emportés.

De l'autre côté aurions trouvé autres semblables armoires ou il y a huit fenêtres lesq^{lles} ensembles leurs ferremens ont été rompus et emportés. Sur le milieu duq^{l} trésor et dans aucuns desd. armoires aurions vu grande quantité de titres, papiers et enseignemens rompus et épanchés qu'il serait impossible de transcrire n'y estimer le dommage, perte, et intérêt qui en pourra survenir aud. prieuré.

Du côté de la dite voute s^{t} Michel avons trouvé un autel qui étoit posé et assis sur 4 pilliers, brisé par le milieu et mis par terre.

Au dessous duquel autel aurions trouvé le chappier de lad. église, qui étoient de grandes armoires fermant a 2 portes et a une serrure avec une grande verge de fer d'une toise et demie de long, lesq^{lles} 2 portes nous avons trouvé et vu par terre, et tous les ferremens et serrures brisés et emportés; et dans leq^{l} chappier n'y avons trouvé, n'y vu aucune chappe, n'y habillement d'église.

Au milieu de lad^{e} voute sur le portail de lad. église aurions vu une grande et spacieuse fenêtre de hauteur de deux toises et demie et de largeur d'une toise, aussi quatre petites fenêtres, sçavoir trois du côté de la cour, et une sur le portail d'une toise chacune de hauteur et de deux pieds de largeur qui étoient bien garnies de verrières et ferremens que nous a été rapporté par led. sacristin, lesq^{lles} verrières ont été rompues com^{e} nous a apparu des restes et fragmens, et les treillis verges et plombs pillés et robés par lesd. hug. co^{e} dessus, sans y avoir laissé aucunes choses.

Descendus de lad. voute de s^{t} Michel nous nous sommes trans portés a la seconde voute et allée en lad. église et du côté senestre ou aurions trouvé et vu plu^{rs} bancs, marchepieds, sieges et formes rompus en plusieurs endroits, même nous a apparu que par la muraille du côté du cloitre des susd. rigses auroit été forcée une sépulture et ouverte sur laq^{lle} voute et muraille d'icelle aurions vu et considéré quatre fenêtres de hauteur d'une toise et largeur de deux pieds, desq^{lles} nous a apparu par les vestiges que les verrières ont été brisées, et les plombs, verges, et treillis rompus et emportés par lesd. hug.

Au bout de laq^{lle} seconde voute, est assise et posée la chapelle de M. s^{t} Jean l'autel delaq^{lle} n'a été rompu, mais le tableau de toile peinte qui étoit devant, ou étoit le mystère des trois rois, a été rompu et emporté par lesd. hug. y avoit une muraille séparant et divisant lesd. rigses et lad. chapelle dans laq^{lle} étoit la fenêtre du chœur ensemble un grand et beau treillis de fer de quatre pieds de quarrure ou env^{on} pour servir de confessional; et lesq^{ls} treillis étoient fournis de fenêtres de bois du côté desd. rigses, et lad. tour d'une fenêtre du côté desd. rlgx pour recevoir les ornements de l'église, toutes lesq[lles] murailles, tailles de pierres, tour, fenêtres, treillis, ferremens et serrures ont tous été rompus, brisés et emportés par lesd. hug.

Pareillem[t] la porte par laq[lle] on entroit dans lad. chapelle, a été levée et emportée avec ses ferremens; aussi la porte qui entroit et venoit de devant le grand autel contre lad. chapelle s[t] Jean, et la voute pour aller à la chapelle N. D[e] abb. a été brisée et emportée avec sesd. ferremens et serrures.

D'entre lad. chapelle et l'allée voutée tirant à lad. chapelle N. D[e] y avoit un buffet ou tous les rlgx mettoient en sureté leurs habillem[ts] d'autel qui a été brisé en sa fenêtre, et la serrure et ferremens emportés, près duq[l] buffet y a un lieu secret vouté ou l'on retirait les cierges et torches; la porte rompuë, les ferremens, cire, cierges et torches qui y étoient, prises et emportés.

A l'entrée de laq[lle] route tirant à lad. chapelle N. D[e] abb. y avoit une porte doublée bien ferrée qui a été levée et emportée par lesd. hug[ts] avec les serrures et ferremens; sçu laq[le] porte y avoit une fenêtre de hauteur d'une grande toise, et de largeur de deux pieds et demi ou env[on] garnie de bon barreaux et treillis de fer, et une belle verrière peinte et imagée qui a été brisée, et les plombs, treillis, barreaux et ferremens pillés et emportés par lesd. hug[ts]; au bout de laq[lle] allée y avait une fenêtre de trois pieds d'équarrure ou env[on] ou étoit un treillis de fer à 7 forts barreaux et qui étoit garnie d'une verrière, laq[lle] a été rompuë, et lesd. barreaux arrachés et emportés.

Visite de la chapelle de la Ste V. Marie. — La porte par laq[lle] on entre de lad. allée en lad. chapelle N. D[e] qui fermoit à deux serrures, l'une du côté des prieur et relgx, et l'autre du côté desd. rlgses d'une autre serrure, a été mise par terre, lesdites serrures, paumelles et gonds arrachés et emportés.

L'autel de lad. chapelle N. D[e] a été baugé a l'une des quarrures et milieu du reposoir, et le reliquaire violé et offensé, au dessus et devant led. autel d'icelle chapelle N. D[e] y avoit deux tableaux étant en personnages couverts d'argent, lesquels co[e] nous ont rapporté lesd. rlgx, furent cachés en certain lieu secret derrière les buchers, et trouvés par les hug[ts], pillés et emportés.

Sur led. autel N. D[e] étoient les images de la V. Marie, de M[r] s[t] Hugues, qui ont été défigurées et mises en pièces, co[e] nous a apparu par les pièces et fragmens.

Du côté dextre de la chapelle y avoit un grand coffre de bois de chêne auq[l] l'on mettoit et serroit le linge de l'église qui se trouve perdu, et duquel n'est aucune mémoire.

De l'autre côté touchant au jardin desd. rlgses y avait un siège pour s'agenoüiller et faire ses prières qui semblablem[t] est perdu, co[e] nous ont attesté lesd. rlgx, auprès duq[l] étoit un grand buffet a trois armoires, et dans lesq[ls] on retiroit les reliquaires; lesq[lles] fenêtres, serrures, et paumelles ont été brisées et rompuës et emportées avec ce qui étoit dedans par lesd. hug.; et encore y avoit un autre grand buffet neuf de bois de chêne a quatre armoires, ou led. s[r] grand prieur nous a attesté qu'il retiroit ses lettres, papiers, et plus chers documents, lequel buffet a été ruiné, et emporté, et n'en est aucune mémoire.

Aux env[ons] duq[l] grand autel y a trois grandes fenêtres de hauteur de sept à 8 pieds, et de largeur de trois ou env[on] qui étoient garnies de bons et forts treillis de fer et verrières; les verrières que nous avons vu par les fragmens, ont été rompuës, et lesd. treillis et ferremens arrachés et emportés par lesd. hug[ts] des deux côtés et chacuns d'iceux faisant les croisées de lad. chapelle y a une fenêtre de largeur de deux pieds et demi de hauteur de cinq pieds et env[on] qui étoit pareillem[t] treillissée et verriérée, lesd. verrières rompuës, treillis et verges de fer pillés et emportés.

Entre le grand autel N. D[e] et le chœur d'icelle chapelle y avoit un grand pan et treillis de bois fait de menuiserie et a personnages, élevé de la hauteur de douze pieds, sur leq[l] étoit assis et posées les images du crucifix, N. D[e] et s[t] Jean; le tout mis par terre, lesd. images rompuës et gattées, et la porte qui étoit au milieu dud. treillis et pan de bois, rompüe, les serrures et paumelles aussi rompuës et emportées par lesd. hug[ts] les sièges et pans de bois d'icelle chapelle levés et brulés en plus[rs] et divers lieux. Un buffet de bois chêne posé près de la porte du jardin, quatre armoires ou on mettait le luminaire de lad. chapelle, brisé et rompu, et les serrures et ferrem[s] pris et emportés par lesd. hug[ts].

Sur led. chœur N. D[e] du côté de la grande église y a deux grandes fenêtres, et une du côté du jardin de hauteur de six pieds et de deux pieds de largeur, desq[lles] les verrières et ferrem[s] ont été rompus, arrachés et emportés par iceux hug[ts]; sur laquelle chapelle y a un petit clocher ou étoit une cloche du poids d'un quintal, ou env[on] descendüe et emportée par lesd. hug[ts]; à l'endroit duq[l] clocher y a un rond en forme d'œil de bœuf qui étoit verrié, la verrière rompue et les verges de fer emportées.

Marcigny : La Maison de bois.

En lad. chapelle y avoit une lampe de cuivre, et devant le grand autel de la grande église deux lampes de cuivre, une lampe de cuivre au chœur desd. rlgses prises et emportées avec leurs flèches et barres de fer et poulies qui les portoient prises, pillées et emportées par lesd. hug[ts].

Au cimetière-près lad. chapelle N. D[e] ont rompu et abattu une belle croix peinturée et azurée avec les images des crucifix, N. D[e] et St Jean, auquel cimetière lesd. hug[ts] ont levé certaines tombes et sepultures desd. rlgses trépassées y pensant trouver du butin.

Partant de laq[lle] chapelle N. D[e] pour entrer au chapitre des rlgses aurions trouvé une place entre lad. église et led. chapitre ou il y avait deux grands buffets de bois chêne, le 1er a une armoire, le 2e a trois, auxquels la mère chantre dud. prieuré de Marcigny et les maîtresses des novices, retiroient le livres de chant pour l'instruction desd. novices, co[e] avons vu et nous est évidemment apparu par plus[rs] feuillets et cahiers déchirés, rompus et exposés au vent, desq[lles] armoires les fenêtres sont brisées, les serrures et ferremens emportés et pillés par lesd. hug[ts].

Visite des lieux réguliers et de toute la maison des D[es] rlgses. — Duquel lieu sommes entrés au chapitre desd. rlgses, lequel n'a guères comm'il apparaissoit avoir été rebâti et réédifié, même les bancs et marchepieds étant aux env[ons] faits de menuiserie en bois de chêne, adrappés et marquetés de noir. Lesquels bancs ont été rompus et brisés en divers lieux, et pour ce qu'ils servoient de coffres pour lesd. rligses, avons connu par l'inspection desd. bancs, qu'on en avait arraché 68 serrures ou env[on] par lesd. hug[ts] avec les paumelles et bandes des couvertures desd. couverts; même en la place de celui qui présidoit aud. chapitre, y avoit un banc à dossier fait de semblable ouvrage plus haut et apparent que les autres, et couvert par dessus, leq[l] a été arraché et emporté par lesd. hug[ts] sans qu'en soit aucune mémoire; à l'endroit duq[l] y avoit une croix et un crucifix plantés contre la muraille, que pareillem[t] a été abbattu, brisé et brulé, co[e] nous a été rapporté, et aussi comme il appert du lieu delad. place au milieu dud. chapitre.

Aud. chapitre y avoit une portraiture de rlgse et un pulpitre pour dire le martyrologe et leçons dudit chapitre laq[lle] a été mise par terre, rompûe et défigurée. Du côté du jardin desd. rlgses il y avoit aud. chapitre trois fenêtres; celle du milieu de hauteur de sept pieds ou env[on], lesq[lles] étaient bien munies de treillis, de verrières et de barres de fer, lesq[lles] verrières comme les autres, ont été trouvées brisées en pièces par terre, les treillis, plombs, barres, verges pris et emportés par lesd. hug.

Au cloître desd. rlgses du côté du chapitre tirant au réfectoir d'icelles rlgses aurions trouvé les bancs et sièges des rlgses novices pour étudier et apprendre à chanter, brisés et abbattus, et un peu pliés, outre et au huitième pillier qui est double, l'un d'iceux a été abbattu et ruiné par lesd. hug. et le 9e qui était simple, mis par terre et abbattu, et au milieu desqls, deux pilliers il y avoit deux arcs voutés qui ont aussi été ruinés, en espérance que l'on estime de poursuivre et abbatre led. cloître pour avoir une cloche laquelle pendait à l'un desd. arcs et pilliers servant auxd. rlgses pour signification des heures du service divin, et au 2e pan dud. cloître et à la part de la grande église, tirant au chauffoir commun desd. rlgses, les deux 1ers pilliers et augives, aurions trouvé un grand banc à dossier et à coffre de bois chêne, leql auroit été rompu par le bas, les fenêtres ded. coffres rompues, et les serrures emportées; descendant contre led. chauffoir entre les deux secondes augives aurions trouvé certain banc et marchepied de bois vieil mis par terre et rompus, a la 3e augive près la porte dud. chauffoir aurions trouvé deux grands coffres de bois chêne rompus en divers lieux, les couvercles brisés, les serrures, paumelles et barres de fer pris et emportés par lesd. hugts au devant desqls coffres avons vus certains lieux ou on avoit brulé livres, coffres, images et autres choses.

Au bout dud. cloître d'icelle part sommes entrés aud. chauffoir, la porte étant sur led. cloître, abbattue, les serrures, paumelles, et l'un des gonds arrachés et emportés par lesd. hugts; aurions pareillemt trouvé la porte dud. chauffoir tirant au parloir haut et sur la chambre des filles, rompuë, les serrures, barres et l'un des gonds arrachés et emportés, les fenêtres regardant sur la cour des infirmeries aussi mises par terre et emportées avec leurs ferremens, et desqlles les verrières ont été préalablemt rompuës commt appert par les fragmens et pièces d'icelles verrières; auql chauffoir étoient de gros et pesans chamiaux de fonte, lesqls ont été pillés et emportés par lesd. hug.

Revenant aud. cloître, et suivant la part d'icelui du côté dud. chauffoir et du lavatoir avons trouvé un banc à dossier, au bout duquel y avait deux armoires fermant a clefs, desqls les portes et fenêtres ont été brisées et rompuës, prises et emportées par lesd. hugts sur lesquels deux bouts pour la devotion desd. rlgses y avoit deux images, l'une de N. De et l'autre de st Hugue qui sont pareillemt brisées, rompues et brulées; au milieu duql banc contre la muraille aurions trouvé une image de N. D[e] contre la muraille en plate peinture défigurée et gâtée.

Au côté dudit cloitre touchant au réfectoire desd. rigses avons trouvé autre démolition mise à la fontaine assise et posée au milieu du préaud dud. cloitre, ou aurions trouvé que l'image de N. D[e] constituée sur lad' fontaine a été ruinée, brisée et abbattue, et en outre aurions trouvé les corps et tuyaux de plomb par lesq[els] l'eau sort, et autres tuyaux de terre plombée pour la conduite d'icelle eau rompus et arrachés, de sorte que l'eau de lad. fontaine n'a plus son cours et inonde les jardins dud. prieuré.

Partant dud. cloitre aurions visité le réfectoire desd. rigses ou nous appert que toutes les tables dud. réfectoire et la plupart des marchepieds et bancs avoient été emportés, rompus, dérobés et brisés par lesd. hug[ts], a un côté duq[l] réfectoire touchant la cuisine, aurions vu que les quatre fenêtres et armoires de bois chêne ont été enfoncées et rompues, les serrures, paumelles et verroux desd. ôtés et emportés par lesd. hug[ts].

Entrant auq[l] réfectoire nous auroit été montré la porte du côté dud. cloitre laq[lle] se m'epartoit en deux qui était par terre et d'icelle avoient lesd. hug[ts] arraché les paumelles, verroux et serrures extraits et emportés pareillem[t] avons considéré à la remontrance que nous auroit été faite par lesd. prieur et relgx dud. Marcigny qu'il y a sept fenêtres à la muraille dud. refectoire du côté dud. cloitre et deux du côté de la cuisine du couvent de hauteur de sept à huit pieds chacune et de largeur de trois pieds env[ron] lesq[lles] étoient munies et garnies de verrières, chassis et ferrement, lesd. verrières rompues, et les plombs, et verges pillés, brûlés et emportés par lesd. hug[ts], le pavem[t] duquel réfectoire qui est d'aix de chêne à été levé et rompu en plusieurs endroits, pensant lesd. hug[ts] y trouver quelque butin.

En la grande cuisine des rigses joignant aud. refectoir, aurions en premier lieu la porte descendant en icelle dud. refectoir mise par terre, la serrure et ferrem[t] d'icelle tirée et emportée. Au même lieu aurions vu la fenêtre par laqu[lle] l'on sert de lad. cuisine aud. réfectoir, brisée, et les verroux et serrures forcés et emportés aurions été avertis par lesd. prieur et religx qu'en lad. cuisine il y avait de grands chesnaux de fonte ensemble une grande et forte barre de fer en laq[lle] pendoient crémaillière et comacles qui sont été détruits et emportés par lesd. séditieux, ensemble que pour la commodité dud. couvent il y avoit en lad. cuisine plusieurs pots de fer et d'airain, poeles à frire, poeles blanches, chaudières, poches, ecumoires, coulures, mortiers de fer et de fonte, vaisselle d'étain tant écuelles, plats, pots, pintes, cocasses, aiguières, sallières, chandeliers de cuivre, linges, qu'autres ustensiles et meubles, lesq[les] excèdent en étain la pesanteur de 500 liv. et grande somme de deniers en fonte et ferrement, étoient ruiné, prins et emporté par lesd. hug. entre la cheminée de lad. cuisine et led. réfectoir aurions trouvé certaines armoires dérobées dans la muraille qui fermaient à clefs à trois étages, les fenêtres et portes desd. armoires sont toutes rompuës et perdues; et les ferremens et serrures extraits et emportés par lesd. hug[ts].

Les tables et autres armoires posées au milieu de lad. cuisine, rompuës et les ferremens et serrures emportés par lesd. hug[ts] au nombre de 7 à 8 serrures ; les deux fenêtres d'icelle cuisine entre le refectoire co[e] nous avons vu à l'œil, mises par terre, les verrières rompuës co[e] nous est apparu par les fragmens, les plombs et ferremens d'icelles étoient emportés par lesdits huguenots, la porte d'icelle cuisine sortant en la cour des vieilles infirmeries aurions trouvé icelle rompuë et par terre, les serrures, verroux et bandes de fer prins, arrachés et emportés par lesd. hug[ts].

De l'autre par de lad. cuisine mépartie par un pan de bois qui est pour le service des rlgses de la récréation avons trouvé une porte entrant de l'une des cuisines en l'autre sortant en lad. cour des vieilles infirmeries rompuë et abattue, les ferremens, serrures, et verroux d'icelle distraits et emportés par lesd. hug., de même en lad. cuisine de lad. récréation ont été emportés par lesdits hug., les andiers, comacles, vaisselles et autres ustensiles; semblablem[t] deux grands coffres à buffet, dans le 1er desquels il y a huit armoires à 8 serrures, et aussi avoit trois armoires à 3 serrures lesq[lles] armoires ont été enfoncées, et les serrures, paumelles, et barres tirées et emportées par lesd. hug. en lad. cuisine des récréations, il y a trois fenêtres, la grande qui a vuë sur lad. cour des grandes infirmeries les autres deux ayant leur regard sur le jardin des malades, auxq[lles] nous a apparu que le bois d'icelles a été rompu, les verrières brisées, les verroux, paumelles, verges et plombs pillés et dérobés par lesdits huguenots.

A l'issuë desq[lles] cuisines serions montés au vieux logis sur les jardins de l'infirmerie, et sur les galeries de la 1re chambre, aurions trouvé le tournevent, les portes d'icelles, les fenêtres des deux croisées, les grands chanlits, la porte d'un garde-robbe, le petit défoncé, le buffet rompu et défoncé, la porte du tournevent qui entre dans la 2e chambre rompuë, les ferremens desdites portes, fenêtres,

Anzy-le-Duc : Clocher de l'église (monument historique du XIIe siècle)

tournevents, buffets, les verrières rompuës, le tout mis en misérable et pauvre état par lesd. hug.

Et la 2e chambre dudit logis de même, aurions vu et trouvé les portes et fenêtres rompuës, les chassis gâtés en quelques endroits, les verrières brulées, et les ferremens et serrures pris et emportés.

Au dessous duql logis aurions trouvé un bucher duquel les portes, fenêtres et tournevent ont été rompus et mis par terre, et les ferremens pris et emportés par lesd. huguenots.

Au devant duql logis se seroit présentée la porte du jardin de l'infirmerie qui étoit de taille et bien ferrée, et avec la taille et en la porte a été ruinée et emportée et distraite sans qu'il en soit aucune apparence.

Revenant duquel logis aurions pris le chemin aux infirmeries au pied des degrès desqls avons vu la desolation faite au lavatoire desd. relgses trépassées, la porte duql auroit été forcée, les serrures et ferremens distraits et emportés; sur l'autel duql y avoit un tableau de toile en peinture plate qui a été brisé et déchiré par lesd. hug.

Aud. lavatoire y avoit quatre fenêtres à chassis de bois, verrières de la quadrature de trois pieds ou envon, avons reconnu évidemt par les fragments des verrières qu'elles ont été brisées et rompües, les chassis de bois gâtés, les plombs et ferremens arrachés et emportés.

Etant montés par la vis de lad. infirmerie aurions entré en la 1re chambre d'icelle infirmerie, la porte de laqlle aurions trouvé levée et emportée avec ses ferremens au tournevent de laqlle les portes ont été forcées et les ferrémens emportés. Aussi en lad. chambre aurions vu la parure d'un chantil dont les trois toits sont par terre et à moitié emportés, les deux à demi dressés défoncés, les deux fenêtres d'icelle chambre avec leurs verrières et ferremens abbatus et arrachés par lesd. hug. en laqlle chambre que souloit être bien meublée, n'avons trouvé lits, couvertures, andiers, tables n'y autres meubles que ce soit.

Auprès de laqlle chambre et sur la galerie desd. infirmeries aurions vu une armoire enfoncée en la muraille qui fermoit à quatre armoires, et lesqlles ont été brisées, et les serrures, et les verrières et verroux et parties des gonds arrachés et emportés par lesd. hug.

En la 2e chambre desd. infirmeries aurions vu la 1re porte forcée, la serrure emportée, la porte du tournevent levée et emportée avec la serrure et ferremens, le grand chanlit d'icelle abbattu et emporté, la fenêtre d'icelle abbattue, distraite et emportée, avec les tables, scabelles, andiers et autres meubles, desq[ls] ne nous est apparu en sorte que ce soit.

De la 3me chambre des susd. infirmeries aurions trouvé la porte enfreinte, la serrure levée, la porte du tournevent sans verroux n'y loquets, la fenêtre abbattue, et les verrières rompuë, les chanlits, tables, tréteaux, bancs, scabelles, andiers et autres meubles emportés par lesd. hug[ts].

Audessous de laq[lle] chambre sur lad. galerie avons vu un grand buffet de chêne qui fermoit à deux serrures, duq[l] la couverture a été brisée, les serrures arrachées et emportées avec ce qui étoit dedans.

Plus bas que lad. chambre aurions vu de grandes armoires qui fermoient à 2 serrures, les fenêtres desq[lles] ont été rompuës, les serrures et ferremens arrachés, rompus et emportés par lesd. protestans.

Et étant au dev[t] de la 5e chambre d'icelle infirmerie aurions vu la 1re porte et le tournevent levés et emportés avec leurs serrures et ferremens; les cinq chanlits qui étoient en icelle, par terre et emportés, les deux fenêtres abbatues, les tables, traiteaux, scabelles, andiers et autres meubles y étant pillés et dérobés, les ferremens distraits et robés, sans qu'il en soit aucune mémoire; au dessous de laq[lle] chambre aurions trouvé une autre armoire à deux étages fermant à deux clefs, lesq[lles] armoires sont rompuës entièrement, et les serrures et ferremens pillés et dérobés par lesd. hug. encore près desd. armoires aurions trouvé un buffet à deux fenêtres et à 2 liettes qui pareillem[t] auroit été rompu, et toute la fermente emportée et dérobée par lesd. hug.

A la dernière chambre aurions pareillem[t] trouvé la 1re porte, et celle du tournevent, brisées, et les serrures pillées et emportées, cinq chalits démontés et emportés et ruinés, les fenêtres de la croizée et du larmier et verrière d'icelle emportées et ruinées sans qu'en lad. chambre il y eut apparence de tables, scabelles, lits, endiers, n'y autres meubles quelconques.

Joignant icelle chambre descendant le bas, aurions trouvé une armoire à plus[rs] étages fermant à deux portes, lesq[lles] sont brisées et toute la fermente robée et emportée; et en la place d'autour l'infirmerie et sallette, aurions trouvé un banc à coffre fermant à deux serrures, la couverture duquel est brisée, et les serrures et bandes de fer emportées, entrons en laq[lle] sallette aurions vu la 1re porte d'icelle levée et emportée, ensemble les deux portes du tournevent rompuës, et les ferremens et serrures emportés; en laq[lle] salle y avoit deux croizées et deux demi croizées garnies de fenêtres de bois, verrières et verges, lesq[lles] fenêtres et verrières ont été rompuës et gâtées, et les plombs et ferremens arrachés, pris et emportés; en laq[lle] sallette aussi y avoit trois grandes tables avec leurs bancs et scabelles, et les andiers pour y faire le feu, lesq[lles] tables, bancs, scabelles et andiers ont été pillés et dérobés par lesd. hug. encore près le tournevent de lad. sallette étoit un dressoir à deux étages pour le service desd. rlgses, qui a pareillem[t] été dérobé et emporté par lesd. hug. derrière la cheminée aurions vu une voute pour retirer les épiceries et provisions de carême desd. rlgses, la porte de laq[lle] ensemble les buffets, coffres, fenêtres et verrières ont été emportés, brisés et rompus.

Au dessus de laquelle sallette nous nous sommes transportés, qui étoit le lieu destiné pour le dortoir des converses auquel aurions trouvé les portes forcées et les fenêtres mises par terre, rompuës et brisées, et les ferremens et serrures distraits et emportés par lesd. hug. encore aurions monté plus haut, trouvé le bâtiment assis sur le refectoir; à la 1re partie duq[l] aurions trouvé un grenier; la porte et fenêtre duq[l] ont été brisées et rompues par lesd. hug[ts].

De l'autre côté est le dortoir desd. converses, la porte et fenêtres duq[l] ont pareillem[t] été rompuës, brisées et emportées et trois ou 4 de leurs chanlits détruits et emportés. Au comble dud. dortoir ou serions passés depuis le dortoir desd. converses, aurions vu à l'œil que les barreaux de fer de quatre fenêtres basses des deux pignons ont été par force arrachés d'icelles fenêtres, et pour cet effet la pierre de taille brisée, rompuë par lesd. hug[ts].

En descendant duq[l] comble aurions trouvé aux chambres aisées dud. dortoir les deux fenêtres esquelles l'on a pris et dérobé du tems desd. hug. les barreaux de fer y étant aurions trouvé emportés desd. aisances entrant aud. dortoir par terre denué de ses serrures et verroux pris et emportés par lesd. hug[ts] et jaçois qu'aud. dortoir y ayant 19 chambres du côté du jardin et 14 du côté du cloitre, et 21 chanlits pour les novices et jeunes professes, toutes lesq[lles] chambres doivent étoient garnies de chanlits, matelats, couvertures, linceuils, habillements, réguliers, portes, fenêtres, verrières, treillis et barreaux de fer, et desd. chanlits de novices et jeunes professes, comme nous rapporté et attesté lesd. prieur et rlgx, néanmoins n'aurions trouvé en icelles chambres et lits de jeunes professes et novices aucuns matelas et autres meubles, n'y esdites chambres, chanlits, tables, verrières, fenêtres, barreaux, n'y portes; lesquels sont été emportés, et les chanlits dérobés et pillés par lesd. hug.; reserré du côté dud. jardin auquel avons trouvé en quatre chambre d'icelui dortoir quatre lits et deux portes bien cassés et intéressés, et du côté dud. cloitre seulement trois chanlits aussi gâtés, et deux portes mises par terre, et aurions consulté pareillem[t] dix larmiers quarrés de la quarrure d'env[ón] deux pieds chacun du côté du jardin en la muraille dud. dortoir et sept autres larmiers du côté du cloitre en la muraille dud. dortoir avec une demie croizée qui regarde les degrés d'icelu[i] dortoir pour donner lumière partout lesq[ls] larmiers et demie croizée étoient garnis de chassis de bois et verrières, le tout rompu, les verrières brisées, les plombs et ferremens pillés et emportés par lesd. hug.

Descendant duq[l] dortoir aurions vu la porte d'icelui au bas des degrés que fermoit à double de laq[lle] les serrures et ferremens ont été aublés et emportés par lesd. protestans et séditieux.

D'icelle aurions reprins le chemin du dortoir des filles auprès des degrés, duquel se seroit offert à la vuë un grand buffet de chêne à quatre armoires, lesq[lles] nous aurions vu brisées et les ferremens et serrures arrachés et emportés par lesd. séditieux et rebelles; étant auq[l] dortoir desd. filles aurions vu la porte enlevée et emportée, ensemble les fenêtres de la croisée et du larmier rompuës, toutes les verrières brisées et par terre. co[e] nous avons vu et nous est apparu, n'y ayant en lad. 1re chambre apparence que d'un vieux chanlit et d'un vieil buffet rompu et cassé, les tables, andiers et autres meubles pillés et détruits et dérobés par lesd. hug.; de laq[lle] 1re chambre l'on monte à une autre joignant icelle, la porte de laq[lle] a été rompuë la fenêtre gâtée, les verrières brisées. et les plombs et ferremens emportés et robés par lesd. hug.

Au dessous duq[l] dortoir aurions trouvé un vieil coffre de bois chêne, la serrure duq[l] les paumelles et bandes ont été arrachées et emportées. Item un garde robbe de bois chêne a trois étâges auq[l] il y avoit douze paumelles et trois serrures, les fenêtres et armoires rompuës, les serrures et ferremens tirés et emportés par lesd. hug. plus un autre garderobbe deux étages à 12 paumelles et quatre serrures les portes desquelles ont été rompuës et les serrures et ferremens détruits et emportés. Item un autre grand garde robbe a trois étâges fermant à six serrures lesq[lles] avons trouvées brisées, et les ferremens arrachés et emportés.

Item un autre grand coffre en forme des garde robbe de bois de chêne leq[l] avons trouvé brisé et mis par terre.

Sortant de laq[lle] place sommes approchés du parloir et aurions trouvé la porte d'icelui mise par la terre, les serrures, bandes et paumelles arrachées et emportées par lesdits hug. étant aud. parloir aurions vu la *grande fenêtre, regardant sur la porte*, laq[lle] étoit garnie de bons treillis et barreaux de fer, d'une fenêtre bien verriérée et toutefois lesd. barreaux de fer ont été tirés par force de la pierre de taille, la fenêtre et verrière brisées et rompuës, qui en avons vu l'apparence par les pièces étant sur le lieu, le plomb, les verges de fer, pillés et robés par lesd. huguenots.

Item avons trouvé aud. parloir le tour brisé et rompu, et les deux fenêtres du côté desd. rlgx et relgses emportées avec leurs serrures, verroux et paumelles.

Item aurions trouvé qu'en l'une des fenêtres dud. parloir de la hauteur de trois pieds, et largeur de deux pieds et demi par grand effort fait en la pierre de taille a été arraché un treillis de fer épais avec une fenêtre et serrure qui l'embarroit du côté desd. rlgses auroient été pillés et dérobés par lesd. hug.

Plus aurions vu l'effort que lesd. hug[ts] avoient fait pensant arracher le 2e treillis dud. parloir a l'endroit dup[l] ils ont gaté la pierre de taille, rompu et brisé la fenêtre qui le fermoit du côté desd. rlgses, près duq[l] parloir il y avoit une petite cloche pour appeler la tourière, laq[lle] a été pillée et emportée par lesd. hug. aud. parloir du côté des rlgses aurions vu la porte par laq[lle] l'on entre dans la cour dud. prieuré en icelui parloir, qui a été forcée; la serrure et ferrem[ts] emportés par lesd. hug[ts].

Entrant aud. parloir du côté des treillis, aurions pareillem[t] trouvé que la porte avoit été levée et emportée par lesd. hug[ts] pour donner lumière aud. parloir y avoit deux fenêtres bâtardes garnies de bons barreaux de fer, fenêtres de bois et verrières, les deux barreaux arrachés, les fenêtres et verrières rompuës, les plombs et verges distraits et dérobés par lesd. hug.

De l'autre part, dud. parloir que l'on va aud. tour y avoit une porte laqu[lle] a été aussi enlevée et emportée, et les barreaux et fenêtres y étant rompus et verrières brisées et emportées, de même y avoit une cloche de fonte aud. parloir du côté desd. rlgx pour appeler le portier et autres affaires des rlgses, laquelle cloche lesd. hug[ts] ont pareillement ruinée et emportée.

Visite des lieux réguliers du côté des religieux. — Partans duq[l] parloir aurions tourné par la cour et serions venus à la porte du cloitre desd. rlgx, laquelle aurions trouvée abbattue et les serrures et bandes de fer d'icelle levées et emportées par lesd. hug[ts].

Au côté dud. cloitre serions entrés au chapitre desd. religieux auquel les sièges sont effondrés et rompus en plusieurs endroits, le poele restant rompu et gaté à coups de pierres et marteaux; les fenêtres garnies de barreaux de fer et bien verriérées, les verrières brisées, les barreaux, verges de fer distraits, et emportés par lesd. hug.

Aud. cloitre de l'allée de la part de l'église, aurions trouvé deux buffets de bois de chêne, chacun de quatre armoires, ou les rlgx et prêtres dud. prièuré mettoient leurs habillemens à célébrer messes, lesq[lles] armoires ont été rompuës, et les serrures, bandes de fer, et paumelles arrachées et distraites par lesd. hug[ts].

Au bout de laq[lle] allée aurions trouvé la porte du logis que l'on appelle l'aumonerie qui avoit été gatée par lesd. hug[ts] et les serrures et ferremens d'icelle pris et emportés passans laq[lle] porte en la main senestre avons rencontré la porte du logis *bis* de lad. aumonerie, laq[lle] lesd. hug[ts] avoient mise par terre, et pris et emporté les serrures et ferremens d'icelle.

En laq[lle] chambre basse aurions trouvé aussi les fenêtres rompuës, et deux pomeaux de la croizée et un pomeau d'un larmier de verrière, brisés, les ferremens, verroux desd. fenêtres arrachés et emportés par lesd. hug. dans laq[lle] chambre basse Dom Claude Caillot sous-célérier dud. prieuré nous a rapporté par sa foi et serment qu'il y avoit deux grandes chaudières, et trois bassines d'airain neuves, et plus[rs] aut. meubles.

Derrière lad. chambre basse, il y avoit au cabinet qui y est, deux casses frissures, et plusieurs vieilles fermentes tant de ferrures, que de harnois de chevaux.

En la chambre haute étoient plusieurs panneaux verriérés avec les fermentes et ustensiles pour étendre le plomb, couper et tailler les verrières, qui ont été perdus à la vuë desd. hug. toutes les fenêtres, verrières et portes desd. chambres hautes furent rompuës par lesd. hug. et les serrures, bandes, paumelles, verroux emportés et dérobés et les verrières brisées.

En la chambre de Dom Louis pris les chambres sus déclarées, la porte, le tournevent, les fenêtres, les chanlits et les verrières ont été pareillem[t] rompus, et les ferremens, brisés, robés et emportés.

De laq[lle] sommes retournés à la vis montant au dortoir des religieux dud. prieuré et logis du sacristin, au bas de laquelle vis aurions trouvé la porte d'un ancien réfectoire desd. rlgx, ensemble l'une des fenêtres d'icelle rompuë, et les ferremens tirés et emportés avec les barreaux de fer des deux fenêtres au dessus, duq[l] refectoir aurions trouvé la cuisine ancienne desd. relgx les deux portes levées et emportées avec leurs serrures et ferremens, ensemble une fenêtre quarrée et ses barreaux de fer avoir été arrachés, pris et emportés par lesd. hug[ts].

Etant dans le haut de la vis, aurions entrés en la chambre de lad. sacristie, ou aurions vu un placard de bois de chêne en menuserie, arraché, et la porte d'icelle emportée avec ses ferremens. Aurions aussi vu deux larmiers regardants du côté de la cour qui étoient garnis de chassis, verrières, et de bois, lesq[ls] ont été levés et emportés par lesd. hug. et ainsi que nous auroient attesté lesdits relgx, la chambre étoit garnie de deux lits, d'une table et banc tourné, un grand buffet de noyer et de bois de chêne, lesq[ls] chanlits, bancs, tables, et buffets auroient été détruits et emportés par lesd. hug[ts] et desquels n'est aucune apparence ; de laq[lle] chambre nous auroient aussi affirmé lesd. relgx qu'en icelle chambre y avoit un bien grand coffre de bois de chêne fermant à clef, dans lequel y avoit un rouleau de bureau contenant 12 aunes, et trois couvertes de bureau, et autres menus meubles ; aussi étoient sous la cheminée des andiers et tout pris et emporté par lesd. hug.

Aurions semblablem[t] près lad. chambre visité le dortoir desd. relgx en quatre petites chambres de bois, auxquelles aurions trouvé les portes, fenêtres, chanlits, tables, verrières ferremens rompus, brisés et emportés par lesd. hug[ts].

Au bout duq[l] et du côté des fours aurions visité une petite chambre à feu, appellée chambre de Mr Dussaut, où Dom Pierre de Colonge demeure, la porte de laq[lle] aurions trouvé brisée, le chanlit y étant avec les tables, scabelles, chières, bancs a dossier et andiers ont été pillés, robés et emportés par lesd. huguenots.

En laq[lle] chambre y avoit une fenêtre a demie croizée a barreau de fer garnie de bois et verrières, les barreaux arrachés, et lad. fenêtre avec les verrières rompuë et emportée.

Joignant laq[lle] chambre sur la galerie aurions trouvé deux larmiers, l'un de la hauteur de trois pieds, et largeur d'un pied, l'autre de la hauteur de deux pieds, et largeur d'un pied et demi, lesquels regardent sur les chambres de la cuisine, desquels larmiers ont été arrachés les treillis au nombre de 22 barreaux.

Serions descendus dud. dortoir en la chambre du P. confesseur, en laquelle au rapport desd. relgx il avoit deux chanlits garnis ; le grand garni de coutre, cussin, couvertes, ciel, et rideaux ; et la couchette de ses autres cussins et couvertures. Y avoit aussi une table coudée d'un banc tournée, un coffre de chêne, avec une chière, un buffet, deux petits andiers, le tout perdu, pillé, et emporté par lesd. hug.

Y aurions aussi vu une fenêtre a demi croisée qui étoit garnie de ses bois, ferremens et verrières, le tout emporté sans qu'il en soit aucune mémoire, à l'entrée de laq[lle] chambre aurions vu deux portes levées et emportées ; l'une du premier tournevent, et l'autre prochaine des degrés desquelles nous n'aurions trouvé une seule apparence.

Nous nous serions pareillem[t] transportés en l'autre chambre prochaine du dortoir, appellée la chambre du receveur a l'entrée de laq[lle] aurions trouvée la porte emblée et perduë, ensemble un tournevent de bois de chêne brisée et mis en pièces, les ferremens et serrures desd. portes et tournevent semblablem[t], arrachés et emportés ; laq[lle] chambre comme nous ont rapporté lesd. religieux, étoit garnie de deux chanlits, accompagnés de leurs coutres, coussins, loudiers, couvertures, d'une table et deux buffets de menuserie tout neufs, fermant a clefs d'une paire de chomaux de fer, avec les tenailles et pêle, le tout brisé et emporté par lesd. hug. et dont n'en est aucune mémoire, encore en lad. chambre la fenêtre et demi croizée et un petit larmier garnis de fenêtres, ferremens et verrières, enlevés, pillés, et emportés par lesd. hug.

Descendans dud. dortoir, serions venus à la galerie sous bayard et à l'entrée de la pittancerie, aurions vu que la porte d'icelle pittancerie du côté dud. bayard, a été levée prise et emportée avec toute la fermente, en laq[le] pittancerie aurions vu une fenêtre de la quarrure de deux pieds ou env[on], de laq[lle] lesd. hug[ts] avaient arrachés 13 à 14 barreaux de fer, et même aurions vu en icelle pittancerie la porte qui entre au lieu ou l'on distribue l'aumône de carême, brisée et la fermente emportée par lesd. hug. comme dessus dans aussi laquelle pittancerie aurions vu une grande pierre creuse à mettre de l'huile de noix, en laq[le] en l'arrivée desd. hug. on pouvait avoir deux poinçons d'huile, comme nous a affirmé led. Dom Claude sous célérier.

Etoient aussi aud. lieu, lors aud. cellier de la pittancerie deux grandes ymènes pleines de bœuf salé, contenan env[on] un bœuf sallé et demy lesq[lles] avec lad. chair de bœuf ont été emportées.

Plus en lad. cellerie y avoit quatorze cordes de charettes et plus[rs] autres harnois de chevaux qui furent aussi emportés par lesd. hug.

Item étoient, au rapport dud. cellerier, deux poinçons et une càque pleins de verres, et une càque de harengs qui furent aussi emmenées et emportées par lesd. hug.

De l'autre côté de lad. cellerie du côté de la cour de la cuisine aurions vu que la porte sortant de lad. cour et des deux fenêtres, lesd. hug^{ts} auroient arraché la serrure et 32 barreaux de la longueur de deux pieds et demi, dans laq^{lle} cellerie il y avoit de grandes armoires enfoncées dans la muraille fermant à une porte et a une serrure, lesq^{lles} portes et serrures ont aussi été emportées et pillées par lesdits huguenots, lesquelles armoires il y avoit six grands pots de lard fondu du poids de cent cinq^{te} livres ou env^{on} avec un quintal ou env^{on} dans une caisse de bois, le tout emporté par lesd. huguenots et complices.

Item nous auroit certifié lad. dom Claude qu'en lad. cellerie, à l'arrivée desd. hug^{ts} il y avoit un poinçon de chandelles pour le commun, plusieurs pleins pots de beurre salé pesans plus de cent livres.

Item il y avoit encore deux pleins paniers faisant une charge de cheval, d'œufs, et fromages.

Item env^{on} huit cents œufs qui étoient en un coffre, 60 fromages sur les aix, et douze crochets de fer pendus à la voute avec huit chaînes de fer, les fers de huit hallebardes, le tout perdu, levé et emporté par lesd. huguenots.

Aurions visité le bucher joignant à lad. cellerie, duq^{l} la porte a été levée et emportée avec ses ferremens par lesd. hug.

Tirans plus bas au dessous de la galerie aurions vu qu'en la porte tirant a une petite cour pour entrer au jardin serait forcée, et la serrure levée et emportée par lesd. hug.

Etant en la petite cour, aurions vu la porte de la tour des fromages qui avoit été brisée, et les ferremens et serrures pillés et emportés ; dans laq^{lle} led. dom Claude nous a affirmé que les choses cy après écrites y étoient, lorsque lesd. hug^{ts} arrivèrent aud. Marcigny.

Savoir huit grands pots de terre pleins d'huile d'olive, contenant chacun pot, huit pintes d'huile, qui peuvent revenir env^{on} 200 livres pesant d'huile d'olive.

Six fromages vachelin, dix neuf fromages d'Auvergne, et env^{on} cent ou six vingts fromages du pays, et trois quintaux de suif ou env^{on}, le tout co^{e} nous a affirmé led. dom Claude, a été pillé et emporté par lesd. hug.

D'jcelle nous serions venus vers le grand cellier sis sous la chambre dud. s[r] prieur, la porte duq[l] auroit été forcée, les serrures et bandes de fer pillées et emportées, étant dans leq[l] cellier se seroit présenté à notre première vuë les deux fenêtres regardant sur la grande cour chacune de hauteur de six pieds, et deux pieds de largeur ou env[on] lesquelles étoient garnies de gonds et forts treillis de fer, lesq[ls] co[e] nous a apparu, ont été arrachés et emportés par lesd. hug. auprès de l'une desd. fenêtres étoit la fontaine avec la bachasse de pierre de taille, sur laquelle il y avoit un treillis de fer de la quadrature d'env[on] deux pieds et demi, fermant à un cadenat, le art de la dite fontaine a été rompu, et led. treillis et cadenat pillé et emportés : du dessous desq[lles] fenêtres et fontaines aurions vu la grande porte dud. cellier fermant à double qui auroit été mise par terre, et les serrures et quatre grandes barres de fer avec le chien de fer qui tenoit lad. porte saisie, a été le tout arraché et emporté, a la main gauche près lad. porte, aurions vu la porte qui entre au 2e cellier qui auroit été rompuë et mise par terre, les serrures et grandes barres de fer arrachées et emportées ; auq[l] grand cellier aurions vu deux larmiers donnans vuë du côté de lad. cour ; de chacun desquels ont été arrachés et emportés par lesd. hug[ts].

Nous serions aussi retournés au petit cellier sur le thinet, la porte duq[l] nous aurions vu par terre, les serrures, barres de fer et autres ferremens détruits d'icelle porte et emportés par lesd. hug. dans leq[l] petit cellier est une fenêtre qui régarde sur la petite cour du jardin, de laquelle ont été arrachés quatre barreaux de fer de la longueur d'un pied et demi emportés par lesd. hug.

Esquels celliers, à l'arrivée desd. hug[ts] étoit la quantité de cent bottes de vin ou env[on], comme nous a rapporté et affirmé Mr Etienne Courtier bouteiller dud. prieuré, et duquel aussi nous sommes informés de la quantité des vins qui pouvoient être led. au cellier des Dames qui nous ont certifié et affirmé comme dessus, qu'à la mesure du tems de la distribution qu'il en avoit faite auxd. religieuses il en pouvoit avoir dans leur cellier la quantité de trente à 40 bottes de vin. Nous a aussi été rapporté par led. Courtier qu'aud. cellier il y avoit la quantité de tourtes de pain de seigle cuit pour les aumones et manouvriers dud. monastère revenant à dix bichés de bled ou env[on]. Nous a aussi attesté led. Courtier qu'aud. cellier il y avoit neuf chandeliers de cuivre, dont quatre grands et cinq petits, les étallons des pintes, pots et chopines de la mesure de lad. ville d'étain aux grands brocs contenant chacun deux pintes, trois pintes, six sermaires, le tout d'étain pillé et emporté par lesd. hug[ts] avec une presse de laquelle on pressoit le linge.

Aussi nous auroit certifié led. Courtier qu'aud. cellier il y avoit un grand pot de plomb ou l'on tenoit de l'encre, qui a été aussi pris et emporté. Ce même Courtier aurait rapporté que lesd. hug[ts] ont prius aud. cellier et emporté les couteaux desq[ls] l'on coupoit l'aumône, les tenailles, proires qui étoient pour la commodité du cellier.

Partans duq[t] cellier serions montés par la vis aurions trouvé la première porte pour entrer à la cuisine mise par terre et les ferremens et serrures emportés par lesd. hug. aussi aurions vu les deux portes qui entrent de lad. vis aux bouteilleries et tinet lesq[lles] avec leurs serrures et ferremens ont été pillées, prinsés, et emportées par lesd. hug[ts].

Plus étant dans la place au-dedans de lad. cuisine et chambre des curés, aurions vu la fenêtre qui étoit dans la grande cour, qui a été avec ses ferremens enlevée et emportée par lesd. hug[ts].

Aurions pareillem[t] vu les portes de lad. chambre de la cuisine et bôtellerie entrant sur lad. place mises par terre, brisée et les serrures et ferremens arrachés et emportés par lesd. hug. dans laquelle chambre, comme nous a affirmé led. Courtier, ont été pris un buffet, une table et ses tréteaux, deux lits de plume garnis de coussins, linceaux, couvertes et l'oddier, avec une robbe appartenant à l'un des susd. curés, une paire de bottes, deux peaux de Maroquin velouté en noir, et trois peaux blanches aussi maroquinées avec plusieurs papiers, et autres meubles, dans laq[lle] chambre y avoit un autre buffet à deux armoires et deux liettes fermant à clefs, qui a été brisé, et les serrures emportées par lesd. hug.

Les fenêtres aussi et croisées de lad. chambre garnies de bois et verrières nous ont été montrées rompues et brisées, et les plombs et ferremens arrachés et emportés par lesd. hug. en laquelle cuisine aussi aurions vu une demie croizée et deux larmiers regardants sur la petite cour, qui étoient garnies de leurs fenêtres de bois et verrières, le tout brisé et rompu, les ferremens et plombs arrachés et emportés. A la cheminée de laq[lle] cuisine, il y avoit de grands andiers de fer, un grand et gros pied de chèvre de fer garni de quatre cimallières, pesant le tout près de deux cents liv. lesq[ts] cheminaux et pied de chèvre garnis co[e] dessus, ont été arrachés et emportés par lesd. hug.

Dans laq[lle] cuisine, nous a été rapporté par led. dom Claude sous célérier y avoir les meubles suivants asçavoir un grand chauderon, contenant quatre seaux ou env[on], deux grandes poéles d'airain, chacune de la contenuë d'un seau, cinq poêles à frire, deux petits cassots, deux petites chauderettes, trois grands pots, deux moyens, et deux petits pots de fer, une grande marmite conten' deux seaux, un chauderon de fer, trois poches, et deux écumoires, le bassin de la seille, les grands rotissoirs, deux broches de fer, plats d'étain grands et petits, une autre douzaine d'écuelle a oreilles, douze assiettes et trois douzaines, le pot du vinaigre, un moutardier, le mortier à battre les épices avec son pilon de fonte etc...

Derrière laq^{lle} cuisine y a une chambre, de laq^{lle} la porte a été enlevée et emportée par lesd. hug. avec les ferremens d'icelle.

En la bouteillerie prochaine lad. cuisine y a un larmier caré qui étoit garni d'un chassis de bois et de verrières, le tout a été brisé, et les ferremens et plombs emportés, dans laq^{lle} bouteillerie y aurions trouvé un grand buffet de chêne a quatre armoires fermant à clefs, lesq^{ls} ont été rompus, brisés et emportés; dans l'une desq^{lles} armoires led. dom sous célérier nous a affirmé qu'il y avoit deux grandes coignées à fendre et à couper le bois, et deux fourchiers de fer, et que tout a été pillé et emporté par lesd. hug.

Aurions aussi trouvé la porte qui va de lad. bouteillerie au tinet par terre, et toutes les serrures et ferrem^{s} pillés et emportés par lesd. hug^{ts}. Audit tinet aurions vu un buffet de bois de chêne a deux armoires et deux liettes que ferment à clefs et quatre serrures, lesd. armoires et liettes, brisées, et les serrures, paumelles et ferrem^{s} arrachés pillés et emportés par lesd. hug. dans lequel tinet y avoit une grande table et deux bancs à pieds de la longueur de trois toises env^{on} qui a été perdu, et dont on n'en est aucune mémoire pour la lumière duq^{l} thinet y avoit une fenètre quarrée d'une hauteur de trois pieds et demi, et de la largeur de deux pieds ou env^{on} garnie de son bois et verrière, le tout brisé et rompu, les ferremens et plombs pillés et emportés par lesd. hug. y avoit aussi un larmier de la quadrature de deux pieds ou env^{on} garni de deux barreaux de fer, arrachés, d'un chassis de bois avec la verrière qui a été brisé et rompu, et la fermente pillée et emportée.

Et en l'entrée de la gallerie tirant à la chambre et salle dud. s^{r} prieur, aurions trouvé la 1re porte de lad. gallerie mise hors de son lieu, la fermente d'icelle otée, prise et emportée par lesd. hug. attenant de laq^{lle} chambre dud. s^{r} prieur aurions trouvé les deux portes à sçavoir la 1re repondant sur lad. gallerie, et la 2e du tournevent entrant en icelle chambre, perduë et otée de leurs lieux et desq^{lles} il n'en est aucune nouvelle, en icelle chambre nous a été rapporté par lesd. relgx y avoir deux chanlits avec leurs lits et couvertures d'iceux, un buffet fermant à deux guichets, deux

Portail du Prieuré d'Anzy actuellement au Hiéron à Paray

liettes fermant à clefs, tables, trêteaux et un grand banc, le tout brisé, lesd. serrures et ferrem[s] pris et emportés.

Plus en icelle chambre y avoit un banc a dossier entre la cheminée et la porte du garde-robbe de bois de chêne à deux armoires fermant à clefs, pris et emporté par lesd. hug. plus les deux chenets gros et beaux de fer battu pris et emportés comme dessus ; et vers les fenêtres de lad. chambre y étoit un banc à dossier, une table ronde, et quatre scabeaux, le tout de bois chêne, led. banc à dossier fermant a deux serrures et deux liettes, brisés et cassés et lesd. serrures paumelles et ferrem[ts] emportés et pillés par lesd. hug. avec une chière et quatre scabeaux.

Et d'icelle chambre dud. s[r] prieur, sommes entrés en une petite garde robbe, entrée duq[l] aurions trouvé la 1re porte et la 2me porte aussi brisées et emportées avec leurs ferremens ; et dans icelle garde robbe y a un larmier de deux pieds de largeur, ou il y avoit trois barreaux de fer avec une fenêtre a verrière, lesd. barreaux, fenêtre, et verrière, brisés et emportés comme aussi la ferremente d'un grand coffre étant aud. garde robbe, et outre aurions trouvé les deux grandes fenêtres de lad. chambre dud. s[r] prieur fermant à verroux et loquets, et les treillis étant auxd. forcés, rompues et mises en pièces avec partie dud. treillis étant auxdites fenêtres forcés et rompues et mises en pièces comme les verrières servant auxd. fenêtres ont été aussi pillés et rompues.

Au quartier desq[lles] fenêtres et au coin de laq[lle] chambre y a un larmier de hauteur de trois pieds, et de largeur de deux pieds, dans leq[l] y avoit deux barreaux de fer pendant a la hauteur dud. larmier et trois par le travers d'icelui, qui auroient aussi été pillés et emportés et les verrières fermentes dud. larmier prises, rompues et emportées.

Entrant en lad. chambre dans l'étude dud. s[r] prieur, à côte sénestre aurions trouvé une porte a laq[lle] y avoit deux verroux prins et emportés, ensemble la serrure d'une autre porte de lad. étude, par laq[lle] l'on descend sur la vis y joignant une serrure qui étoit prinse et emportée ; dans laq[lle] étude étoient plusieurs livres appartenant aud. seig[r] de théologie, tant droit canon qu'autres facultés, étant lesd. livres en grand nombre, tout brisés. rompus, et emportés comme il nous a rapporté ; a sçavoir le cours de la bible avec les gloses, le droit canon avec les concordances, les œuvres de s[t] Augustin, s[t] Jérôme, s[t] Grégoire, s[t] Antonin, s[t] Ambroise, s[t] Pierre le vénérable, quarante six et plusieurs historiens et autres de la plus grande volume qu'il a existimé et estimé a deux cent cinq[te] écus d'or soleil, plus en lad. étude y avoit deux autres portes l'une à l'entrée de l'autre repondoient a une autre chambre derrière lad. étude, lesq[lles] deux portes avec leurs serrures et ferremens ont été robés et emportés par lesd. hug. et n'est aucune nouvelle n'y mémoire. Plus en lad. étude il y avoit trois petits larmiers garnis de leurs fenêtres, verrières et barreaux de fer, le tout brisé et emporté par lesd. hug. comme dessus, comme aussi une chierre percée étant en lad. étude. De laq[lle] étude dud. s[r] sommes entrés en lad. chambre y joignant, en laq[lles] avons trouvé les bancs a dossier et paremens, et tout le circuit de lad. chambre de hauteur de huit pieds ou env[on], le tout, fait en menuserie, brisé, abbattu en partie, et l'autre partie emportée avec tous les ferremens desd. bancs.

Plus en icelle chambre y avoit une fenêtre croisée de hauteur de cinq pieds et de largeur d'environ deux pieds et demi, en laq[lle] y avoit apparence qu'il y avoit eu un treillis de fer, et un chassis de bois avec ses verrières, le tout rompu, brisé, et emporté par lesd. hug. et lesd. treillis et autres ferrem[s], prins et emportés co[e] dessus.

Plus étoit en icelle chambre, un petit chanlit de menuserie qui qui avoit été semblablem[t] rompu et brisé, comm'aussi les paupitres apts a mettre livres, et sur lesq[ls] il y avoit plus[rs] desd. livres de la bibliothèque dud. s[r] grand prieur, qui auroient aussi été brisés, rompus, et emportés, et aussi y avoit une grande chiére qui avoit été brisée, et gâtée co[e] dessus.

Sortans de laq[lle] chambre dud. s[r] prieur, sommes allés en une grande salle y joignant, entre laq[lle] salle et chambre il y a une gallerie, en laq[lle] aurions vu une croisée de fenêtre, lesd. croizées étant verriérées avec les fenêtres d'icelles tenant lesd. verrières fournies de ferrementes, de verroux, toutes portées et emportées comme dit est ; à l'entrée de laq[lle] salle il y a deux portes, la 1re desq[lles] mise hors de son lieu, la ferremente et serrure prinses et emportée, comm'aussi les barres et gonds, a la serrure d'icelle porte les loquets de fer otés et emportés : dans laq[lle] salle et a l'entrée d'icelle il y avoit un dressoir de bois de chêne apte a mettre pots, comm'aussi il y avoit aux deux côtés de la cheminée d'icelle salle deux lits garnits de coutres, cussins, couvertes, et ciel ; et au milieu une grande table avec deux bancs, l'un tourné, et l'autre simple, avec les fenêtres à trois étages regardant sur la cour dud. prieuré de hauteur de dix pieds ou env[on] tout garnies de fenêtres et bois, avec les loquets, verriéres et plombs auxquels elles étoient attachées ; le tout brisé et emporté, et n'en est aucune mémoire, plus en icelle salle y avoit des cheminaux garnis de fer battu qui ont été aussi pareillem[t] prins et emportés.

En une garde robbe près et joignant lad. salle, avons trouvé une porte entredeux qu'avons trouvé abattue, et la ferremente d'icelle avec la serrure prinses et emportées. Comm'aussi la porte des Princes étant en icelle garde robbe avec la fenêtre, chassis, et verrières étant en lad. garde robbe, et a l'issuë de lad. gallerie, et montant au corps de logis haut, aurions trouvé un larmier de hauteur de trois pieds et largeur de deux pieds ou environ auquel y avoit des verrières a un chassis de bois fermant a clef, le tout brisé et rompuë, fors une partie dud. chassis.

Ce fait, sommes montés aud. logis en une chambre appelée la chambre d'herbigny, à l'entrée de laq^{lle} chambre avoit une porte, de menuserie fermant à clef qui auroit été emportée avec deux fenestrages de croizées, le tout rompu, brisé, et abbattu, avec les verrières étant auxd. croizées. Aussi avoit en la chambre deux chanlits de bois chêne, avec une table, un banc simple, icelle table garnie de ses tréteaux, dont le tout auroit été prins et emporté par lesd. hug.

Etoient aussi en lad. chambre deux chamiaux de fer battu, qui auroient semblablem^{t} été prins et emportés, et aurions trouvé en lad. chambre, à l'issuë de laq^{lle} a l'entrée de la vis et au haut d'icelle et un larmier de quadrature de deux pieds où avoit un chassis de bois avec les verrières qui auroient été rompuës et brisées par lesd. hug.

Au bout de laq^{lle} vis est la porte de l'entrée en un corps de maison assis sur la chambre dud. s^{r} entrant au grenier qui est sur la salle devant déclarée, et autres corps de maisons ; la porte duq^{t} corps de maison a été abattue comme au semblable et icelle de l'autre dud. grenier, les serrures desq^{lles} portes et ferrementes d'icelles auroit semblablem^{t} été prises et emportées par lesd. hug. auq^{l} grenier étoient env^{on} dix septiers de fêves, le septier valant huit bichets mesures dud. Marcigny ou env^{on}, deux septier millet mes^{r} que dessus, ce qui a été attesté par serment et en vérité par vénérable Mre Pierre Judas, curé dud. Marcigny ayant lors les clefs dud. grenier ; lesq^{lles} graines auroient aussi été prinses et emportées par lesd. hug^{ts}.

Au départir duq^{l} grenier nous sommes transportés par un vis étant à l'issuë de la chambre dud. s^{r} en une autre chambre étant en une tour appelée la tour du jardin, à l'entrée de laq^{lle} avoit deux portes de bois chêne ferrées, les gonds, paumelles et serrures ensemblem^{t} une fenêtre a demi croizée et verrières y étant auroient été prins et emportés, et lesd. verrières brisées et rompuës, et les portes abbattues et rompuës. Aussi avoit en lad. chambre six lards entiers et un demi pendus et attachés au plancher d'icelle, prins et emportés par lesd. hug. comme de ce a été par serment et vérité déclaré led. dom Clande Caillot ayant les clefs de lad. chambre.

D'jcelle nous nous sommes transportés aux cours de la grange, et établerie des chevaux joignant l'église de s[t] Nicolas, auquel lieu avons trouvé les portes des écuries des chevaux dud. s[r] forcées, et une partie des bancs d'icelles prins et emportés avec les treillis des trois larmiers faisant claireté en l'étable des chevaux de charettes dud. s[r] et a l'issuë de la vis et degrés montant au grenier à foin étant sur lad. grange et étable, avoit deux portes faisant entrée de deux feniers, l'une desq[lles] aurions trouvé perduë et otée, et l'autre mise par terre, et toute la ferremente d'icelle perduë, comm'au semblable avons aussi trouvé un treillis de fer qui étoit affiché en une fenêtre du grenier dessus lad. étable des chevaux, la charette perduë et emportée par lesd. hug[ts],

Au partir desquels greniers a foin, sommes entrés en un autre grenier a bled y joignant, auq[l] nous avons trouvé la serrure d'une porte régardant sur la cour, ensemble le treillis de fer, et une fenêtre de quatre pieds de hauteur et trois de largeur prins et emportés avec la quantité de seize bichets orge, comme a rapporté et attesté par serment et en vérité led. Mre Pierre Judas ayant les clefs et charge dud. gregniers.

Suivamment nous sommes par après transportés en un cellier scis entre les fours et la pittancerie, ou il y a deux larmiers, l'un de deux pieds et demi de hauteur, et de deux pieds en largeur, et l'autre d'un pied et demi en quadrature répondant sur la cour, qu'il y avoit treillis de fer et fenêtre, virant, fermant à verroux par le dedans; et le tout auroit été prins et emporté par lesd. hug[ts].

Et allants dud. lieu aux fours, avons fait visite, en près d'iceux du lieu ou était la fontaine dud. couvent, laq[lle] avons trouvée, divertie de son cours d'eau accoutumé, et les corps d'icelle étant de plomb de grosseur d'un bras d'homme, et de deux toises de longueur pris et enlevés, et la porte fermant lad. fontaine rompuë et brisée, et la serrure, gonds, et barres, prins et emportés.

Dans lesq[ls] fours sommes, au departir de lad. fontaine, entrés et ou avons trouvé un larmier au derrière desd. fours d'un pied et demi en quadrature, les treillis duq[l] ont été prins et arrachés; aussi auroient été prinses par lesd. hug[ts] trois chaudières d'airain avec leurs trépieds de fer aud. four, comm'en ce nous a fait rapport par serment et en vérité Antoine Merle, boulanger aud. couvent, étant lors en iceux fours en garde de l'entrée desd. hug[ts].

Beaugy : Eglise du XIe siècle.

Par après nous sommes transportés en la 1re chambre sur lesd. tours, en laq[lle] avons trouvé la porte de l'entrée d'icelle chambre otée, brisée, et la serrure et ferremens d'icelle emportés avec les barreaux de fer d'une demi croizée regardant sur la cour, et la verriére de lad. croizée rompuē et brisée. Aussi avoit en lad. chambre deux chanlits de bois noyer faits au tour, et un autre de bois chêne qui auroient été prins et emportés par lesd. hug. qui auroient aussi rompu et levé la ferremente des deux armoires et liettes d'un buffet joignant la cheminée de lad. chambre, et aussi rompu la porte des privés prochains et joignant lad. chambre, et aussi prins et emporté un lit de plume avec sa garniture étant lors sur un des chanlits, et deux chemiaux de fer battu servant à la chéminée de lad. chambre, et de ce a attesté led. Merle par semblable serment que dessus.

En la 2e chambre étant sur lad. boulangerie avons, par le rapport et attesté dud. Merle trouvés perdus deux chanlits de bois chêne a colonnettes avec les ciels, toiles, et trois lits de plumes avec leurs garnitures, et deux chemineaux de fonte, et la table treteaux et bancs étant au milieu de lad. chambre, aussi prins et emportés par lesd. hug[ts] et la fenêtre virant du croizon d'icelle chambre, et verrières y étant, aussi prins et emportés et la porte de la chambre habituée et la ferremente d'icelle emportée.

Et en la tierce chambre dessus lad. boulangerie, avons trouvé une porte faisant l'entrée de lad. chambre prinse et emportée.

Et au départir desd. chambres nous sommes transportés aux prisons dud. couvent, la porte de l'entrée desq[lles] led. Merle nous a rapporté, par semblable serment que dessus, avoir été rompuē, et brisée, comme par ce semblable ont été trois autres portes des prisons basses dud. lieu, et toute la ferremente d'icelles prinses et emportées par lesd. huguenots.

Aux prisons du milieu avons trouvé deux portes, l'une servant aux colombiés, et l'autre pour lad. prison; icelles portes rompuēs, et abbattuēs, et la fermente d'icelles, prinse et emportée; et lors dud. ravissement lesd. hug. prinrent les pigeons du colombier, pour lesq[ls] prendre, fermérent les fenêtres d'icelui, comm' a dit et attesté led. Merle, en la vis de la tour desq[lles] prisons a un larmier ou avoit barreaux et treillis de fer que lesd. bug. auroient aussi prins, et emportés, comm'en semblable ils avoient fait des barreaux et treillis faisans clair et donnant lumière à lad. vis.

Nous sommes puis après transportés au grenier sur la chapelle Saint-Blaise, ou aurions trouvé la serrure et barres de fer de la porte d'entrée d'icelui faites à neuf, et les vieilles prinses et otées par lesd. hug. et auprès d'icelles pour l'entrée des prisons hautes dud. lieu, la porte desq[lles] auroit été abbatuë, la fermente emportée par lesd. hug[ts] au dessus des prisons y avoit trois portes pour entrer en deux greniers que sont au dessus lesd. prisons, deux desq[lles] portes auroient été brisées et abbatuës et l'autre emportée avec toute la fermente d'icelle, et dans l'un desquels greniers avoit deux septiers avoine et vingt bichets feines mesure dud. Marcigny.

Et au grenier étant sur lesd. prisons avoit quarante septiers avoine a la grande mesure, co[t] de ce nous a fait rappor led. Mre Judas.

Suivamment au departir desd. prisons et grenier susd. sommes entrés en la chapelle St Blaise joignant auxd. prisons, et au dessous l'un desd. greniers, la porte de l'entrée de laq[lle] avons trouvé perduë, et l'autel mis par terre, les images à pierres et sur bois rompuës et brisées.

A la grande porte dud. prieuré sortant dehors joignant à lad. chapelle, mise par terre, rompuë, et brisée, et toute la ferremente d'icelle arrachée et emportée par lesd. hug.

Et passant plus outre avons trouvé la porte de la grande fontaine brisée et abbatuë, la ferremente emportée, et les tuyaux de plomb d'icelle fontaine étant en grosseur d'un bras d'homme et longueur d'env[on] deux toises prins, et emportés par lesd. hug. et le cours de la fontaine diverti.

En la tour du moulin avons trouvé quatre portes faisant les entrées dud. molin et des greniers dessus, abbattuës, et les ferrementes d'icelles, tant serrures, barres, que paumelles prinses et emportées, et aussi la vaille de fer dud. molin, et les coffres recevant la farine d'icelui au grenier de la farine à froment, avons trouvé un treillis de fer et un larmier de deux pieds en quadrature prins et emportés, dans lequel grenier led. Merle a dit et attesté, co[e] dessus, que lors de lad. démolition, il y avoit cinq[te] bichets de farine à froment que lesd. hug. prirent et emportèrent.

Aux deux greniers appelés les greniers à la tramuë, avons trouvé les deux portes avoir été rompuës, et les ferremens d'icelle emportés dans l'un desquels greniers led. Merle a rapporté que lors de lad. démolition il y avoit environ cinq[te] septiers de farine seille, et en l'autre env[on] quarante bichets froment et cinq bic. seille tout moullus, et les barreaux du larmier desd. greniers aussi prins et emportés par lesd. hug[ts].

Au grenier du froment avons trouvé la porte de l'entrée d'icelui brisée et rompuë, et la fermente d'icelle prinse et emportée par lesd.

hug. au plus haut grenier avons trouvé la porte de l'entrée d'icelui brisée et rompuë, et toute la ferremente prinse, et emportée et nous ont rapporté lesd. dom. Claude Caillot et Antoine Merlé qu'il y avoir aud. grenier un poinçon et une caque moutarde foncés, un bichet pois blancs, et deux blc. pois rouges, un poinçon pruneaux confits, quatre blc. féves foncés, et un poinçon plein de laine gardée prête à en faire un matelas, toutes lesq[lles] choses lesd. hug. prirent et emportèrent.

En après sommes allés à la grande porte du jardin des D[es] avons trouvé tous les gonds, serrures, et barres de lad. porte prins et arrachés.

Au partir duq[l] lieu sommes allés entrés en la chapelle de St Antoine joignant au jardin desd. D[es] la porte de l'entrée de laq[lle] avons trouvé perduë, l'autel d'icelle chapelle étant sur quatre pilliers de pierre, a bas, et lesd. pilliers rompus et brisés, et les verrières grandes fenêtres de hauteur l'une de sept pieds et les autres de trois a quatre pieds, et en largeur de deux pieds et demi toutes rompuës et brisées, étant en petits billons, en lad. chapelle, et toutes les images étant en icelle chapelle aussi rompuës et brisées, et la clochette étant en icelle chapelle aussi prinse et emportée par lesd. hug[ts] comm'a rapporté et attesté led. Dom. Caillot.

Semblablem[t] après lesd. visites faites, led. dom Claude Caillot nous a rapporté et attesté pour vérité et en serment qu'au temps que lesd. hug. entrèrent au prieuré, il y avoit sur les galetas s[t] Blaise env[on] trois cents fûtes tant poinçons que bottes, que lesd. hug. prirent et emmèrent, et prirent aussi trois cadenats des gardons de pierre étant près les fontaines devant déclarées.

Laquelle visite faite, ainsi que devant écrite, avons pris le serment de Grégoire et Gillet Blanc serruriers dud. Marcigny, agé led. Grégoire de 60 ans, et led. Gillet de 48 ans qu'ils disent, lesq[ls] après avoir vus et visités les lieux et endroits sus déclarés, ont dit que ne voudraient pas entreprendre de refaire, les treillis, serrures, gonds, barres et autres ferrements défaillans aux susd. édifices pour trois mille liv. et à autant existimé et estimé l'intérêt desd. ferrementes.

Et pour le regard des fractures et démolitions des fontaines sub déclarés, ne voudraient entreprendre le rabillage d'icelles pour deux cents livres.

Aussi avons pris et reçu le serment de Henry et Joseph Pillet menuisiers et charpentiers dud. lieu, led. Henry âgé de 60 ans, et led. Joseph agé de 32 ans, ou env[on] qui ont dit, moyennant led.

serment qu'ils ne voudraient mettre en sus les chanlits, tables, fenêtres, tréteaux, bois et autres bois défaillans et démolis aud. couvent pour trois mille cinq cents livres, ainsi qu'ils ont vu et visité lés démolitions.

Avons en outre pris et reçu le serment de Jacques Philippon verrier au présent demeur' et travaillant de son métier aud. Marcigny a dit moyennant led. serment, qu'il ne voudroit prendre à prix de refaire à verres neufs, et garnis de plombs les églises, dortoirs, réfectoirs, infirmeries, chapelles, salles, chambres, et affaires, brisées et gatées esdits lieux pour quatre mille livres tournois, et autant a existimé lad. rüine et brisement desd. verrières.

Et depuis le lendemain suivant 15e dud. mois avons aussi pris ét reçu le serment de Bastien Polette agé de cinq[te] ans et Guillaume Garnier agé de 25 ans maîtres-maçons dud. Marcigny lesq[ls] et chacun d'eux, moyennant leurs serments donnés aux s[ts] évangiles de Dieu, ont dit et rapporté par leurs sermens et en vérité avoir vu et visité les démolitions et rüines du couvent pour le regard de la maçonnerie démolie par lesd, hug. qu'ils ne voudroient pas entreprendre a remettre en sus qu'elle étoit auparav[t] lad. démolition pour cent livres tournois, sans y comprendre, n'y toucher au rabillage des croix, et images, auxquels artisans susnommés, et chacun d'iceux avons taxé leurs peines, vacations, et visites susdites, à la somme de dix sols tournois.

Led. jour avons aussi pris et reçu le serment de Jean Orange voiturier à bœufs dud. couvent, leq' moyennant led. serment a dit et rapporté que le Dimanche que fut au mois de May dernier que lés hug. arrivèrent aud. couvent, pour icelui saccager et piller, Mr Jean Raquin juge dud. Marcigny, Jean Dumas, et Nicolas Chavais bouchers dud. lieu, commandèrent aud. D'Orange de leur délivrer quatre bœufs de traits qu'il avoit en sa charge dud. couvent, ce qu'il fut contraint de faire, et les ayant remis en leur puissance les bochers susd. les tüèrent et mirent au saloir; et valoient bien lesd. quatre bœufs env[on] cent francs tournois.

Et après le même jour avons pris l'attestation de noble Réver[d] Père en Dieu dom Nicolas de Sommery docteur en théologie abbé de Septfonds;

Théodore de Vichy doyen de l'église métropolitaine de S[t] Jean de Lyon;

Antoine de Semur seig[r] Sancenier, Trément, et Sercy;

Claude de Montaigny baron dud. lieu, de la Tour, et d'Anglures;
Adrien de la Garde, seig[r] dud. lieu et de Chassigny;
Geoffroi de Tenay seig[r] de St Christophe;
Claude de Digoine seigneur du Palais;
et Philibert de Vichy seigneur de Chavanizet.

Lesquels et chacun d'eux avoient vus et visités les rüines et démolitions faites aud. couvent, ont dit et attestés, disent et attestent, par serment en vérité, que les réparations nécessaires aux Eglise, cloitres, et autres lieux dud. couvent, pour les réduire a l'état qu'ils les ont vus auparavant lesd. rüines avenuës, ne se pourroient faire à moins de la somme de dix mille écus ou env[on] ; sans y comprendre les bleds, vins, papiers et autres meubles pris et détruits dud. couvent, desquels il ne leur a apparu, et ne pourroient les évaluer, ayant égard aux brisements rompus, et autres démolitions faites auxd. Eglise, cloitres, et autres rüines et effets dud. couvent, les susdits-nommés comparans pardevant Nous, et l'attestation d'iceux requise par lesdits s[rs] présens que dessus.

Ainsi que devant est écrit a été procédé par Nous Juge et commis susd. présence de notaire royal soussigné avec nous prins pour greffier ainsi signé avec paraphe, de Montchanin, Gaillard, Greffier avec paraphe ./.

S'ensuit la teneur de la commission de Mgr de Tavannes, en vertu de laquelle a été procédé aux actes susdits par nous susd. Juge et Greffier.

Gaspard de Saulx, chevalier de l'ordre, capitaine de cinq[te] hommes d'armée des ord[ces] du roi, et son lieutenant au gouvernement du Duché de Bourgogne, en l'absence de Mgr le Duc d'Aumale; au Juge des Châtellenies royales du Bois s[te] Marie et Châteauneuf, à la requête du grand prieur et couvent du prieuré de Marcigny nous eussions commis Me Jean Boyer, lieutenant général au bailliage de Mâcon pour visiter les grands dégâts, les ruines, pillages, larcins et voleries n'a guères faits auxd. prieuré par sept ou huit compagnies de séditieux, de ceux qui avoient prins les armes contre le roi par aucuns qui les conduisoient et favorisoient, et autres leurs adhérans, a quoi led. Boyer n'eut pu vâquer nonobstant les grandes et urgentes affaires esquelles l'aurions employé, et convient employer ; pour ce est qu'au lieu dud. Boyer, nous avons commis et député et chacun de nous seul pour faire descente sur les lieux et visitations desd. rüines, pillage, et voleries, et pour informer bien et diligemment de ceux qui les ont conduits de leurs faveurs, conducteurs et complices, pour l'information, et le tout où et rapporté. Clos et cacheté par devers nous, y ordonner selon que le cas le requerrat, de ce faire vous avons donné et a chacun de vous pouvoir, puissance et authorité.

Mandons a tous juges, officiers, et autres vous obéir ; et faire à Mâcon le 8e jour d'octobre, l'an mille cinq cent soixante-deux, signé de Saulx.

Extrait de la commission de laqlle a été procédé a lad. visitation prins à l'original par moy led. greffir ; ainsi signé Gaillard, greffier avec paraphe ./. .

Extrait pris, collationné et vidimé par moi secrétaire notre de la chambre abbatiale de Cluni, sur un cahier en papier blanc couvert de parchemin, contenant quatre ving huit feuilles tant écrits que non écris a moi représenté par le R. P. dom Eustache le Blanc, trésorier de l'abbaye dud. Cluni, et a l'instant retiré par lui, et ainsi qu'il m'a été lù par led. R. père, les apostilles en marge, et les mots chargés d'encre, et entrelignes sont approuvés ; le tout pour servir et valoir ce qu'il appartiendra, fait a Cluni le 11r septembre 1751, s'est led. Rd. père soussigné avec moi dit secrétaire notaire, ainsi signé, Dom Eustache le Blanc, trésorier et Trécourt, secrétaire notaire avec paraphe ./.

Controllé a Cluni le 11e 7bre 1751, reçu six sols, Trécourt ./. (1)

---

(1) Voir à la suite de la notice sur Marcigny la liste des Religieux et Religieuses ayant habité le couvent dud. lieu.

NOTES POUR SERVIR A L'HISTOIRE DE MARCIGNY (1)

8 février 1789. — La communauté de Marcigny élabore le programme de ses vœux pour les Etats-Généraux. Elle demande :

1° Quelle soit rattachée au bailliage de Semur pour les causes civiles et criminelles;

2° Que les députés du Tiers-Etat seront choisis librement par leurs pairs et parmi leurs pairs par la voye du scrutin ;

3° Qu'ils voterent par tête et auront ensemble égalité de suffrages aux députés des deux autres ordres réunis;

4° Que les députés du clergé seront choisis tant dans le haut clergé que parmi les curés des villes et villages.

(R. D.) (2)

Doléances de la ville de Marcigny-sur-Loire pour les Etats-Généraux de 1789 :

Cette ville est située dans l'enclave du duché de Bourgogne de l'administration duquel elle dépend. Elle demande à être rétablie, ainsi que les paroisses et hameaux qui sont de l'étendue de sa justice, dans le ressort du bailliage de Semur-en-Brionnais, duché de Bourgogne dont elle n'est distante

(1) D'après les documents recueillis par M. Vuillaume, libraire, à Marcigny.

(2) Abréviations indiquant l'origine des notes : R. D., registre des délibérations; P. R., persécution religieuse dans Saône-et-Loire pendant la Révolution, abbé Muguet ; A. M. archives municipales de Marcigny ; R. M., rapport du Directoire du district de Marcigny.

que d'une demie-lieue, ce bailliage dont elle dépend encore aujourd'hui pour les matières d'impôts, finances et gabelles et dont elle dépendait anciennement pour toutes sortes de matières, avant que le bailliage de Mâcon, dont elle est éloignée de plus de quinze lieues, eût été commis pour un temps et pour des raisons qui n'existent plus sur la fin du XIIIe siècle, pour connaître des appels des sentences rendues par son siège en matières civiles et criminelles; le tout en conformité des privilèges de la Bourgogne qui s'opposent à ce qu'un habitant de cette province puisse être traduit hors de sa juridiction et des différents titres sur lesquels est appuyée la réclamation de ladite ville, qui seront remis entre les mains des députés du Tiers-Etat des quatre bailliages qui seront expressément chargés d'appuyer de toute leur force la réclamation de la ville de Marcigny. (*Mémoires de la Société Eduenne*, 1878, A. de Charmesse).

Dans la réunion du comté du Mâconnais à la Couronne, en 1477, les causes jugées en première instance au bailliage de Mâcon étaient portées en appel devant le Parlement de Paris et non au Parlement de Dijon, comme les sentences des autres bailliages de la province et c'est contre cette distraction de juridiction que porte cette réclamation.

14 février 1789. — Les habitants élisent Jean-Pierre Sarret pour se rendre à Mâcon à la réunion préparatoire aux Etats-Généraux.

Ils nomment en outre Hugues François Verchère de Reffye, Jean-Claude Dupuy de la Bruyère, Etienne-Gilbert Cartier et Joseph Sarret pour se rendre à la réunion du même genre qui devait se tenir à Semur.

(R. D.)

5 mars 1789. — Lettre de M. de Villedeuil, ministre et secrétaire d'Etat, disant que la députation des Etats-Généraux se faisant par bailliage, les députés de Marcigny devront se rendre à Mâcon. (R. D.)

5 mars 1789. — Lettre de M. Villedeuil qui informe que la demande formulée dans l'assemblée du 8 février 1789, tendant à ce que les appels des sentences de la justice de Marcigny soient jugés à Semur, n'est pas de sa compétence, mais de celle de M. le Garde des Sceaux.

(R. D.)

Samedi 28 mars 1789. — Sentence rendue au bailliage d'Autun, par laquelle les trois députés de la ville de Marcigny pour la réunion préparatoire aux Etats-Généraux sont admis à la réunion de ce bailliage, malgré l'opposition des députés de Bourbon-Lancy qui soutenaient qu'ils devaient aller à Mâcon.

(R. D.)

26 avril 1789. — Les habitants par leur délibération engagent l'intendant de Bourgogne et les échevins à faire des achats de blé pour prévenir la disette.

Au mois d'août 1789, la municipalité fait acheter 314 bichets de seigle.

(R. D.)

26 juillet 1789. — Les habitants nomment pour commissaires pour la formation d'une milice bourgeoise :

MM. Cudel de Moncolon, du Ryer, Jacquet de Chalonnay, Dupuy l'aîné, Hilaire Robin, Gayet, Perret, Baudars, lesquels demeurent autorisés à inscrire sur un registre tous les citoyens en état de porter les armes, et de les diviser en compagnie pour faire le service propre à la conservation et défense de cette ville pendant la tenue des Etats-Généraux contre les invasions des brigands qui pourraient se répandre dans les diverses provinces du royaume pour lever des impôts.

Lesquels commissaires choisiront un ou deux corps de garde et dresseront un règlement de discipline militaire, conjointement avec M. le syndic perpétuel. Les frais nécessaires seront supportés par la communauté. (R. D.)

28 juillet 1789. — Nouvelle délibération par laquelle les habitants pressent les commissaires nommés d'organiser la milice et les invitent à faire chaque soir une garde montante et à faire rassembler incessament toutes les compagnies sur la place du Cours, sur laquelle chaque habitant se soumet à se trouver quand ils seront convoqués au son du tambour.

(R. D.)

31 juillet 1789. — « La communauté instruite des délibérations prises jusqu'à ce jour dans l'assemblée nationale et considérant que la révolution actuelle est le fruit de la sagesse et de la fermeté de l'assemblée nationale, du patriotisme des habitants de la capitale et de l'intrépidité de cette milice généreuse qui vient de justifier avec tant d'énergie sa dénomination et qu'un roi de France n'est jamais plus en sûreté qu'au milieu de ses sujets dont l'amour et la fidélité seront éternels, il a été unanimement délibéré que la commune adhère pleinement à toutes les délibérations prises par l'Assemblée nationale et qu'elle est invariablement attachée à ses principes et qu'elle la prie, ainsi que les habitants de Paris et tous les défenseurs de la patrie, d'agréer les témoignages de sa vive satisfaction et de sa reconnaissance. »

Signé : de Montillet, syndic ; Simonin l'aîné ; Genevois ; Bernard ; Dupuis ; Robin ; Popelin ; Jacquet ; Vernis ; Joanin ; Mouto ; Jacquet ; Robin ; Perrier ; Thillier ; Billy ; Merle ; Perrin l'aîné ; Berry ; Menot ; Martin ; Dupuy ; Bizot ; Millerand ; Polet ; Combrial de la Chassagne ; Verchère d'Avrilly ; Bergeron ; Verchère de Reffye ; Bernard ; Denis Monvenoux ; Lainez fils ; Touzet ; Movillon ; Besson ; Coutat ; Délayre ; Delachèze ; Brejot ; Allier ; Rambourg, curé de Marcigny ; Dufoux ; Belot ; Regniaud ; Pernin ; Vulliot ; Brigaud ; Déal fils ; Monvenoux l'aîné fils ; Desgranges ; Desgrange ; Droin ; Frade ; Charle ; Moulin ; Frade fils ; Roulliet ; Ecloge ; Seguin ; Roy ; Verchère des Braillons ; Gauthier ; Jaillon ; Cartier ; Gouillard ; Chalonnay, capitaine d'infanterie ; Potignon ; Cartier ; Du Ryer ; Verchère fils, échevin ; Sarret l'aîné, échevin, et plusieurs autres signatures illisibles.

(R. D.)

30 août 1789. — Le syndic et les échevins se transportent sur la place publique du Cours où ils trouvent assemblée la milice nationale de cette ville, en conformité d'ordres précédents ; un ban ayant été battu et lecture faite de la déclaration du roi (donnée à Versailles le 14 du même mois pour le rétablissement de l'ordre et de la tranquillité) et après le serment prêté en leur présence et à la manière accoutumée par M. François Cudel de Moncolon, commandant ; Jean-Baptiste Combrial de la Chassagne, lieutenant-colonel, Paul Jacquet de Chalonnay, major, et par MM. les capitaine, lieutenant, sergents et soldats de la milice nationale, ils ont juré et promis de rester fidèles à la nation, au roi à la loi et de ne jamais employer ceux qui seront sous leurs ordres contre les citoyens, si ce n'est sur la réquisition des officiers civils ou municipaux, laquelle réquisition sera toujours lue aux troupes assemblées.

(R. D.)

4 octobre 1789. — M. de Montillet donne sa démission de syndic, M. Louis Verchère donne sa démission de secrétaire, en protestant son grand âge et que ce n'est pas un autre motif ; il est remplacé par M. Jacob, M. Verchère de Reffye est élu syndic.

Le 7 octobre M. Verchère de Reffye repousse cet honneur, en raison de ses ocupations. M. Jacob en fait autant pour la même raison. La communauté décide de laisser ces places vacantes en attendant que l'assemblée nationale ait formé une autre organisation administrative, et qu'en attendant l'administration sera conduite par les échevins.

(R. D.)

14 octobre 1789. — Il a été délibéré à l'unanimité des voix (34) que les troubles ayant cessé en France et que par la police de la milice nationale les brigands se trouvant dispersés, que les villes voisines ayant cessé de faire guet et garde ; il fallait également supprimer la milice de Marcigny, mais qu'elle se réunirait en cas d'alarme et que tous les dimanches sur les deux heures elle s'exercerait au maniement des armes.

On décide aussi de faire placer des lanternes et des réverbères aux endroits convenables.

(R. D.)

14 et 17 novembre. — La ville n'a plus alors ni syndic, ni échevins, J. C. Verchère ayant démissionné, et elle ne se réunit plus que sur la convocation du sieur Bouthier, subdélégué de l'intendance, demeurant à Semur, après une requête à lui présentée par les habitants, le 14 novembre 1789.

(R. D.)

17 novembre 1789. — Ce jour-là on choisit MM. Verchère de Reffye et Perroy de la Brosse, avocat, pour remplacer les officiers municipaux (jusqu'à ce que l'assemblée nationale ait arrêté la nouvelle organisation administrative), pour, conjointement et avec le comité établi, prendre les délibérations utiles à la commune, suivre ses intérêts et agir dans toutes les affaires qui la concernent. M. Jacob accepte les fonctions de secrétaire de ce comité. MM. Dupuy de la Bruyère, avocat; Jacquet; Perrier; Jaillon, notaire; Reniaud, huissier; Sarrot, marchand; ils demeuraient nommés pour assister à l'instruction des procès criminels conformément au décret de l'Assemblée nationale. M. Jeanin, juge, est nommé membre du comité en remplacement de M. du Ryer, démissionnaire; Coraud item, en remplacement de Gauthier, démissionnaire; Malherbe en remplacement de Bernard, démissionnaire ; Detoloze en remplacement de Monvenoux démissionnaire. Les habitants prient le Comité de veiller à la conservation des bois et à ce qu'il ne soit fait aucune dégradation. La communautée autorise le commandant de la garde nationale à faire faire des patrouilles et à régler le service militaire.

Vue de Melay outre Loire

Elle ordonne que le marguiller sonnera les cloches tous les soirs à dix heures précises pour annoncer la retraite de chaque citoyen, après laquelle heure tous les aubergistes, cafetiers et cabaretiers qui auront chez eux des gens à boire ou à jouer seront condamnés à une amende réglée suivant l'exigence des cas. Il est ordonné à tous les gens logeant des étrangers d'apporter tous les soirs, entre huit et neuf heures, les noms de ces étrangers à M. Combrial de la Chassagne, lieutenant-colonel de la milice, à peine d'amende. Ces amendes devaient être fixées par le comité. (R. D.)

Période révolutionnaire (15 janvier 1790). — Semur fut d'abord choisi comme chef-lieu du district, mais ne tarda guère d'être supplanté par Marcigny. Le district de Marcigny était formé des cantons actuels de Marcigny, Chauffailles, Semur (moins Oyé), La Clayette avec la moitié de ses communes, deux communes du canton de Paray-le-Monial (l'Hôpital-le-Mercier et Versaugues).

Le district était divisé en neuf cantons, savoir: Anzy-le-Duc, Marcigny, Montceaux, Melay, Saint-Christophe, La Clayette, Mailly, Chauffailles et Châteauneuf. La loi du 15 janvier 1790 avait divisé la France en départements, les départements en districts, les districts en cantons et les cantons en communes. (P. R.)

A l'époque de la Révolution, Céron et Bourg-le-Comte furent détachés du Bourbonnais pour faire partie du département de Saône-et-Loire.

L'archiprêtré de Marcigny a été formé: 1° de six paroisses de l'ancien archiprêtré de Semur-en-Brionnais, Marcigny, Anzy-le-Duc, Beaugy, Montceaux-l'Etoile, Saint-Martin-du-Lac et Vindecy; 2° de cinq paroisses de l'ancien archiprêtré de Pierrefite: Artaix, Bourg-le-Comte, Céron, Chambilly et Chenay; 3° d'une paroisse du diocèse de Lyon, Melay, de l'ancien archiprêtré de Roanne.

22 avril 1790 - 25 novembre 1793. — Le citoyen Louis-Marie Dupuy, de Marcigny, fut nommé, le 22 avril 1790, un des administrateurs du département de Saône-et-Loire. Philibert Joannin de Marcigny lui succéda dans cet emploi le 4 septembre 1791

Joseph Simonin fut appelé à cet emploi le 5 frimaire an II (25 novembre 1793).

On fait publier à son de caisse les délibérations des droits de l'homme et les décrets de l'assemblée nationale.

(R. D.)

21 mars 1790. — Par le décret du 21 mars 1790, l'assemblée nationale déclare que, dans le cas où Marcigny serait choisi par les électeurs pour être chef-lieu du district, cette ville ne pourrait prétendre en même temps au tribunal qui, dans ce cas, siègerait à Semur. Enfin, le décret du 15 juin fixa le siège du septième district en la ville de Marcigny.

(A. M.)

Le district de Marcigny était administré par un Procureur-Syndic, un président, plusieurs administrateurs et un secrétaire.

15 juin 1790. — Marcigny devint le chef-lieu du district le 15 juin 1790, après avoir supplanté Semur-en-Brionnais.

Septembre 1790. — « Le conseil, à la session de septembre 1790, crut devoir demander des bâtiments dépendant du prieuré (situés au midi de la cour) qui sont inutiles aux religieuses qui vivent en communauté et sont séparés de ceux qu'elles occupent par une vaste cour. La délibération fut adressée au département et il n'y a pas été fait droit; il paraît même que ces bâtiments conviennent peu à l'administration; il y a, sur le derrière, des jardins qui donneraient de la valeur à ces bâtiments et qui en auraient peu eux mêmes en les vendant seuls. Le Directoire va vous faire part des projets qu'il avait conçus et des démarches qu'il avait faites à ce sujet.

« En s'occupant de la vente des biens nationaux, le Directoire considéra que les bâtiments qui sont en midi de cette cour, seraient de peu de valeur en ce moment, étant dans un lieu retiré et sur aucun passage, et que l'on pourrait leur donner une valeur et en faciliter la vente, donna son projet par son arrêté du 20 novembre 1790.

« Ce projet consistait à faire l'église paroissiale de celle du prieuré, qui est vaste, au lieu que celle actuelle est trop petite pour la population de la ville. Le culte des dames religieuses qui vivent en communauté n'en aurait pas été géné puisqu'il y a, derrière la première, une seconde église qui leur aurait suffi et avec laquelle il est facile d'intercepter toute communication. L'église paroissiale actuelle aurait été démolie, et son emplacement aurait été l'ouverture d'une rue qui aurait servi de communication à la cour qui serait devenue une belle place ; cette rue aurait été continuée jusqu'à l'extrémité du clos et aurait abouti au chemin de Semur à Marcigny ; par ce moyen, les bâtiments en midi de cette place se trouvant sur un passage et sur une cour qui deviendrait commerçante, acquerraient une valeur considérable qu'ils ne peuvent avoir en ce moment, qu'ils sont dans un cul-de-sac ; cette rue aurait facilité la vente d'un étang et d'un jardin neuf que le prieuré de Marcigny a fait clore de murs pour les réunir à son clos depuis environ douze à quinze ans, mais qui en sont séparés par les murs qui ferment leur ancien clos et dont la vente ne porterait aucun préjudice aux religieuses à qui ils sont inutiles, eu égard à la vaste étendue de leur jardin.

« Lorsque les religieuses quitteraient leur communauté, l'on pratiquerait trois rues qui aboutiraient de la nouvelle à celle du faubourg de l'Achenal ; l'on subdiviserait, par ce moyen, leur vaste clos et les ventes partielles surpasseraient de beaucoup la vente en gros.

« D'après ce plan, il existe sur le portique et à la façade de l'église, qui serait donnée pour église paroissiale, un bâtiment neuf solidement construit, occupé en ce moment par la dame prieure seule; ce bâtiment, dans la position où il se trouverait, ne pourrait convenir qu'à un établissement public, et le district en aurait fait l'achat pour y placer l'administration; ce bâtiment ne pourrait même convenir à un particulier, puisque le rez-de-chaussée sert de vestibule et de passage pour l'entrée de l'église. Ce bâtiment n'est pas d'une grande utilité aux religieuses, la prieure seule l'occupe et elle se retirerait dans les appartements destinés à son logement avant la construction du bâtiment neuf qui n'est parachevé que depuis environ dix ans, d'autant mieux que les anciens bâtiments sont extrêmement vastes et suffisaient anciennement pour loger plus de quarante religieuses et elles ne sont plus que deux. Ce plan fut communiqué à la ville de Marcigny d'après un arrêté du département; elle acquiesçait volontiers à l'échange de l'église mais elle ne saisit pas le projet et prétendit que l'achat des bâtiments serait trop dispendieux.

(R. M.)

« Depuis, le Directoire a fait procéder à la levée d'un plan de partie de la maison commune de Marcigny et un devis estimatif des réparations à faire; elles seraient peu considérables en ce moment, bientôt il faudrait les augmenter, car ces bâtiments ne suffiraient pas longtemps; d'ailleurs l'administration se trouverait hors de la ville dans un lieu retiré; nous n'avons pas voulu donner de suite à cette démarche sans vous avoir consultés. »

(R. M.)

18 octobre 1790. — Par arrêté du 18 octobre 1790, le Directoire du district de Marcigny commit deux de ses membres pour se transporter à Semur et retirer, d'après

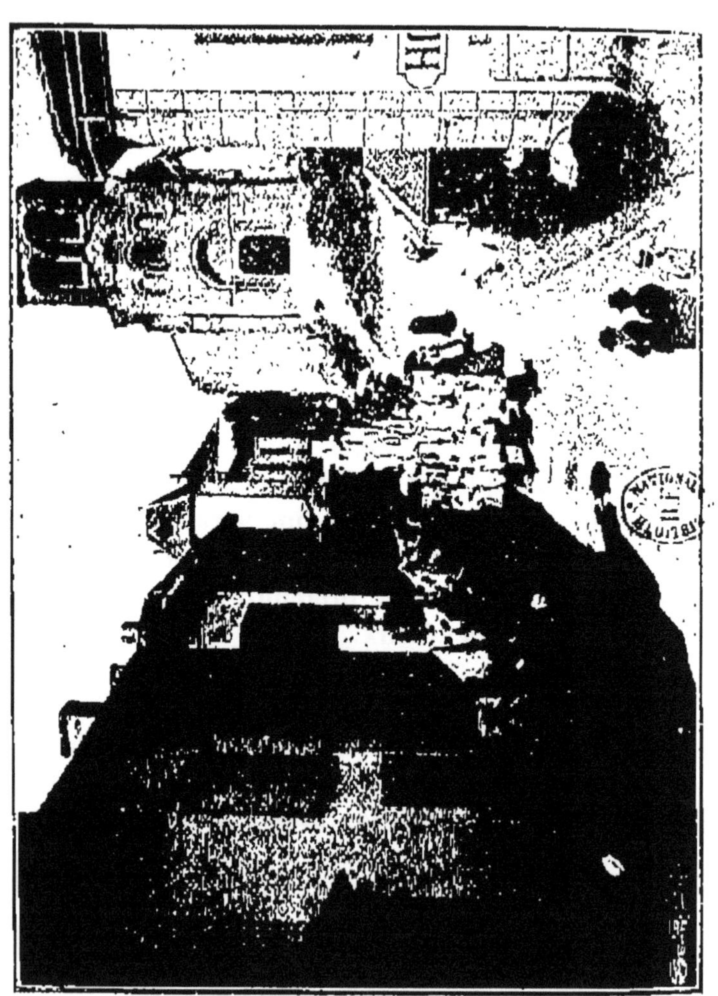

inventaire du subdélégué du Brionnais, le seul de l'arrondissement, les titres et les papiers qui étaient en son pouvoir. L'inventaire en fut fait le 26 du même mois ; il comprend les opérations faites depuis le 21 avril 1760, époque de l'exercice du sieur Bouthier, dernier subdélégué. Le décret du 28 juin 1790 prescrivait que les corps administratifs remplaceraient les intendants et les subdélégués.

Octobre 1790. — Il y avait à Marcigny un petit collège installé dans les bâtiments de l'ancien couvent des Récollets. Le principal, depuis le mois d'octobre 1790, était M. l'abbé Benoît Guillard. Deux régents devaient enseigner la langue latine.

(P. R.)

2 décembre 1790. — Arrêté du 2 décembre 1790 du Directoire du district de Marcigny, par lequel le s[r] Langeron, propriétaire du droit de péage qui se paie sur les bacs et bateaux qui montent ou descendent la Loire à Artaix, est invité à fournir ses titres avant le 1er avril 1791, à peine de suspension de la perception du droit. « Le sieur de Langeron n'a représenté aucun titre et nous sommes instruits que ce droit ne se perçoit plus. » Le Directoire du district de Marcigny demanda par le même arrêté le rapport des titres des différents ports établis sur la Loire, dans l'étendue du district. Mais aucuns des particuliers qui jouissent de ces droits ainsi que la ville de Marcigny qui est en possession de Chambilly n'ont justifié de leurs titres. Le sieur de Langeron est le seul qui ait justifié de ceux du port d'Arthaix dans la jouissance desquels il a été conservé par le département, sauf l'approbation de l'Assemblée nationale.

(R. M.)

23 décembre 1790. — Dom Potignon avait déclaré qu'il entendait rester attaché à son ordre et qu'étant depuis 42 ans à Marcigny, son grand âge (73 ans) et ses habitudes ne lui permettaient pas de quitter une maison où il avait passé les trois quarts de sa vie. Il demandait en conséquence de rester aumônier des Dames du Prieuré, ne croyant pas pour cela renoncer aux vœux qu'il avait faits. Il avait déclaré que l'intention des deux autres aumôniers dom Bayonne et dom Obrier était de se retirer dans leur famille.

(P. R.)

Fin 1790. — Philibert Pitoys, né à Chauffailles en 1738, curé de Varennes-sous-Dun est nommé président du district de Marcigny, honneur qu'il gardera près de trois ans ; il exerce néanmoins toujours le culte à Varennes.

(P. R.)

1790. — Les Ursulines tenaient un pensionnat, elles étaient près de trente. Supérieure Madame Jacqueline Verchère des Bayons, née en 1719, décédée en janvier 1800 ; Jeanne Jacquet, Jeanne Aupècle, Gabrielle Moulin, Claudine Carthier, Claudine Lacharme, Félicité Lacharme, Louise Thérèse, Antoinette Lacharme, Claudine Bonnetain, Etiennette Bonnetain, Antoinette Bonnetain, Claudine Dubreuil, Joséphine Bost, Catherine Raquin, sœur tourière ; Renée Gaillard, Françoise Galay, Jeanne Peguét, Madeleine Gauthier, Louise Degueurce, sœur Ducoin, de sainte Rose, Etiennette Gaudin, Françoise Aupècle, Marie Mammesier, sœur converse.

(P. R.)

Janvier 1791. — L'administration du district eut l'intention de prendre pour lieu de ses séances et dépôt de ses archives le bâtiment neuf du prieuré. La municipalité désapprouva ce projet « étant injuste de dépouiller les religieuses du prieuré de leur bâtiment neuf, le seul qu'elles aient de logeable ».

(P. R.)

1er février 1791. — Les bâtiments de l'ancien couvent des Récollets furent vendus à la commune de Marcigny. Ils servirent à loger un détachement de troupes en garnison à Marcigny, puis on y plaça la maison commune et ensuite une grenette.

Au moment de leur suppression, les Récollets aidaient et remplaçaient les curés du voisinage. Le P. Petit allait à Bourg-le-Comte faire le service de la paroisse moyennant une bien faible rétribution. Un autre allait à la chapelle de St-Loup d'Artaix. (P. R.)

Février 1791. — On notifia à M. Riambourg et à M. Jean-Claude Ducray, son vicaire, l'obligation du fameux décret. Les deux prêtres ayant voulu ajouter à la formule prescrite la phrase suivante : « Dans la pureté de la foi à l'Eglise catholique, apostolique et romaine » leur serment fut refusé.

(P. R.)

13, 14, 15 février 1791. — A cette date eut lieu la nomination des curés assermentés pour les paroisses du district par le collège électoral de Marcigny. Philibert Pitoys fit partie de cette assemblée. (P. R.)

7 avril 1791. — A l'époque de la Révolution, les Révérends Bénédictins n'étaient que trois, dom François Potignon de Montmegin, prieur, né en 1717, en résidence à Marcigny depuis 1748, dom Antoine Girard Obrier, né en 1734 ; Pierre-Joseph Bayonne, né en 1743. Ils recevaient de la prieure une mense de 1,500 livres. Le 7 avril 1791, ils déclarèrent au district de Marcigny vouloir cesser la vie commune et se retirèrent avec la promesse des pensions suivantes : 1.200 livres, 1,000 livres et 900 livres.

(P. R.)

17 avril 1791. — Le nommé Vernisse a déclaré que dimanche dernier, le sieur Rizouard, curé de Bourg-le Comte a prêché ouvertement dans son prône que les prêtres qui avaient prêté le serment en conformité du décret du 17 novembre 1790, étaient incapables d'exercer le saint ministère.

Une telle inculpation faite à un ministre d'une religion de paix a scandalisé tous les auditeurs.

Il a été arrêté que les inculpations faites au sieur Rizouard, curé de Bourg-le-Comte seront dénoncées à la diligence du procureur-syndic, à l'accusateur public du tribunal du district, avec invitation à faire contre lui et contre tous les autres prêtres qui useraient des mêmes voies pour soulever le peuple contre la Constitution et troubler la tranquillité publique, les poursuites rigoureuses que méritent ces prêtres rebelles comme perturbateurs du repos public.

(P. R.)

17 mai 1791. — Circulaire adressée à tous les prêtres non assermentés du district de Marcigny par le Directoire du district. « L'Assemblée nationale, frappée des abus introduits dans l'ordre ecclésiastique, a voulu les réformer. Un décret sur l'organisation civile du clergé est émané du sein de la sagesse, mais quoique le serment que la loi exige des ministres de la religion n'est que pour leur faire promettre l'observance de la discipline extérieure, sans toucher ni aux dogmes, ni aux principes de la foi catholique, apostolique et romaine, plusieurs prêtres guidés par l'erreur se refusent à le prêter.

« Le procureur syndic ouï et les opinions prises, les administrateurs composant le Directoire du district de Marcigny sur le point de faire nommer aux cures de son arrondissement dont les pasteurs ont été jusqu'à présent réfractaires à la loi, ne voyant en eux que des prêtres estimables qui, jusqu'au temps de la promulgation de la loi du serment, se sont distingués par leur civisme et désirant les conserver arrêtent : que ces pasteurs trompés par une trop grande délicatesse de conscience seront invités non à déserter la pureté de la foi qu'ils professent et pour laquelle ils paraissent craindre à en juger par les expressions de leurs sermons, mais à accepter des Règlements temporels que la Nation peut changer quand il lui plaira, leur reconnaissance à l'évêque constitutionnel du département et leur obéissance à son autorité spirituelle feront oublier les moments de leur erreur et les maintiendront dans la possession de leur bénéfice.

« Arrêtons qu'ils feront connaître par écrit à ce Directoire et avant le 25 de ce présent mois, leurs dernières dispositions pour l'acceptation ou la récusation dudit évêque constitutionnel et qu'extrait de la présente invitation sera en conséquence adressée à chacun des pasteurs de ce district non-conformiste ».

Remarquons que Gouttes, l'évêque constitutionnel de Saône-et-Loire, se trouvait à Marcigny, précisément le même jour 17 mai 1791. Cette circulaire a-t-elle été inspirée par lui. Ne serait-elle pas son œuvre propre? (P. R.)

18 mai 1791. — Le jour même de la visite de Gouttes, Benoit Guillard prête le fameux serment.

Le collège fut quelque temps fermé. (P. R.)

18 mai 1791. M. Claude Ducroux, aumônier des Ursulines, ayant prêté le serment schismatique, la grande majorité des religieuses, supérieure en tête, refusèrent le ministère de ce prêtre et voulurent un aumônier insermenté.

D'autre part, trois religieuses, les sœurs Gaillard, Jacquet et Aupècle, désirant un aumônier assermenté, il advint une petite scission dans la communauté. (P. R.)

18 mai 1791. — M. Ducroux, ancien aumônier des Ursulines et M. Benoit Guillard, principal du collège, prêtent le serment à la Constitution. Deux autres prêtres de Marcigny furent plus fermes dans la foi : dom Polignon de Montmegin, aumônier du prieuré, et M. Vincent Bouillard, aumônier de l'Hôtel-Dieu. (P. R.)

21 mai 1791. — Claude Ducroux, prêtre assermenté, est nommé curé intrus de Sarry par le district de Marcigny, le 21 mai 1791.

(P. R.)

25 mai 1791. — Charles Ray, curé de Curbigny, écrit à cette date au Directoire du district de Marcigny la lettre suivante :

« Vous m'invitez à manifester par écrit ma dernière volonté pour l'acceptation de l'évêque constitutionnel. Je ne refuserai jamais de reconnaître celui de ce département pour mon évêque légitime et en cette qualité je lui promets la soumission, le respect et l'obéissance qui sont dûs à son autorité.

« Tels ont été toujours mes sentiments, lesquels je vous prie de croire sincères ».

(P. R.)

29 mai 1791. — Le 29 mai 1791, eut lieu à Marcigny la première réunion des électeurs du district, pour la nomination des curés constitutionnels.

Dans le district de Marcigny, comprenant 46 paroisses, 26 pasteurs avaient refusé le serment ; c'était donc 26 curés à élire en place de ceux qu'on nommait déjà non-conformistes ou réfractaires. L'Assemblée électorale du 29 mai ne nomma que 20 curés constitutionnels. Est-ce le temps qui manqua pour terminer les opérations électorales ? Ne seraient-ce pas plutôt les candidats qui firent défaut ? On sait que le recrutement du clergé nouveau ne se fit point sans peine et en maint endroit il fallut faire appel aux moines défroqués de tous les diocèses de France.

(P. R.)

29 mai 1791. — Le 27 mai 1791, les électeurs de Marcigny nomment Louis-Joseph Cucherat comme curé constitutionnel de Marcigny. Il était né à St-Bonnet de-Cray, le 19 juillet 1764.

Il n'était pas sans esprit, mais d'un naturel travers plein d'obstination et de suffisance.

(P. R.)

14 juin 1791. — Le 14 juin 1791, les Ursulines procédèrent à l'élection d'un aumônier et M. Berger, curé insermenté du Lac, réunit la pluralité des suffrages. C'est alors que M. Cucherat voulut s'imposer comme aumônier assermenté et fit appel à la force publique pour célébrer la messe chez les sœurs. Les Ursulines résistèrent et le Directoire du département faisant droit à la demande de sœur Verchère, supérieure, affirma que la prétention du curé n'était pas fondée.

(P. R.)

15 juillet 1791. — Le 15 juillet 1791, il fut décidé par le Directoire du district qu'une nouvelle réunion électorale aurait lieu le 24 « pour la nomination des curés constitutionnels en remplacement des non-conformistes pour les cures de Chambilly, Bourg-le-Comte, Vindecy, Versaugues, Tancon et Jonzy. Sept curés élus dans la réunion précédente avaient notifié leur refus d'acceptation: c'étaient ceux nommés à Semur, à Oyé, au Lac, à Saint-Racho, à Anzy, à Varennes-en-Brionnais et à Chassigny ».

Le nombre des cures à pourvoir était donc de treize et il fut décidé que « les anciens électeurs du district seraient convoqués au chef-lieu pour le dimanche 24 de ce mois... à l'effet de pourvoir à la nomination d'un curé dans chacune desdites paroisses ».

(P. R.)

26 juillet 1791. — M. Berger se disposait à venir habiter la maison réservée à l'aumônier des Ursulines, lorsque le 26 juillet la municipalité de Marcigny vint y mettre opposition. « Le procureur syndic de la commune, suivi d'un peuple nombreux, se rendit vers la chapelle des Ursulines dont la porte était fermée en dedans par un verrou ». Les clefs de l'édifice furent demandées avec violence et, pour éviter des voies de fait pénibles, les sœurs firent ouvrir la porte. Alors les sœurs furent obligées de livrer les ornements et le calice et le curé assermenté Cucherat célébra une grand'messe qui interrompit l'office des sœurs.

Le lendemain, la sœur Verchère, supérieure, écrivit au maire pour lui témoigner sa surprise de cette infraction à l'arrêté du Directoire du département du 30 juin ; la supérieure prévint le maire qu'elle ferait happer les portes de la chapelle afin de pourvoir à la sûreté de sa maison et le pria d'en donner avis à M. Cucherat, curé constitutionnel de la paroisse.

(P. R.)

30 juillet 1791. — Le 30 juillet 1791, le sieur Perrier, procureur de la commune, se rendit au parloir des Ursulines, demanda avec colère s'il était vrai que les portes fussent happées, menaça dans ce cas de les faire sauter, se répandit en invectives, annonça que le sieur curé reviendrait le lendemain à 6 heures du matin dire la messe, que ledit sieur curé se constituait leur aumônier assermenté et que sous peu on vendrait la maison destinée à l'aumônier.

Les sœurs ayant conscience de leur droit protestèrent contre de pareilles violences et demandèrent à l'assemblée du Directoire du département qu'il soit fait défense au sieur Perrier, procureur de la commune, de les troubler dans l'exercice de leur culte, et au sieur curé de Marcigny de célébrer publiquement dans leur église. Qu'il soit ordonné que le sieur Berger, leur aumônier salarié par elles, continue ses fonctions en cette qualité et que la maison destinée à loger l'aumônier soit conservée comme faisant partie de leur enclos.

Le droit des sœurs fut reconnu par la haute assemblée du département. « Les religieuses de Marcigny, fut-il répondu, ont le droit d'employer à leurs frais et pour l'exercice de leur culte le ministère de tel ecclésiastique qu'elles jugent à propos et aucun autre, et même le sieur curé, n'est autorisé à faire dans l'intérieur de leur maison aucune fonction sans leur consentement et ordre est donné au Directoire du district et à la municipalité de Marcigny, de tenir la main à l'exécution pleine et entière de cet arrêté. »

10 août 1791. — Les autorités de Marcigny prétendirent se soustraire aux décisions de l'Assemblée départementale. Dans une longue lettre adressée le 10 août 1791, ils s'efforcèrent d'atténuer et même de nier les menaces et faits de violence exercés contre les Ursulines. Vers la fin de cette même lettre, ils persistent à réclamer pour les sœurs Gaillard, Jacquet et Aupècle le droit de se choisir un aumônier assermenté.

La haute Assemblée départementale rejeta une seconde fois les prétentions arbitraires des autorités de Marcigny en même temps que la pétition des trois sœurs dissidentes, « les aumôniers des maisons religieuses n'étant point fonctionnaires publics et le payement de leur salaire n'étant point à la charge de la Nation, les religieuses ont seules le droit de le choisir, sans le concours des corps administratifs ».

11 août 1791. — Lettre du Directoire du district de Marcigny a Mme Amelot.

« 11 août 1791. A Mme veuve Amelot d'Arcel, à Artaix. Madame, plusieurs particuliers ont porté des plaintes au Directoire du district, fondées sur ce que le sieur Godin, ci-devant curé d'Artaix, qui réside chez vous, dit la messe dans une chapelle qui est dans vos bâtiments, où l'on admet la majeure partie de la paroisse.

« Nous vous observons que quoique la liberté du culte soit permise, quoiqu'il vous soit libre d'avoir un aumônier, le maintien de l'ordre et de la tranquilité publique exige qu'on ne s'écarte des lois ; qu'en admettant tous les citoyens qui se présentent pour assister à la messe de votre aumônier non seulement vous les mettez dans le cas d'être privés des instructions de leur curé, mais votre tolérance ne tend qu'à entretenir le schisme dangereux et déjà trop étendu qui s'est élevé parmi un peuple libre, qui ne devrait avoir en ce moment qu'un même esprit et un même désir.

« L'article 6 de l'arrêté du Directoire du département de Saône-et-Loire, du 30 juin dernier, en vous permettant d'avoir une chapelle, vous annonce qu'elle ne doit servir que pour votre famille et les gens de votre maison, ce qui exclut l'admission des étrangers, exclusion d'autant plus nécessaire qu'elle tendra infailliblement à la réunion des citoyens. Nous vous invitons, Madame, à vous conformer à cet arrêté, en conséquence à ne recevoir dans votre chapelle aucune personne quelconque que votre famille et les gens de votre maison. Votre contravention nous mettrait dans le cas de prendre des mesures à cet égard et de demander que votre chapelle soit fermée, peut-être même démolie. Nous avons l'honneur, etc. »

Presque au même moment, plusieurs habitants de la paroisse d'Artaix faisaient une pétition pour qu'il leur fût permis de se réunir en la chapelle d'Artaix pour leurs exercices religieux, « et qu'en cas de maladie il leur fût permis encore de recevoir les sacrements de leur ci-devant curé ou de tout autre prêtre auquel ils auraient confiance ». Cette pétition envoyée au Directoire du département fut renvoyée au district de Marcigny. Le 19 août 1791, refus formel fut opposé à ce e demande et entre autres considérants on objecte « que la chapelle d'Arcel n'est point un édifice public, que depuis le remplacement du sieur Godin, le fanatisme a été inspiré à la plus que majeure partie des citoyens d'Artaix qui ne veulent aucunement reconnaître le curé constitutionnel, ni assister aux services et cérémonies qu'il fait en l'église paroissiale, ce qui a opéré le schisme et le trouble d'où il est déjà résulté des actes d'insurrection, puisque, depuis, qu'il y a eu des coups de fusils tirés aux croisées des bâtiments qui ferment l'enceinte de cette chapelle ; que depuis son remplacement le curé Godin ou son vicaire sont soupçonnés d'avoir illégalement et sans pouvoirs célébré un mariage dans ladite chapelle d'Arcel, etc.;

« Arrête : 1° qu'il n'échet de délibérer sur la dite pétition; 2° que la chapelle sera fermée au public ; 3° qu'il sera enjoint au sieur Godin de ne faire aucune fonction publique ». Malgré l'interdiction dont le frappait le Directoire du district de Marcigny, M. Godin resta encore une année dans cette paroisse qui était véritablement la sienne.

17 septembre 1791. — Décret de l'Assemblée nationale du 27 mars 1791 qui supprime le monopole du sel, ordonne l'inventaire et la vente du sel qui restait entre les mains des adjudicateurs et de ses cautions et des terrains, bâtiments, poids, etc., servant à l'exploitation.

Arrêté du 17 septembre 1791, du Directoire du district de Marcigny, qui commet ses membres pour faire l'inventaire et la vente du sel du grenier de Marcigny. On en trouve 271,625 livres.

(Octobre 1791). Rapport du Directoire du district de Marcigny.

20 septembre 1791. — Le 20 septembre 1791, huit églises ou chapelles furent supprimées dans l'arrondissement du district de Marcigny. Ces églises servaient de lieu de réunion pour le culte catholique :

1° L'église des Bénédictins à Anzy ;
2° La chapelle de St-Loup à Artaix ;
3° L'église des Minimes à la Clayette ;
4° L'église des Bénédictins à Marcigny ;

5° Au même lieu l'ancienne église paroissiale, vague et interdite depuis un demi siècle, possédait encore des cloches et le district se demande si la nation peut en disposer ou si la commune de Marcigny peut les réclamer;

6° La chapelle Notre-Dame de Chessy à Sarry;

7° L'église des moines de St-Rigaud à Ligny;

8° La chapelle Dun-le Roi à St-Racho.

(P. R.)

20 septembre 1791. — Par ordre du district de Marcigny, la chapelle de Chessy Sarry fut fermée le 20 septembre 1791 et les ornements de cette chapelle furent portés en l'église paroissiale le 16 août 1792. Pour ce fait la municipalité de Sarry encourut le blâme du Directoire du district.

20 septembre 1791. — La chapelle de St-Racho à Dun fut fermée comme inutile par le district de Marcigny, le 20 septembre 1791.

Elle est restaurée aujourd'hui par les soins de M. le comte de Rambuteau.

(P. R.)

1791. — « Les archives du Prieuré de Marcigny, de celui d'Anzy, etc., n'ont pas encore été retirées; les appartements que le Directoire occupe en ce moment ne seraient pas suffisants pour les placer. Nous désirerions attendre que l'Administration eût un établissement fixe, pour disposer les archives à les recevoir et les y faire placer dans l'ordre qu'ils doivent avoir; nous aurons occasion de vous parler dans la suite de cet établissement ». « Il fut procédé après la session du Conseil en 1790, à l'inventaire des effets des religieux Bénédictins qui tenaient lieu de desservants aux Dames religieuses du Prieuré de Marcigny; il fut constaté qu'ils n'avaient que les meubles et les effets garnissant leurs cellules; la délivrance leur en a été faite à la forme du Décret ». « Les traitements des deux communautés religieuses de la ville de Marcigny ne sont pas encore fixés, ni leurs comptes

Monteeau-l'Etoile : Clocher de l'église (monument historique du XIIe siècle).

apurés. Le compte de la communauté des Bénédictins a été communiqué à la municipalité de Marcigny pour l'examiner; la remise lui en a été faite depuis très longtemps. Quant à celui de la communauté des Ursulines, il n'a pas encore été présenté; il lui a été demandé et nous sommes instruits qu'elle doit le fournir incessamment ».

(Rapport du Directoire du district de Marcigny 15 octobre 1791.)

1791. — « Les enrôlements ont été ordonnés dans toutes les communes du district, nous en avons reçu 86, sur quoi il faut en retrancher 7 du canton de Melay qui ont changé leur enrôlement et sont partis comme volontaires; en sorte que nous n'avons pas encore le nombre qui doit être fourni par ce district. »

« Dans la crainte d'une attaque de la part des ennemis du bien public, l'on a demandé une levée de citoyens volontaires pour la garde des frontières; notre district en a fourni 75. Pour la formation des bataillons, le département avait choisi le sieur Cudel, officier d'infanterie retiré à Marcigny. Il accepta cette commission et l'a ensuite refusée. Le Directoire ne trouvant aucun officier de troupes de ligne qui ait voulu s'en charger a jeté ses vues sur le sieur Gerbet, lieutenant-colonel de la garde nationale de Marcigny, qui a accepté la commission, et est, en ce moment, occupé de cette formation à Mâcon.

(15 octobre 1791. Rapport du Directoire du district de Marcigny.)

1791. — « Les bois nationaux avaient été fort négligés au commencement de la Révolution. Il s'y commettait des dégâts considérables faute de gardes. Le Directoire demanda par arrêté du 24 janvier a être autorisé à en nommer; il le fut par arrêté du Département du 9 février, fondé sur la loi du

25. décembre précédent. En conséquence nous nommons Benoît Royal et Jacques Morel pour la garde des bois des paroisses de Marcigny, Semur, Saint-Martin-la Vallée, Saint-Martin-du-Lac, Montmegin, Brian, Sarry, Mailly, St-Julien et Jonzy, par arrêté du 18 février.

« Nous fixâmes les gages de Royal à 280 livres avec son logement dans une petite maison, construite par la ci-devant prieure de Marcigny, proche le bois de la Craye pour cette destination ; nous avons pensé que cette maison était essentielle pour le logement du garde de ces bois qui sont à la porte de Marcigny et de Semur, et se trouvent par là exposés à être dévastés ; nous l'avons, en conséquence, distraite des ventes. Les gages de Morel ont été fixés à 300 livres.

« Le 18 avril, nous nommâmes Jacques Fraichet et Jacques Barnaud pour la garde des bois des paroisses de Céron, Chambilly, Artaix, Chenay et Melay, et leur fixâmes à chacun 150 livres de gages. »

(Rapport du Directoire du district de Marcigny, 15 octobre 1791).

15 octobre 1791. — Composition du Directoire du district de Marcigny.

Président, Martin.

Procureur-syndic, Jacob.

Administrateurs : Jomain, Grizard, Captier.

Secrétaire, Bonnardet.

Octobre 1791. — Dans le courant d'octobre 1791, l'administration du district, rendant compte de ses opérations au conseil du district s'exprime ainsi : « La loi du 27 novembre 1790 et plusieurs autres consécutives ordonnaient le remplacement des curés et autres fonctionnaires publics qui ont refusé le serment civique. Ce remplacement devait être fait sur le champ. Le Directoire mit du retard dans l'exécution de cette loi ; nous ignorons si vous approuverez notre conduite ; elle était pure, nous n'avions en vue qu'un plus grand bien, nous pensions qu'en donnant le temps aux premieres fumées du fanatisme de s'exhaler, plusieurs prêtres d'ailleurs respectables qui, dans toutes autres circonstances, seraient regrettés des amis de la paix, feraient un examen plus attentif et plus réfléchi de la sagesse de la loi ; nous avions connaissance de la coalition qui s'était formée dans une partie de notre district, et nous pensions que le temps leur donnerait celui de la réflexion, qu'ils s'empresseraient d'obéir à une loi qui fait l'admiration de tous les bons citoyens et des catholiques éclairés, et nous sauraient gré de notre condescendance. Ce retard, nous en convenons, Messieurs, a opéré un effet contraire à notre attente, nous nous sommes aperçus que dans les communautés où le remplacement a été le plus tardif, les prêtres réfractaires se sont fait un plus grand nombre de prosélytes et que ce n'est que là où le fanatisme est presque à son comble.

« Le trouble qui règne dans plusieurs de nos communautés n'a été occasionné et ne se perpétue que par les prêtres qui ont refusé d'obéir à la loi du 27 novembre 1790. Plusieurs d'entre eux paraissent se renfermer dans les bornes de la prudence et ne se conduisent que d'après leur conscience ; mais il en est dont la conduite n'est pas aussi pure, et dont toute l'application est de soulever les fidèles contre leurs vrais et légitimes pasteurs ; nous pourrions ajouter, de porter la discorde dans le sein des familles qui jusqu'alors étaient les plus unies. Notre district jouirait de la tranquilité la plus parfaite sans l'erreur dans laquelle on a jeté un grand nombre de nos concitoyens en leur persuadant que le décret sur la Constitution civile du Clergé porte atteinte à la religion. Choisis par eux pour veiller sur leurs intérêts pourrions-nous mieux employer notre temps qu'à leur procurer l'union et la tranquilité qu'on leur a ravies et à rétablir dans le sein des familles la paix qu'on s'attache à en bannir ».

(Rapport du Directoire du district de Marcigny).

10 novembre 1791. — Jusqu'à la fin de 1791, M. Despierres, curé insermenté de Varennes-l'Arconce, put dire la messe dans la chapelle du château de la Tour et la majeure partie de la population, laissant les offices de l'intrus, assitait à la messe du vrai pasteur. De là, des plaintes et une pétition de la municipalité de Varennes pour faire fermer la chapelle du château. La pétition fut adressée au district de Marcigny le 10 novembre 1791.

Le district se basant sur l'article 18 de la Déclaration des droits de l'homme : « Nul ne peut être inquiété pour ses opinions religieuses, pourvu que leur manifestation ne trouble pas l'ordre public », répondit « qu'il n'y avait pas lieu de délibérer sur la pétition présentée, sauf à dénoncer ceux qui, sous prétexte de religion, troubleraient l'ordre public ».

« Nous sommes libre, est-il dit, de suivre la religion qui nous paraît la plus convenable à notre façon de penser.

« Pourquoi voudrions-nous gêner la pensée de nos voisins?

« Pourquoi exiger qu'ils adoptent le même culte que nous?

« Ils sont hommes comme nous. Un prêtre assermenté ou non ne peut pas être plus gêné dans son culte qu'un autre particulier. Il doit jouir de la liberté que la loi garantit à tous les Français... »

(P. R.)

1791. — Des onze religieuses qui étaient au prieuré vers la fin de 1791, quatre restèrent à Marcigny :

1° Deux dames bénédictines : Marie-Thérèse de la Valade de Truffiers et Jeanne Becave ;

2° Deux sœurs converses : Jeanne-Marie Lespinasse et Jeanne Bergeron.

Une autre dame bénédictine : Cécile d'Allemand, se retira à Saint-Christophe.

(P. R.)

Monteeau-l'Etoile : Château de l'Etoile

Les communautés religieuses ayant été supprimées, le district de Marcigny interdit au public et ferme l'entrée principale de l'église des Ursulines et du prieuré. La chapelle de l'Hôtel-Dieu étant attenante aux salles des malades ne peut se fermer, mais on ordonne à la supérieure de n'y laisser entrer aucun prêtre, aucun fidèle. Il est formellement défendu à MM. Riambourg, Ducray et Bouillard de célébrer, la messe dans ces églises. C'est dans ces oratoires non livrés au culte constitutionnel que les prêtres insermentés usant d'un reste de liberté avaient pu jusque là célébrer le saint sacrifice.

(P. R.)

1792. — En 1792, M. Riambourg déclara son intention de quitter la France. L'histoire de son exil ne nous est pas connue.

(P. R.).

13 février 1792. — A cette époque M. Berger, ci-devant curé du Lac, aumônier des Ursulines, avait pour pensionnaires des jeunes gens dont il faisait l'éducation. Le 13 février 1792, le district de Marcigny lui enjoignit « de renvoyer dans la huitaine tous les jeunes gens dont il était chargé ».

(P. R.)

Milieu de 1792. — Dans le courant de 1792, les Ursulines furent obligées de renvoyer leurs élèves et de quitter leur demeure. Quatorze sœurs continuèrent leur résidence à Marcigny (voir les noms de ces quatorze sœurs à la note *1790*, ce sont les 14 premières).

(P. R.)

18 juin 1792. — L'Hôtel-Dieu, au moment de la Révolution était desservi par trois sœurs hospitalières, Françoise Godin, Bénigne Grandjean et Marie de Lanoux ; l'aumônier était

M. Vincent Bouillard, qui refusa tout d'abord le serment schismatique, mais finit par céder. Ce 3 avril 1791, il fut nommé curé constitutionnel de Busseuil. Les sœurs hospitalières ne voulurent en aucune façon pactiser avec les idées nouvelles et le 17 juin 1792, aucun prêtre assermenté n'avait encore pu célébrer la messe en leur oratoire. Vainement la municipalité avait elle ordonné à la supérieure de ne laisser entrer ni prêtres, ni fidèles pour les offices religieux, la messe était encore célébrée à l'hôpital par un prêtre insermenté et de nombreux fidèles trouvaient moyen d'y assister. Deux citoyens de Marcigny, Simonin aîné et Monvenoux, portèrent plainte au conseil municipal, demandant que défense fut faite aux hospitalières de laisser dire la messe en leur église par un prêtre non conformiste. Le conseil accueillit favorablement cette demande. De leur côté, les hospitalières pétitionnèrent pour avoir main levées des défenses de la municipalité et qu'il leur fût permis, conformément à la loi et aux arrêtés du département de Saône-et-Loire, de faire célébrer la messe et de recevoir les sacrements de tels prêtres qu'elles jugeraient à propos soit pour elles, soit pour leurs malades. Le Directoire du district, moins intolérant que la municipalité, donna raison aux sœurs. « Chaque malade qui se trouve dans un hôpital, chaque sœur qui s'est généreusement consacrée au service de ces malheureux, sans exception de personne ni de religion, ont le droit d'employer le ministère de tel ecclésiastique, de tel ministre qu'ils jugeront digne de leur confiance. Par une suite nécessaire les ministres de tous les cultes doivent avoir la libre entrée des hôpitaux et chapelles et la faculté d'y exercer les diverses fonctions attachées à leur caractère dès qu'il ne les exercent pas en qualité de fonctionnaires publics... La municipalité articule seulement que l'usage où sont plusieurs prêtres non conformistes de dire la messe dans cette chapelle donne lieu à des plaintes ; mais comme les plaintes paraissent sans fon dement légitime, qu'elles ne peuvent venir que de quelque disputeur, de quelque intolérant et que c'est la liberté seule qu'il faut maintenir et propager et non l'intolérance et la persécution, le Directoire est d'avis que main-levée doit être faite des défenses de la municipalité de Marcigny. Cependant, attendu qu'il n'y a point d'aumônier et que depuis plusieurs mois le curé, ni aucun prêtre conformiste n'y disent point la messe.., sur la demande des malades, il sera permis de faire dire la messe dans la chapelle, et d'avoir recours au ministère de tel prêtre conformiste ou non-conformistes qu'ils jugeront à propos ».

Fait à Marcigny le 18 juin 1792. D'après cette délibération, les sœurs hospitalières se crurent en droit d'admettre dans leur chapelle tous les prêtres non-assermentés qui désiraient célébrer. De là, sans doute, la chapelle de l'hospice fut plus fréquentée par les fidèles que ne l'était l'église paroissiale où célébrait l'intrus Cucherat ; de là, de nouvelles plaintes de la municipalité et de l'intrus lui-même. C'est ce qui amena de la part du district une nouvelle délibération, en date du 27 juin 1792.

(P. R.)

27 juin 1792. — Le 27 juin 1792, le Directoire du district n'autorisa que deux messes par jour en la chapelle des Hospitalières, l'une célébrée par un prêtre conformiste, l'autre par un prêtre non conformiste. Libre aux sœurs et aux pensionnaires de la maison d'assister à la messe de leur choix. Cet état de choses dura jusqu'à la proscription des prêtres fidèles, 26 août 1792 ; il est à présumer que les Hospitalières ne voulurent point accepter la direction spirituelle des intrus.

(P. R.)

28 juillet 1792. — C'est le 28 juillet 1792, à la suite du refus de serment de liberté-égalité, par plusieurs ecclésiastiques restés encore dans la contrée, que le district laisse déborder sa haine contre la religion et ses fidèles ministres. Cette ridicule diatribe est trop longue pour être citée en entier. Les prêtres y sont dénoncés comme ennemis des lois, perturbateurs de la société, souverainement dangereux pour la tranquillité : « Peut-on voir d'un œil sec et tranquille, s'écrie le rédacteur du factum, ces êtres qui refusent de prêter un serment sous prétexte qu'il est contraire à leur croyance religieuse, semer la discorde dans la société, désunir les ménages les plus unis, diviser les pères d'avec les enfants, les maris de leurs épouses et les frères et sœurs entre eux?...

« Si dans le district de Marcigny, les troubles religieux n'ont pas été aussi considérables que dans les autres parties de l'Empire, les effets du fanatisme ne s'en sont pas moins fait sentir et les suites en sont déjà et deviendront infailliblement plus sérieuses. »

(P. R.)

7 août 1792. — Vu l'arrêté du conseil du département de Saône-et-Loire, du 4 courant, pris à l'occasion des propos prêtés aux sieurs Cudel et Godin, ci-devant curés des paroisses de Montceaux et d'Artaix, le conseil du district de Marcigny a délibéré que pour mettre à exécution ledit arrêté, extrait en sera adressé sur le champ à la gendarmerie nationale établie à Marcigny qui demeure chargée de saisir sans délai les sieurs Cudel et Godin et de les traduire incontinent devant les juges de paix, auxquels extraits desdits arrêtés seront pareillement envoyés... etc.

(P. R.)

26 août 1792. — La loi de déportation contre les prêtres insermentés fut promulguée le 26 août 1792, et injonction fut faite à tout prêtre fidèle de quitter la France dans les quinze jours qui suivraient. Quatorze prêtres demeurant sur le territoire du district de Marcigny firent la déclaration prescrite et obtinrent des passe-ports pour se rendre à l'étranger; quatorze également disparurent de la contrée sans faire de déclaration au Directoire. Quelques-uns cependant que le bruit public désignait comme ayant satisfait à la loi du 26 août, restèrent constamment dans le pays.

20 octobre 1792. — Au moment de l'expulsion, les religieuses bénédictines durent évacuer leur tranquille demeure. La prieure quitta Marcigny le 20 octobre 1792 et se retira à Lyon.

(P. R.)

1792. — En 1792, Dom Potignon qui avait refusé la prestation du serment constitutionnel, ne fut pas condamné à la déportation en raison de son grand âge. Il devait être transféré à Mâcon.

(P. R.)

1793. — Lorsque la Révolution vint imposer aux religieux une liberté dont ils ne voulaient pas et briser une première fois la clôture des monastères, les filles de Saint Hugues n'oublièrent pas leurs reliques. Le district se contenta des reliquaires, et l'une des moniales, Mme de la Valade, prit avec elle l'os du bras du patriarche.

Les deux anneaux tentèrent peut-être les gens du district autant que les chasses, car on ne les retrouve plus aujourd'hui, tandis que les autres objets mentionnés par Dom Pouget sont encore conservés.

31 mars 1793. — En mars 1793, à l'époque de Pâques qui se trouvait le 31 mars, les sœurs de l'hôpital donnèrent refuge à un prêtre déporté... il y eut des réunions clandestines à l'hôpital... les malades furent excités à se faire administrer par des prêtres inconstitutionnels de préférence à ceux établis par la loi.

Les trois religieuses furent d'abord mises en arrestation dans leur domicile même et plus tard, elles furent incarcérées avec les autres détenus dans le couvent des Ursulines.

(P. R.)

11 avril 1793. — Les gendarmes de Marcigny vinrent arrêter M. Pierre Cuissot, prêtre, réfugié au château de St-Martin la-Vallée ; on arrêta en même temps le baron de Semur, son jeune fils et sa belle mère, Mme de Gaulmin.

(P. R.)

23 avril 1793. — M. Claude Roux, curé insermenté de Malinet, était réfugié au château de Dinechin, où il célébrait la messe dans la chapelle du château. La dénonciation étant à l'ordre du jour, M. Claude Roux fut arrêté le 3 avril 1793 et traduit devant le district de Marcigny avec M. Dupont de Dinechin ses trois filles et deux serviteurs. Interrogés par le vice président du district de Marcigny, M. Roux et M. de Dinechin furent convaincus de contravention aux lois de la République.

Il fut accordé que la loi du 18 mars 1793, prononçant la peine de mort contre les prêtres sujets à la déportation ne pouvait être appliquée à M. Roux, cette loi n'étant pas encore promulguée dans les communes de l'arrondissement du dis trict ; il fut admis que la peine de six ans de fers ne pouvait être appliquée à M. Dupont, « ses organes affaiblis par son grand âge et ses infirmités le rendant excusable et sa caducité le mettant hors d'état de supporter une telle peine, même d'essayer un voyage, ne pouvant se mouvoir que soutenu ». Mais un châtiment devait être infligé à M. Dupont et à ses filles. « En conséquence, le prêtre Roux sera déporté à la Guyane française... Louis Dupont et ses trois filles demeureront reclus en leur domicile à Fleury. Ledit Louis Dupont sera tenu de rembourser tous frais de courses et d'arrestation envers la garde nationale de Marcigny qui a été employée par la difficulté de rassembler et d'employer celle de la commune de Fleury ». Détail honorable pour la commune de Fleury et pour la famille Dupont, détail qu'on essaye de pallier : la garde nationale de Fleury refusa positivement ses services pour l'arrestation de M. Roux et de M. Dinechin.

(P. R.)

25 avril 1793. — Le district de Marcigny, déjà prévenu contre le curé de Fleury, accusé d'avoir prêté un serment équivoque, le somma de comparaître à son tribunal.

Voici l'arrêté pris contre M. Lamarre, le 25 avril 1793. « Un membre dit que Lamarre, curé de Fleury a prêté le serment dans des termes équivoques ; que dans cinq lettres écrites depuis par lui, on ne voit que tergiversations, qu'il est accusé de refuser de publier les mandements de l'évêque et de prêcher qu'on ne doit pas le reconnaître. » Le Directoire cite Lamarre à comparaître dans les 24 heures pour déclarer qu'en prêtant serment, il a entendu reconnaître l'évêque de ce département. En cas de refus, il sera traité d'après la loi du 26 août dernier relative aux prêtres non assermentés. M. Lamarre, poursuivi par la police révolutionnaire, fut assez heureux pour se dérober à toutes les recherches.

(P. R.)

Avril et mai 1793. — Au mois d'avril et de mai 1793, le Directoire du district de Marcigny fit distribuer à tous les représentants des communes de son territoire, une pique avec sa douille en fer, pour servir de modèle.

Nous avons relevé les noms des communes suivantes : St Julien, Ligny, St Bonnet, Vauban, Saint-Racho, Iguerande, Céron, Saint-Martin-de-Lixi, Châteauneuf, Bourg-le-Comte, Mailly, Jonzy, Saint-Maurice, Chenay, Chambilly, Briant. Artaix, Saint Didier, Anzy, Beaugy, Fleury, Oyé, Semur, Vindecy, Melay, Sainte-Foy, etc.. etc.

Voici un des reçus que les représentants signèrent à la réception de ces piques :

Je soussigné Guillaume Cucherat, secrétaire de la municipalité de Melay, reconnais avoir retiré du Directoire du district de Marcigny, une pique avec sa douille en fer pour servir de modèle. A Marcigny, le 20 avril 1793, l'an deuxième de la République. — Cucherat. »

La ville de Marcigny a fait retirer sa pique et sa douille du Directoire, par Roclord, vallet de ville *(sic)*.

(Fragment d'un registre appartenant à M. Alex).

Juin 1793. — En juin 1793, la municipalité donna son avis sur le lotissement des bâtiments du prieuré ; on ouvrit des rues à travers l'enclos du monastère. En août 1794, on abattit, on brûla les magnifiques marronniers et charmilles des jardins pour la fabrication du salpètre. La manse de la prieure fut épargnée.

Quelques reliques de la chapelle des Bénédictines, sauvées du désastre, sont vénérées aujourd'hui dans l'église Saint-Nicolas.

(P. R.)

25 juillet 1793. — Le 25 juillet 1793, le district de Marcigny ordonna la fermeture de l'église de Montmegin. Des protestations furent faites contre cet acte d'intolérance; et un habitant de la paroisse enfonça la porte de l'église.

La municipalité de Semur fit réparer la brèche. Le 5 nov. suivant, les deux cloches de Montmegin pesant ensemble 600 livres, furent conduites au chef-lieu du district, avec celles de Semur, la plupart brisées.

(P. R.)

Juillet 1793. — Dans le courant de juillet 1793, d'après les ordres du district de Marcigny toutes les mesures sont prises pour la suppression du culte catholique dans les paroisses de son ressort.

(P. R.)

9 octobre 1793. — Arrêté du Directoire du district de Marcigny sur les moyens les plus efficaces et les plus propres à se procurer la viande nécessaire aux casernés dans cette ville.

(A. M.)

18 octobre 1793. — Le 18 octobre 1793, le district de Marcigny mit sous séquestre tous les biens possédés par M. Catherin Mathieu, curé insermenté de Briant et parti pour l'exil.

(P. R.)

Du 3 novembre 1793 au 13 mars 1794. — D'après l'arrêté du citoyen Javogues, représentant du peuple pour la Loire, et sur les ordres du féroce Lapalus, vingt-deux personnes de Semur sont jetées comme suspectes dans les prisons de Marcigny :

Thomas Grizard, homme de lois; Claude Maublanc, avoué; Lespinasse, huissier; Claude Duryer; Jacques-Augustin Dupuy, baron de Semur; veuve Gaulmin, belle-mère du baron; Auguste Dupuy, fils du baron; Claude Brunet, notaire; J. Baptiste Maublanc; J.-Baptiste Terrion, avoué; Bachelet aîné; Dubost, avoué; Juland, avoué; Perret, maire; Gaillon aîné; Gaillon cadet; Bachelet cadet; Gilbert Brunet fils; Jeanne-Marie Marque Ducoin, religieuse; Marie Marin, religieuse; Marie Dupuis, religieuse; Catherine Dupuy, religieuse.

(P. R.)

Novembre 1793. — En 1793, la société populaire tenait ses réunions dans l'ancien monastère des Ursulines ; cette société ayant été transférée dans l'église Saint-Nicolas, au mois de novembre 1793, le couvent des Ursulines servait à l'incarcération des détenus. Jusqu'alors les suspects avaient été enfermés au prieuré.

(P. R.)

11 novembre 1793. — Le 11 novembre 1793 tous les signes extérieurs du culte furent supprimés. A Marcigny, toutes les croix des places et des églises furent démolies. La municipalité donna 130 livres pour cette sinistre besogne.

(P. R.)

23 brumaire an II (13 novembre 1793). — Arrêté du Directoire du district de Marcigny relatif à la fabrication d'une seule qualité de pain.

(A. M.)

3 frimaire an II (23 novembre 1793). — A cette époque Benoît-Marie-Jacquet était maire et Louis Montillet était procureur de la commune de Marcigny.

(A. M.)

6 frimaire an II (26 novembre 1793). — Extrait de l'inventaire des meubles et effets étant dans l'église ci devant Saint-Nicolas : croix, burettes, calices, ciboires, statues, etc.

(A. M.)

7 frimaire an II (27 novembre 1793). — Le 7 frimaire an II, Louis Cucherat, curé de Marcigny, renonça aux fonctions ecclésiastiques ; il resta longtemps sans fonctions, mais rentré en grâce et réconcilié il obtint la cure de Châteauneuf et mourut le 25 avril 1841.

(P. R.)

27 novembre 1793. — Le citoyen Pitoys, curé de Varennes sous-Dun, renonce aux fonctions ecclésiastiques.

(P. R.)

2 décembre 1793. — Un habitant de Saint-Bonnet-de-Cray, nommé Vermont, fut emprisonné à Marcigny, le 2 décembre 1793, par ordre du fameux Lapalus, nous ne savons pour quel motif.

Deux notaires de Saint-Christophe furent emprisonnés à Marcigny, le 2 décembre 1793, par ordre de Lapalus. Ce sont : MM. Moreau et Berland, notaire et agent de la maison de Vichy.

(P. R.)

2 décembre 1793. — La municipalité de Semur adresse au Directoire du district de Marcigny :

7 livres 2 onces d'argent provenant des vases sacrés de l'église, 68 livres 3 onces de cuivre et 11 livres d'étain provenant des croix, chandeliers, encensoirs de la même église, 2 livres 3 onces d'or provenant de franges et galons d'ornements.

(P. R.)

5 décembre 1793. — Le 5 décembre 1793, Pierre Montaugerand, vicaire assermenté de M. Cucherat, ordonné par Gouttes, déclare devant le corps municipal qu'il renonce à son métier de prêtre et prête serment de ne reconnaître et professer désormais d'autre culte que celui de la Liberté, de l'Egalité et de la Raison. Dès le lendemain, le jeune prêtre touché de repentir rétracte les paroles de la veille. Dénoncé au district, il est jeté en prison le 8 décembre :

« Suspect pour avoir, ayant offert ses lettres de prêtrise à la Société populaire pour être brûlées, et abjurant le métier de prêtre, le lendemain, tenu les propos les plus déplacés à la Société, l'avoir injuriée et manifesté la conduite du plus dangereux fanatique. »

(P. R.)

16 frimaire an II (6 décembre 1793). — Arrêté du Directoire du district, relatif à l'extraction des matières en plomb, cuivre et fer enfouies dans les caveaux et souterrains destinés à recevoir les mânes des nobles et prêtres.

(A. M.)

17 frimaire an II (7 décembre 1793). Extrait des pièces déposées au secrétariat du district relatif à la réduction du prix des cochons et à la destruction des chiens.

(A. M.)

24 frimaire an II (14 décembre 1793). — Arrêté du Directoire du district, relatif à la démolition des châteaux-forts et des châteaux de luxe.

(A. M.)

Frimaire an II. Arrêté du Conseil du district de Marcigny, relatif à la réquisition de seize cents quintaux de froment pour l'approvisonnement des armées.

(A. M.)

4 nivôse an II (24 décembre 1793). — Le 4 nivôse an II toutes les autorités de la ville et du canton de Marcigny se réunissent pour aviser au moyen de réprimer les insurrections et aussi pour stimuler le zèle des municipalités des campagnes trop tièdes, trop indifférentes à l'égard de la Révolution.

« Aujourd'hui 4 nivôse an II, le conseil du district, le comité de surveillance, le conseil général de la commune et les juges de paix de la ville et du canton s'étant réunis en conséquence de l'invitation à eux faite dans l'assemblée populaire de ce jour, où il a été fait lecture de plusieurs lettres qui annoncent que depuis trois jours il s'est manifesté dans plusieurs communes de ce district, notamment dans celles de Varennes-sous-Dun, Chauffailles, Mussy, Tancon et Melay,

Semur : Vue générale, le séminaire et la tour Saint-Hugues.

des rassemblements de femmes, filles et jeunes gens armés de pierres, piques et bâtons, pour empêcher l'accès de leurs temples aux magistrats et bons citoyens, qui s'y rendirent pour l'étude des lois et la pratique des vertus civiques, qu'il en est résulté des troubles et insurrections dont plusieurs individus ont été les malheureuses victimes, et qu'ils étaient sur le point de se propager dans les communes environnantes, si le zèle, l'activité, le courage des bons républicains n'étaient parvenus à les calmer. A l'effet de délibérer sur les mesures les plus promptes et les plus efficaces pour prévenir et dissiper ces troubles ;

« Considérant que, dans tous les temps, les opinions religieuses ont été le prétexte que les ennemis de la chose publique ont saisi pour soulever les esprits faibles ; les prêtres, cette secte créée pour le malheur du genre humain, voyant les progrès rapides de la raison et de la vérité et que le voile de leurs absurdes et ridicules mystères se déchirait de toutes parts, regrettant une abdication de leur état qui n'a été sans doute pour eux que l'effet de la terreur, sont seuls capables d'avoir ourdi les trames des mouvements dangereux qui se sont fait sentir ;

« Considérant que ce n'est qu'en mettant les ci-devant prêtres dans l'impossibilité de séduire ceux qu'ils appelaient autrefois leurs ouailles et en délivrant les communes des campagnes dont les yeux ne sont pas encore ouverts à la lumière, de ce levain de fanatisme et de discorde qu'on pourra parvenir à extirper les germes et prévenir les désastres d'une nouvelle Vendée ;

« Considérant..... etc.

« Arrêtent :

« Article Premier. — Tous les prêtres ou ci-devant prêtres qui se sont trouvés dans les communes à l'époque des insurrections qui y sont arrivées seront provisoirement mis en état d'arrestation et traduits dans les maisons nationales établies près du district, comme suspects. (Suivent d'autres articles concernant le soin de la vigilance que doivent apporter les autorités locales pour prévenir les troubles et en dénoncer les auteurs).

« Article 2.—Injonction demeure faite à tous autres prêtres ou ci-devant prêtres de se rendre dans les vingt quatre heures dans le chef-lieu du district pour y être sous la surveillance des autorités constituées, et à défaut par eux d'obtempérer sur le champ, ils seront arrêtés et traduits dans les maisons nationales comme suspects.

« Article 19. — Il sera fait une adresse à toutes les communes des campagnes de ce district pour les engager, à l'invitation de leurs frères des villes, à abjurer toutes les erreurs, à ne plus être esclaves de la superstition, à consacrer leur temples trop longtemps dégradés par l'exercice d'un culte absurde à celui de la raison, de la liberté et de la nature.. »

En conséquence de cette mesure et d'autres qui suivirent, la plupart des prêtres constitutionnels du district, simples démissionnaires ou apostats, furent obligés de venir. à Marcigny se placer sous l'étroite surveillance de la police. Il n'y est guère fait exception que pour les prêtres mariés. Voici la liste des prêtres (curés démissionnaires) en réclusion :

Marcigny, le 27 décembre 1793.

Jean Lacroix, de Bonnefoi-les-Pierres (Sainte Foy) ;

Jacques Charvet, de Bel-Air-les Foires (Saint-Christophe) ;

Claude Ducroux, de Sarry ;

Claude Vernay, de l'Union-l'Arconce (Saint-Didier-en-Brionnais) ;

Henri-Marie Joannin, d'Anzy-l'Arconce (Anzy le-Duc) ;

Louis Lacombe, de Versaugues ;

François Ravier, de Melay ;

Jean Boffet, d'Artaix ;

Claude Michel, de Jonzy ;

François-Muguet, de Bellevue-de-Cray (St Julien de Cray) ;
Alexandre Ducray, de Ligny ;
Jean Baptiste Moreau, de Vauban ;
Jean-Marie Chemy, de Vareilles ;
Louis-Marie Laméthérie, de Beaudemont ;
Jean-François Chevalier, de l'Union (Saint-Laurent-en-Brionnais) ;
Philibert Pitoys, de Varennes et la Clayette ;
Antoine Michon, de Dun-la-Montagne (Saint-Racho) ;
François Pernéty, de Chauffailles ;
François Monteret, d'Igny-de-Roche (St Igny de-Roche) ;
Claude Renard, de Coublanc ;
Antoine Ducray, de Pont-Sornin (Châteauneuf) ;
Gabriel-François Duvernay, Tancon. (P. R.)

24 décembre 1793.— Le 4 nivôse an II (24 décembre 1793), à la suite des émeutes qui eurent lieu dans les communes de Varennes-sous Dun, Mussy, Chauffailles, Tancon et Melay, le district de Marcigny accusant les prêtres, même apostats, de susciter de pareils troubles, ordonna l'internement à Marcigny de tous les prêtres résidant sur le territoire du district. Farnier et Manin prétendirent se soustraire à cette mesure disciplinaire, vu qu'ils étaient mariés.

Le district fit prendre des renseignements sur leur compte, les renseignements ne furent point favorables au citoyen Farnier, et « sur le soupçon qu'il est auteur ou complice de lettres anonymes, d'être l'auteur ou partisan des plus infâmes délations », il fut arrêté le 12 juillet 1794 et conduit aux prisons de Marcigny.

(P. R.)

1793. — Le curé de Saint-Julien-de-Cray, François Muguet, prêta le serment schismatique, renonça aux fonctions ecclésiastiques en 1793, et livra même ses lettres de prêtrise. Une lettre pleine d'insanités fut, à cette occasion, adressée au district de Marcigny :

« Je vous envoie deux chemises, deux paires de bas, une paire de guêtres et une paire de souliers que j'offre sur l'autel de la patrie pour nos braves frères d'armes qui combattent ces tyrans ennemis du genre humain et de tout ce qui n'est pas eux. »

Au plus fort de la Révolution, François Muguet courut prendre place parmi les têtes exaltées qui composaient les assemblées populaires et les districts. Obligé de s'interner à Marcigny avec tous les autres prêtres démissionnaires du district, son républicanisme lui valut d'être nommé secrétaire de la municipalité, en même temps que le citoyen Pitoys, curé de Varennes-sous-Dun.

(P. R.)

Fin de 1793. — Vers la fin de 1793, ce n'était plus un serment que le gouvernement révolutionnaire demandait aux membres du nouveau clergé, c'était la renonciation aux fonctions sacerdotales, la plus complète apostasie.

La terreur était à son comble, l'infâme déesse de la Raison trônait sur les autels profanés. Presque tous les prêtres constitutionnels du district de Marcigny cédèrent à la peur et abdiquèrent leurs fonctions.

Disons pour être vrais, que la démission d'un grand nombre ne doit pas être considérée comme une apostasie. Chassés de leurs églises, n'ayant ni vases sacrés, ni ornements sacerdotaux pour la célébration des saints mystères, ils se retirérent simplement devant la force n'ayant pas le courage d'une vaillante protestation qui pouvait les conduire à la mort. Sur quarante-six prêtres constitutionnels démissionnaires dans le district de Marcigny, quinze livrèrent leurs lettres de prêtrise et quatre mirent le comble à leur indignité en contractant des mariages sacrilèges.

(P. R.)

Semur : Fortifications vues de la Vallée

27 décembre 1793. — Le 27 décembre 1793, une mesure de défiance obligeant tous les prêtres constitutionnels du district de Marcigny à venir s'interner à Marcigny. Pitoys se soumet à la sentence, mais une faveur exceptionnelle lui est faite. Il devient secrétaire de la municipalité, ainsi que son ami Muguet, curé de Saint-Julien de-Cray, et tous deux obtiennent d'être dispensés de la comparution quotidienne à laquelle sont rigoureusement astreints tous les autres prêtres.

(P. R.)

27 décembre 1793. — M. François Pernéty, prêtre schismatique, curé de Chauffailles, fut interné à Marcigny, le 27 décembre 1793, avec tous ses confrères du district.

(P. R.)

31 décembre 1793. — Jean Claude-Marie Chaumont était vicaire de Saint-Laurent. Le jeune abbé imita la conduite de son curé et démissionna en 1793. Quelques mois plus tard, à la fin de décembre, le vicaire de Saint-Laurent fut dénoncé au comité de surveillance de la Clayette pour des motifs prouvant clairement que le jeune prêtre était revenu de toutes ses illusions. « Il trouvait vicieuse la constitution civile du clergé ». Son principal dénonciateur fut un faux frère, le citoyen Bourgeois, curé intrus de Chassigny.

Immédiatement le 11 nivôse (21 décembre), Tacquenet, brigadier de gendarmerie à la Clayette, et 10 hommes, se transportèrent au Pont-Chevalier pour arrêter M. Chaumont. Sa mère répond qu'il est parti depuis cinq semaines dans la direction de Mâcon. Peu de jours après, le 18 nivôse an II (7 janvier 1793), le district de Marcigny, informé de l'affaire donne les ordres les plus sévères pour l'arrestation de M. Chaumont. « Considérant que l'ensemble de ces dispositions prouve l'aversion qu'a ledit Chaumont pour les régénératrices, et annonce ses tentatives pour opérer une contre révolution ; considérant que de tels sentiments et une conduite aussi opposée au bonheur de la patrie méritent l'indignation de tous les bons citoyens et les peines prononcées par les lois ; considérant qu'il importe essentiellement de purger une terre libre d'un monstre qu'elle a vomi dans un temps de despotisme et d'esclavage ; considérant enfin que le comité de surveillance de La Clayette a justement lancé contre ce scélérat un mandat d'arrêt et qu'il n'a pas encore été saisi, son crime lui ayant vraisemblablement fait prendre la fuite. »

Le 23 nivôse, mandat fut donné de la garde nationale de Semur « de faire la recherche du nommé Chaumont ci-devant vicaire de l'Union (Saint Laurent) pour le conduire dans la maison d'arrêt du district.

Le jeune abbé, traqué comme une bête fauve par toute la force armée du district, fut arrêté et jeté en prison. Le 1er mars 1794, il était détenu à Marcigny. Nous ne voyons pas qu'il ait été conduit à Marcigny. Vers le commencement de 1795, le jeune prêtre fut mis en liberté.

Après le 18 fructidor, M. Chaumont continua secrètement l'exercice du saint ministère et réussit à se dérober pendant quelque temps aux recherches de la police révolutionnaire. Le 25 nivôse an VII (13 février 1799), il fut arrêté par les gendarmes de la Clayette et la tradition assure qu'il fut conduit, la chaîne au cou, par devant le district de Marcigny. Le confesseur de la foi fut envoyé à Mâcon.

Fin de 1793. — Au moment de la Grande Terreur, du commencement de novembre 1793, jusqu'au 11 mai 1794 ; 122 personnes de Marcigny et des communes du district furent mises en arrestation comme suspectes. Le couvent des Ursulines et la maison Cudel de Moncolon servaient de prisons à ces personnes de tout sexe, de tout âge, de toute condition. La plus basse dénonciation, le moindre soupçon provoquaient une arrestation immédiate et parmi ces victimes de la tyrannie jacobine, nous trouvons des prêtres, des religieuses, des parents d'émigrés, des nobles et jusqu'à des artisans. La chute de Robespierre fut la délivrance de tous ces malheureux.

(P. R.)

Liste des détenus comme suspects et incarcérés à Marcigny

Ancienne maison des Ursulines et maison Cudel de Moncolon. — François Cudel et M. Perroy sa femme de Marcigny père et mère d'émigré.

Thomas Grizard, homme de loi, de Semur. Suspect pour son incivisme et ses relations, s'étant montré partisan de la tyrannie et ennemi de la liberté française.

Jean-Baptiste Bouthier et N. Joleaud, sa femme de Marcigny, père et mère d'émigré.

Claude Maublanc, avoué de Semur, suspect par ses propos antirévolutionnaires, ennemi de la liberté et n'ayant pu obtenir un certificat de civisme.

Lespinasse, huissier de Semur, suspect par ses propos anticiviques, son dégoût pour la liberté et la constitution française.

Claude Duryer, de Semur, connu pour son peu d'attache à la Révolution, par sa dérision pour les lois et son aversion pour la liberté.

Jacques-Augustin Dupuy, Elisabeth Gaulmin sa femme et Augustin Dupuy leur fils. Tous suspects par leurs relations, leur dégoût pour la Révolution et pour avoir réfugié chez eux le prêtre Cuissot, déporté, et l'avoir caché lors de la recherche qui en fut faite; tous trois de Saint-Martin la-Vallée.

Claude Brunet, notaire de Semur, suspect par ses propos antirévolutionnaires et n'ayant pu obtenir un certificat de civisme.

Jean-Baptiste Combrial et M. Cudel, sa femme de Marcigny père et mère d'émigré.

M. Duverger, femme de Jean Claude Verchère, de Marcigny, sœur de déporté, connue par ses relations dérisoires et suspectes.

J.-B. Popelin, perruquier de Marcigny, suspect pour n'avoir pas manifesté un attachement à la Révolution et avoir été l'agent intermédiaire des émigrés et avoir entretenu des correspondances avec eux.

Catherine Fory, femme de Pierre Gaillot, maréchal, suspecte par ses intrigues particulières.

François Potel et M. Duval, sa femme de Marcigny, sus pecte pour avoir eu des relations avec d'autres personnes suspectes, et lui, pour s'être refusé, comme ancien militaire, à exercer les volontaires.

Huguette-Marie, peintre, institutrice de Marcigny, suspecte pour n'avoir aucunement manifesté ses opinions ni son amour pour la Révolution et avoir enseigné à ses élèves des principes contraires.

Claude-Marie Perrin, de Marcigny, pour avoir tenu des propos tendances à persuader que la contre-révolution arriverait le 24 juin dernier et que Paris serait brûlé.

Christophe Jacquet, de Fleury, suspect par ses correspondances et son peu d'attache à la Révolution.

(Les 22 personnes dont les noms viennent d'être cités furent arrêtées le 3 novembre 1793).

Jean-Baptiste Maublanc, de Semur. Ordre du comité de Semur.

Etienne Buty, curé de Saint-Pierre-la-Noaille.

Jean Thoral, curé de Vougy.

Laurent Roux, vicaire de Vougy.

Benoit Brossette, curé de Villers.

Charles-Remy Seguin, curé de Maizilly.

Nicolas Bertucat, curé de Saint-Denis-de-Cabannes.

N. Bardet, curé de Charlieu.

Benoit Jallemont, vicaire de Charlieu.
Nicolas Cartelier, prêtre de Charlieu.
Claude Boutouze, prêtre de Charlieu.

(Les dix prêtres dont les noms précèdent furent arrêtés le 22 novembre 1793 par ordre d'Evrard, commissaire du comité de sûreté générale et amenés de Charlieu le 22 novembre 1793, reconduits à Charlieu le 9 décembre suivant).

Barruel, ex-bénédictin de Charlieu, de Fleury-la-Montagne. Arrêté le 27 novembre 1793 pour avoir visité les aristocrates et superstitieux et cherché à fanatiser; Christophe Perrin dit Daron et M. Circaud, sa femme de Marcigny, père et mère d'émigré, pour n'être pas dans les principes révolutionnaires et avoir tenu des propos anticiviques. Transféré à Paris le 31 juillet 1794.

(Christophe Perrin de Daron, oncle du général Perrin de Précy, transféré à Paris, écroué au Luxembourg fut mis en liberté le 21 vendémiaire an III (12 octobre 1794) par un arrêté du Comité de société générale. La femme Catherine-Marie-Louise Circaud, détenue à Marcigny fut élargie le même jour en vertu d'un autre arrêté.

Michel Danière de Coublanc, suspect.

Mme Boscary, veuve de Boisson de Saint-Germain-la-Montagne, arrêtée le 1er décembre, par ordre d'Evrard, pour avoir par son fanatisme troublé St-Germain et les paroisses voisines.

Bachelet aîné de Semur.
Dubost, avoué de Semur.
Jolaud, avoué de Semur.
Perret, maire de Semur.
Guillon aîné de Semur.
Guillon cadet de Semur.
Bachelet cadet de Semur, tous les sept arrêtés le 2 décembre 1793, par ordre de Lapalus.

Louis-Marie Dupuy aîné, homme de loi de Marcigny, arrêté par ordre de Lapalus.

J.-C. Dupuy cadet de Marcigny, arrêté par ordre de Lapalus.

Joanin, de Marcigny, arrêté par ordre de Lapalus.

Berland, notaire et agent de la maison de Vichy, de Saint-Christophe, arrêté par ordre de Lapalus.

Moreau, notaire de Saint-Christophe, arrêté par ordre de Lapalus.

Mathieu, prêtre et agent de la maison de Vauban.

Chizel, propriétaire à Iguerande, arrêté par ordre de Lapalus.

Vermont, propriétaire à Saint-Bonnet de Cray, arrêté par ordre de Lapalus.

J.-B. Lamétherie, ex-juge de la Clayette, arrêté par ordre de Lapalus.

Sivignon, homme de loi de la Clayette, arrêté par ordre de Lapalus.

Duhel, notaire de la Clayette, arrêté par ordre de Lapalus.

Bouthier, de la Clayette, arrêté par ordre de Lapalus.

Colon, notaire de la Clayette, arrêté par ordre de Lapalus.

Ducarre, homme de loi de la Clayette, arrêté par ordre de Lapalus.

Roux, percepteur de Ligny, ordre de Lapalus.

Gabriel Bidaut, de Coublanc, suspect.

Claude Loreton, de Vareilles, suspect.

Pierre Montangerand, ex-vicaire de Marcigny. Pour s'être rétracté et avoir manifesté la conduite du plus dangereux fanatique.

Claude Noblet et Alexis Noblet, frères, de la Clayette. Arrêtés le 5 décembre 1793 et gardés à vue à l'auberge vu leur vieillesse et leurs infirmités.

Antoine Peguin, administrateur départemental, destitué par le représentant du peuple.

Marie Anne Lamy, femme Durocher, pour avoir affecté une insouciance à la Révolution, fréquenté les maisons suspectes et les aristocrates Godin, Grandjean et Lanoux, vieilles femmes infirmières à la maison d'humanité (ex-religieuses hospitalières) de Marcigny, pour avoir excité des malades à se faire administrer par des prêtre inconstitutionnels.

Moreau, notaire et ex-procureur de la Clayette, arrêté par ordre de Roché, délégué de Lapalus.

Jacque Copinet, de la Clayette, arrêté par ordre de Roche, délégué de Lapalus.

Gilbert Baunet fils, de Semur, arrêté le 20 décembre 1793, par ordre de Lapalus, pour s'être opposé à l'exécution de ses ordres.

Deschizeaux, prêtre, amené de la Clayette le 27 décembre 1793, par ordre de Circaud, agent national, transféré à Mâcon le 15 juillet 1794.

Larcher, de Vindecy, amené à Marcigny par ordre d'Alex, le 28 décembre 1793.

François Buisson, père, de Saint-Bonnet-de-Cray, ordre de la municipalité. Père d'émigré et avoir favorisé l'évasion de son fils.

Louise Gondard, femme du précédent, arrêtée le 27 avril 1794.

François Friset, receveur de l'enregistrement, à la Clayette, gardé à vue par ordre de Lapalus et transféré à Marcigny le 13 janvier 1794.

M. Vuldy, agent du seigneur de Vauban, ordre de Lapalus du 11 janvier 1794. Prévenu de concussion.

Louis-Marie Ducray, maire de Ligny, ordre du comité de Châteauneuf, 30 janvier 1794.

Jean Mariller, de Sarry. Ordre du comité d'Anzy.

Jean-François Duval, officier municipal de la Clayette. Destitué, ordre du comité de la Clayette.

Benoit Lespinasse — Jean Dumoulin — Jean Bonneton — Nicolas Barberu — Georges Duvernay — Antoine Dumont — Jeanne Boyer — Henri Larue, tous de Ligny, prévenus de rassemblements nocturnes et de fanatisme. Ordre du comité de Châteauneuf, 9 mars 1794.

Philippe Ducarre, de Vauban, François Augagneur, Claude Papillon et François-Marie Mamessier, prévenus de royalisme, par ordre du comité de Vauban et du comité de Saint-Christophe.

Marque Ducoin, Marie Marin, Marie Dupuy, Catherine Dupuy, de Semur-en-Brionnais, ex-religieuses, suspectes pour refus de serment, ordre du comité de Semur, 13 mars 1794.

Labrosse de Versaugues, ordre du comité de Montceaux.

Marie Jacqueraix, Marie Lamotte, Marie Verchère, Françoise Aupècle, d'Oyé, religieuses suspectes pour refus de serment. Ordre du comité de Saint-Christophe, 10 avril 1794.

Desbrosses, femme d'Iguerande. Ordre du comité de Mailly.

Etienne Gras, femme Seine, Marguerite Bayon, femme Gras, de Versaugues, prévenues de troubler la tranquillité publique par leur fanatisme et d'empêcher la vente des biens nationaux, 13 avril 1794.

Bost, Raquin, de Marcigny, ex-religieuse suspecte pour refus de serment. Ordre du comité de Marcigny, 15 avril 1794.

Duligier, curé de Briant.

Alexandre Ducray, curé de Ligny.

Ducroux, ex-curé de Sarry.

Pétel, ex-récollet de Melay. Arrêtés tous quatre par ordre de Circaud, agent national, 29 avril 1794.

Rivolier, prêtre de Fleury, arrêté par ordre du district.

Jean-Marie Devers et Philiberte Grizard, femme Berthelon, d'Oyé. Ordre de l'agent national du district, 2 mai 1794. Traduits à Mâcon et ramenés à Marcigny, le 12 juin 1794.

Jean Bachelet, de Saint-Julien-de-Cray. Ordre du comité de Mailly, 5 mai 1794.

Jean Fougères, de Briant, prévenu de fanatisme. Ordre du comité d'Anzy, 11 mai 1794.

(Ces différentes personnes, amenées dans les prisons de Marcigny, du 3 novembre 1793 au 11 mai 1794, furent successivement mises en liberté, du 9 décembre 1793 au 13 août 1794).

(P. R.)

1793. — En 1793, au moment de la réorganisation de l'instruction, Benoit Guillard fut nommé, au collège, instituteur de géographie, d'éloquence, de langue française raisonnée, d'histoire et de mythologie. Son frère lui fut donné comme aide-professeur.

(P. R.)

1793-1794. — Durant la Terreur Dom Potignon fut incarcéré à Charolles ; il est le 84e de la liste des suspects, prisonniers au ci-devant château de Charolles.

« François Potignon, ci-devant moine, résidant à Trambly, commune de Dyo, a fanatisé la commune où il a habité, perquisé depuis un an par le district de Marcigny pour fanatisme. »

Grâce à M. Potignon, d'importants manuscrits, de précieux livres furent sauvés du pillage du prieuré.

(P. R.)

18 nivôse, an II (7 janvier 1794). — Deux représentants du peuple en mission, Lequinio et Laniot, avaient parcouru la contrée. Citons quelques lignes du singulier factum publié par le district de Marcigny, à cette occasion :

« 18 nivôse, an II. L'agent provisoire du district a dit : Citoyens administrateurs, le représentant du peuple Lequinio a adressé à l'administration un arrêté que j'ai lu et relu ; chaque paragraphe, chaque phrase sont marqués du sceau de la vérité. Depuis trop longtemps nos pères et nous avons été bercés de fadaises puériles, fantômes sacerdotaux. Soyez persuadés que c'était le despotisme qui avait intérêt à tel ou tel culte, dans tel ou tel gouvernement. Vous en verrez une preuve convaincante en France ; nos tyrans ne régnaient que par les prêtres, et ces derniers ne régnaient que par nos tyrans. La tête du dernier despote tombée, la horde sacerdotale a vu que sa suprématie était en décadence. A l'instant elle a mis en jeu, pour susciter des troubles, la superstition et le fanatisme. Ce sont avec ces torches diaboliques qu'elle a mis le feu dans la Vendée, la Charente, les Deux-Sèvres et la Loire-Inférieure. Combien de sang n'ont pas fait couler ces monstres dont l'âme est plus noire que la casaque qu'ils portent !... Il faut un arrêté qui nous préserve à jamais des démarches tortueuses et insidieuses de la gent calotinne.

« Au nom sacré de la patrie prenez un arrêté qui nous délivre entièrement de la prêtraille mille fois plus dangereuse que la race vépirine. »

Ce singulier écrit fut envoyé dans toutes les communes du district de Marcigny et à tous les comités de surveillance. Les sociétés populaires « furent invitées à le faire lire de temps en temps dans leurs séances des décades pour achever d'extirper la dernière racine dans les âmes faibles. »

(P. R.)

9 mars 1794. — Le 9 mars, huit habitants de Ligny « prévenus de rassemblement nocturne et de fanatisme » étaient jetés dans les prison de Marcigny. Voici leurs noms : Benoit Lespinasse — Jean Dumoulin – Jean Bonneton — Nicolas Barberu — Georges Duvernay — Antoine Dumont — Henri Larue — Jeanne Boyer. Le 19 juillet 1794, ils étaient mis en liberté.

(P. R.)

13 mars 1794. — Philippe Ducarre, de Vauban, et plusieurs autres personnes des paroisses environnantes furent emprisonnées à Marcigny, le 13 mars 1794, pour cause de fanatisme et de royalisme.

30 ventôse, an II (20 mars 1794). — Compte rendu de l'agent national au comité de Salut Public :

« 30 ventôse, an II. — La masse du peuple est révolutionnaire, mais le fanatisme depuis quelque temps a tenté de se réveiller. Mais les comités de surveillance de Bel-Air-les-Foires (Saint-Christophe) et de Pont-Sornin (Châteauneuf), ont fait des informations et ordonné des arrestations qui mettront, j'espère, un frein aux intentions perfides des malveillants... »

10 germinal, an II (30 mars 1794). — Compte rendu de l'agent national au comité de Salut Public :

« 10 germinal, an II. — La masse du peuple aime la révolution. Il existe encore quelques fanatiques, mais les comités de surveillance sont en sentinelle et celui de Montceaux en a fait arrêter un, qu'il a envoyé dans la maison de détention de ce district ; celui de Semur y a aussi envoyé quatre religieuses qui n'ont pas voulu prêter le serment... »

Voici les noms de ces quatre religieuses :

M. Marque Ducoin, Marie Marin, Marie Dupuy et Catherine Dupuy, suspectes pour refus de serment et arrêtées le 13 mars 1794, par ordre du comité de Semur.

31 mars 1794. — Tous les ornements de l'église de Saint-Nicolas, dais, chasubles, dalmatiques, chapes et bannières sont adjugés le 31 mars 1794 pour la somme de 1519 livres 10 sols.

8 avril 1794. — Le 29 germinal, an II (8 avril 1794), les vases sacrés de l'église de Châteauneuf saisis par le comité révolutionnaire étaient portés au district de Marcigny par le sieur Antoine Déal, maire de la commune.

15 avril 1794. — Pour se mettre à l'abri de nouvelles vexations et pour conserver la modique pension qui leur était faite par le gouvernement, douze des quatorze religieuses

Ursulines résidantes à Marcigny consentirent à prêter le serment de liberté-égalité (janviers-mars 1794). Deux seules refusèrent, Joséphine Bost et Catherine Raquin. Pour ce refus de serment, les deux sœurs furent emprisonnées comme suspectes, par ordre du comité de Marcigny, le 15 avril 1794.

Le serment de liberté-égalité n'était pas contraire à la foi.

28 avril 1794. — Le 28 avril 1794, tous les prêtres reclus à Marcigny reçurent l'ordre d'avoir à se présenter chaque jour à onze heures du matin au comité révolutionnaire. Furent seuls dispensés de cette comparution quotidienne Philibert Pitoys et François Muguet servant depuis leur arrivée à Marcigny de secrétaires à la municipalité.

29 avril 1794. — Alexandre Ducray, originaire d'Amanzé, était curé de Ligny depuis 1788. Il prêta tous les serments demandés par la Révolution, livra ses lettres de prêtrise « pour être brûlées », démissionna le 9 frimaire, an II (29 novembre 1793).

Considéré néanmoins comme suspect, il fut incarcéré à Marcigny, le 29 avril 1794, par ordre de Circaud, agent national. En février 1795, il était à Ligny, se donnant pour « propriétaire et cultivateur ». La rétractation de M. Alexandre Ducray ne tarda guère, et à la suite du 18 fructidor, il fut obligé de se cacher.

(P. R.)

Le 29 avril 1794, Claude Ducroux, curé constitutionnel de Sarry, considéré comme suspect, fut emprisonné à Marcigny par ordre de Circaud, agent national.

11 mai 1794. — Un humble cultivateur de Briant, Jean Fougères, accusé de fanatisme, fut arrêté et emprisonné à Marcigny le 11 mai 1794, par ordre du comité d'Anzy. Jean

S. nur : Porte principale de l'église, monument historique (XIIe siècle).

Fougères subissant l'interrogation des policiers du comité de surveillance avait répondu « qu'il était prêt à suivre les lois qui ne regardaient que le temporel, mais lorsqu'elles touchaient au spirituel, il aimerait mieux mourir que de les suivre. Il a ajouté que sa religion l'obligeait d'instruire ses frères, de vivre et de mourir pour lui et mille autres propos et a déclaré ne savoir signer ». Après deux mois et demi de prison, Jean Fougères fut mis en liberté provisoire.

(P. R.)

20 prairial, an II (8 juin 1794). — Compte rendu de l'agent national au comité de Salut Public.

« 20 prairial, an II. — Le réquisitoire que j'ai donné sur la fête qui doit se célébrer demain, les préparatifs qu'on fait pour lui donner la majesté et la simplicité qu'elle mérite étourdissent le fanatisme. On doit de plus, cette nuit, par ma diligence et celle de mon confrère du district de Charolles, faire perquisition pour faire arrêter un ci-devant prêtre réfractaire qui roule dans nos environs. Comme demain est un jour qui, dans l'ancien régime, était grande fête appelée Pentecôte, on espère le prendre dans des maisons soupçonnées aristocratiques et fanatiques. »

30 prairial, an II (18 juin 1794).— Comte rendu de l'agent national au comité de Salut public.

« 30 prairial, an II. — Dans la commune de Marcigny, chef-lieu du district, la fête de l'Être suprême s'est célébrée avec une majesté et une simplicité qui ont satisfait tout le monde. Plusieurs discours ont été prononcés soit au commencement de la fête, soit au milieu, soit à la fin : ils respiraient tous le respect et la reconnaissance des citoyens envers la divinité et l'abjuration du sacerdoce. Les recherches du réfractaire Mamessier (1) ont été infructueuses. Le fanatisme a été abasourdi par la fête de l'Être Suprême ».

(P. R.)

7 juillet 1794. — District de Marcigny, 16 messidor an II (7 juillet). « Vu le procès-verbal fait à Claude Deschizeaux, prêtre, demeurant au lieu de Charne, commune de Sornin, ci devant St-Maurice, en date du 6 nivôse dernier (26 décembre 1793) duquel il résulte : Que ledit Claude Deschizeaux a été mis en état d'arrestation par les ordres de Lapalus, alors commissaire du Comité de Sûreté générale de la Convention nationale, comme notoirement soupçonné de n'avoir pas prêté le serment prescrit par la loi aux ecclésiastiques et à tous les citoyens et d'avoir confessé et baptisé... non seulement ses domestiques et grangers, mais encore plusieurs autres personnes de la commune de Sornin, etc. ». Il a retiré chez lui pendant 9 mois le nommé Morel, ancien vicaire à Ecoche, prêtre réfractaire. Il a sollicité beaucoup de personnes à ne pas se confesser, à ne pas se marier et ne pas se faire administrer par les prêtres assermentés, etc.

« D'après toutes ces considérations, le Directoire du distric. de Marcigny, délibérant sur le tort dudit Claude Deschizeaux est d'avis qu'il soit condamné à la réclusion dans la maison d'arrêt du département, conformément aux lois du 26 août 1792, 21 et 27 avril 1793, 29 et 30 vendémiaire dernier, qu'en conséquence, ses biens soient confisqués au profit de la République. »

M. Deschizeaux incarcéré à Marcigny, le 27 décembre 1793, fut transféré à Mâcon, le 15 juillet 1794. Il était âgé de 80 ans.

(P. R.)

---

(1) Disons que M. Mamessier ne quitta jamais le Brionnais. Il est un des rares prêtres qui aient traversé toute la révolution sans tomber entre les mains des persécuteurs. « Poursuivi et traqué comme un loup, au moins trois cent fois écrit-il lui-même, j'ai été assez heureux pour gagner toujours. Si j'eusse perdu une seule fois, à coup sûr, les ennemis de la religion ne m'auraient pas donné ma revanche ».

30 juillet 1794. — Le 30 juillet 1794, une sorte de travaux forcés fut imposée aux prêtres internés de la ville. Ils furent convoqués pour arracher et brûler les bruyères, genêts et autres herbes propres à faire des cendres pour la fabrication du salpêtre. (Il y avait à Marcigny une fabrique de salpêtre).

(P. R.)

20 thermidor an II (8 août 1794). — Compte rendu de l'agent national au comité de Salut public :

20 thermidor an II. — On peut assurer que tous les citoyens sont pénétrés d'horreur contre les factieux Robespierre, Couthon, Saint-Just et autres complices. Tous admirent la conduite énergique de la Convention dans cette orageuse circonstance. Je ne puis céler qu'une partie des citoyens, et notamment le sexe féminin dans les campagnes, ne peut s'empêcher de chômer les jours appelés ci-devant fêtes et dimanches ».

(P. R.)

19-20 août 1794. — Barruel, bénédictin de Saint Fortuné, de Charlieu, fut incarcéré durant plusieurs mois dans la chapelle des ci devant Ursulines de Marcigny et trouva moyen de s'évader dans la nuit du 2 au 3 fructidor an II (19-20 août 1794). Noël Brigaud, officier de poste pour la garde des prévenus, fut pour cela déféré au tribunal criminel. M. Barruel s'était échappé par un trou pratiqué dans la niche d'un ci devant saint, dans le fond de laquelle le mur n'avait pas plus de trois pouces d'épaisseur. Il fut reconnu que la surveillance était difficile et le gardien fut acquitté.

Août 1794. — En août 1794, pour activer la marche de l'atelier de la fabrication du salpêtre, on fit couper les marronniers et les charmilles du jardin du prieuré.

10 fructidor an II (27 août 1794). — Compte rendu de l'agent au Comité de Salut public :

« 10 fructidor an II. — L'élargissement de quelques jeunes gens qui avaient été arrêtés pour cause de fanatisme a donné une audace étonnante à ces individus et à leurs partisans. Un entre autres, nommé Fougère, prédicant outré, a été arrêté par le Comité de surveillance de Bel-Air-les-Foires (Saint Christophe). Ce malheureux occasionnait des rassemblements. Le fanatisme reprend son influence dans quelques communes. L'on a demandé au Comité de sûreté générale les mesures à prendre. »

27 août 1794. — Le même jour (10 fructidor an II, 27 août 1794), les administrateurs du district de Charolles donnaient avis à leurs collègues de Marcigny que des rassemblements de même sorte se formaient chez eux : « Citoyens collègues, nous venons vous informer qu'il se forme dans quelques-unes des communes de votre arrondissement et qui sont limitrophes du nôtre, des rassemblements fanatiques et aristocratiques. Vous sentez combien deviendraient dangereux et nuisibles à la chose publique de pareils rassemblements, si les autorités chargées de la surveillance des citoyens et de l'exécution des lois ne s'empressaient de les dissiper. Nous vous invitons donc à réprimer de pareils abus par des mesures promptes et sévères que votre patriotisme vous dictera sûrement à cet égard.

« Salut et fraternité ».

(Archives départementales).

30 fructidor an II (16 septembre 1794). — Compte rendu de l'agent national au comité de Salut Public :

« 30 fructidor an II. — L'administration, persuadée que la troupe serait très utile dans le district pour contenir les malveillants, a demandé au représentant Boisset une compagnie de cavalerie qui doit arriver le 5 vendémiaire. »

Abside de l'Église de Semur-en-Brionnais, Monument historique (XIIe siècle)

10 vendémiaire an III (1er octobre 1794). — Compte rendu de l'agent national au comité de Salut Public :

« 10 vendémiaire an III. — Le fanatisme en prenant chaque jour un degré de force fait naître beaucoup d'inquiétudes. L'administration avait obtenu pour ce district quarante hommes de cavalerie, à l'aide desquels elle allait s'occuper de dissiper toute crainte sur le fanatisme et ses progrès, mais elle vient d'être trompée dans son attente. Les quarante hommes de cavalerie, le jour même de leur arrivée au district, ont reçu des ordres pour une autre destination et sont partis en conséquence après un séjour de vingt-quatre heures. »

(P. R.)

20 vendémiaire an III (11 octobre 1794). — Dans le courant de vendémiaire, le citoyen Boisset vint à Marcigny. Sa mission, comme à Autun, fut de réprimer les excès du terrorisme et de supprimer les sociétés populaires ; mais le citoyen Boisset n'entendait pas mettre un frein à la persécution religieuse.

Ecoutons l'agent national dans son compte rendu au comité de Salut Public :

« 20 vendémiaire, an III. — L'arrivée du représentant du peuple Boisset dans le département de Saône-et-Loire porte la terreur dans l'esprit des intrigants malveillants. Les vrais patriotes commencent à respirer l'air de la liberté dont ils avaient été injustement privés. »

(A. M.)

23 octobre 1794. — Le 23 octobre 1794, le conseil général de Marcigny donnait au citoyen Pitoys un pompeux certificat de civisme :

« Sur la demande du citoyen Pitoys, ci-devant curé démissionnaire de Varennes et de La Clayette, le conseil général de Marcigny, considérant qu'il est de sa connaissance que le citoyen Philibert Pitoys s'est prononcé énergiquement pour la Révolution; que dès son origine, il s'y est attaché avec zèle et qu'il n'a cessé de marcher dans son sens; que dès les premières élections les suffrages du peuple l'ayant porté à l'administration de ce district, il en a rempli les fonctions en qualité de président pendant près de trois ans, qu'il fut réélu dans cette place et que pendant le même laps de temps, il fut toujours nommé électeur par les assemblées primaires; que son administration fut marquée par un civisme pur et un grand zèle à s'acquitter de ses devoirs. Alors, dans toutes les occasions qui se présentèrent, il s'efforça de pénétrer ses concitoyens des avantages de notre heureuse génération par des harangues patriotiques. Considérant, en outre, que depuis le 6 nivôse dernier, époque à laquelle il est venu se fixer parmi nous, il n'a cessé de se rendre utile, qu'il a assisté avec la plus grande exactitude aux séances de la municipalité qui est privée de secrétaire et en a tenu lieu gratuitement. Considérant, enfin qu'il n'a jamais dévié des bons principes, qu'il s'est toujours montré soumis à la loi, qu'il a donné un exemple utile de cette soumission en prêtant tous les serments prescrits par la loi. L'agent de la commune ouï :

« Le conseil général, bien convaincu de la sincérité des faits ci-dessus énoncés, des principes civiques et révolutionnaires du pétitionnaire, de son attachement à la liberté, à l'égalité, et de sa haine pour la tyrannie, délibère qu'un certificat relatif aux faits ci-dessus est accordé au pétitionnaire pour lui servir et valoir ce que de raison. »

(P. R.)

24 novembre 1794.— Le 24 novembre 1794, Philibert Pitoys, obtint de Boisset, représentant du peuple en mission, la permission de se retirer où il voudrait. Enfin le 14 décembre suivant, toutes formalités étant remplies pour sa mise en liberté, Pitoys put quitter Marcigny. (P. R.)

6 frimaire, an III (26 novembre 1794). — Après la chute de Robespierre, deux Ursulines ayant fait le serment, Jacqueline Verchère, supérieure, et Gabrielle Moulin s'empressèrent d'en faire la plus complète et la plus publique rétractation. Deux autres sœurs Françoise Galay et Jeanne Péguet imitèrent cette courageuse conduite. Le représentant du peuple Boisset fit jeter en prison les quatre religieuses. « Considérant que des ex-religieuses, qui avaient prêté le serment prescrit par la loi, se sont permis après avoir obtenu leur mise en liberté, d'en faire la rétractation et de lui donner la plus grande publicité, en l'affichant dans tous les coins des rues de Marcigny. Considérant que la conduite coupable des ex-religieuses est l'effet du faux fanatisme qui fait des progrès alarmants dans ce district de Marcigny, dont quelques prêtres perfides égarent les habitants crédules; considérant que pour prévenir les suites funestes de ces manœuvres criminelles, il est nécessaire de prendre des mesures sévères contre celles qui y prennent une part active, de même qu'il en a pris contre les prêtres fanatiques. Arrête que le comité révolutionnaire du district de Marcigny fera réincarcérer sur le champ les citoyennes Gabrielle Moulin, Françoise Gallay, Jacqueline Verchère et Jeanne Peguet, ex-religieuses.

« Fait à Marcigny, le 6 frimaire, an III (26 novembre 1794).

« Signé : BOISSET. »

6 frimaire, an III (26 novembre 1794). — Le représentant du peuple délégué dans les départements de l'Ain, de Saône-et-Loire et de l'Allier.

Instruit que des prêtres réfractaires à la loi, pour éviter la vengeance nationale se sont répandus dans les bois du district de Marcigny, qu'ils font circuler dans l'ombre des principes fanatiques, qu'ils égarent les crédules habitants des campagnes et font des prosélytes; Considérant que ces éternels ennemis de la nature et de la raison profitent de l'ignorance pour tromper leurs malheureuses victimes, que partout ils prêchent la révolte contre gouvernement républicain, qu'ils se disent les martyrs de la foi et les apôtres de l'Eglise persécutée ; Considérant que des principes aussi funestes tendent à faire naître dans ces contrées une Vendée nouvelle...

Considérant que dans un moment où le dernier tyran et ses complices ont expié sur l'échafaud et leurs projets ambitieux et leurs assassinats, il est urgent d'ôter à leurs partisans et leurs sectateurs tous les prétextes et tous les moyens pour amener des troubles, arrête ce qui suit :

ARTICLE PREMIER. — Tous les prêtres réfractaires qui sont dans l'étendue du district de Marcigny seront arrêtés sur le champ et il sera accordé une indemnité de 6 francs pour chaque prêtre à celui où ceux qui l'auront arrêté et traduit au chef-lieu du district.

ARTICLE 2. — Il sera accordé deux décades, à dater de ce jour, à ceux des prêtres constitutionnels qui auront constamment donné des preuves de patriotisme pour obtenir un nouveau certificat de civisme, visé par toutes les autorités constituées du district.

ARTICLE 3. — Tous ceux desdits prêtres constitutionnels qui, au premier nivôse, n'auraient pas reçu de nouveaux certificats de civisme, seront déclarés suspects et comme tels incarcérés.

ARTICLE 4. — Tous les prêtres constitutionnels sont mis sous la surveillance de toute les autorités constituées, etc.

A Marcigny le 6 frimaire, troisième année républicaine.

Signé : BOISSET.

(A. M.)

Fin novembre 1794. — Vers la fin de novembre 1794, les trois hospitalières étaient encore détenues. A cette époque, le conseil municipal émet un avis favorable à leur mise en liberté.

« Les circonstances n'étant plus mêmes et les services

« qu'elles ont rendus à l'humanité souffrante doivent faire « oublier des erreurs qui n'ont eu aucun mauvais résultat ».

1794. — M. Guillard fut désigné par le district de Marcigny pour aller à l'école normale de Paris.

1794. — Antoine Ducray, curé de Châteauneuf, prêtre assermenté et démissionnaire, fut soupçonné d'avoir collaboré à certains libelles et écrits anonymes contre les membres du district fut incarcéré à Marcigny. Il était encore détenu le 19 octobre 1794.

Révolution de 1794.—Bien qu'ayant démissionné au moment de la Terreur, M. Chevalier, curé de St-Laurent-en Brionnais. fut détenu à Marcigny vers la fin de 1794. Mis en liberté par le représentant du peuple, Boisset, il habita quelque temps la Clayette, puis retourna à Saint-Laurent où il mourut le 23 mai 1794. (P. R.)

25 fructidor an VI, août ou septembre 1798.— Etat de l'envoi que fait l'administration municipale du canton de Marcigny, à l'administration du département de Saône-et-Loire, des papiers du ci-devant district dudit Marcigny.

Une caisse sous le numéro 1, laquelle contient les papiers du bureau du Secrétariat ;
— des Contributions ;
— des Ponts et Chaussées et Municipalités ;
— des Subsistances ;
— du Procureur-Syndic ;
et les inventaires desdits Bureaux, plus les registres du bureau d'administration civile et militaire et de celui des biens nationaux de toute origine, plus les inventaires de ces deux bureaux.

Une caisse sous le numéro 2, laquelle contient les papiers dudit bureau d'administration civile et militaire et de celui des biens nationaux de toute origine, plus les inventaires de ces deux bureaux.

Une caisse sous le numéro 3, laquelle contient les papiers trouvés dans la maison de l'émigré Leprêtre dit Vauban, avec l'inventaire d'iceux ;

De ceux trouvés dans la maison de l'émigré Noblet dit d'Anglure ;

De ceux trouvés dans la maison de l'émigrée vve Vallory ;

De ceux trouvés dans la maison d'Alphonse-Honoré Digoine.

Une liasse de papiers des ci-devant Ursules de Charlieu, relatif à un domaine situé à Bonnet-de-Cray.

Enfin une caisse sous le numéro 4, contenant les papiers de la ci-devant abbaye de Saint-Rigaud qui sont en 88 liasses ou sacs, et dont il n'y a point d'inventaire.

Ceux du ci-devant prieuré d'Anzy, consistant en 18 liasses dont il n'y a point d'inventaire.

Ceux de Jacques-Bénigne-Quarré-Verneuil, émigré, y joint l'inventaire.

Les papiers du ci-devant chapitre de Semur, contenus en une grosse liasse, l'inventaire y joint.

Les papiers du ci-devant abbé Richard de Chevrigny, avec l'inventaire.

Ceux des ci-devant Minimes de la Clayette, contenus dans 15 sacs avec l'inventaire d'iceux.

Les papiers des ci-devants curés d'Anzy, Montceaux, Versaugues, Fleury, Bourg-le-Mont, Lixy, Chambilly, Varennes, l'Hôpital-le-Mercier, Beaugy et Sainte-Foy, ces derniers contenus dans un sac bien fermé, ficelé et cacheté avec étiquette.

Les bulletins des lois depuis le commencement qu'il ont parus jusqu'à la suppression du district et enfin les cahiers ou registres pour les objets de bienfaisance lesquels sont en blanc.

Fait à Marcigny..., etc., le 25 fructidor, an VI.

DUPUY LABRUIÈRE, *président*, NIODET, *sécrétaire*,
CUWIT, *agent*.

1794-1795. — En 1794-1795, l'Hôtel-Dieu de Marcigny, appelé maison d'humanité, était desservi par trois des religieuses Ursulines de Marcigny et ayant prêté le serment civique : Madeleine Gauthier, supérieure, Jeanne Jacquet, Jeanne Aupècle.

30 pluviôse, an III (18 février 1795). — Compte rendu, etc. « 30 pluviôse, an III. Le fanatisme fait des progrès rapides dans ce district, malgré la surveillance des autorités constituées. Des officiers municipaux des campagnes, sans doute égarés par quelques prêtres réfractaires, ne veulent pas remplir les fonctions auxquelles ils sont appelés. L'administration vient de nommer un commissaire pour aller auprès du représentant du peuple à Lyon, se concerter avec lui sur le parti à prendre dans cette circonstance. Plusieurs arbres de la liberté ont été coupés ou endommagés pendant cette décade ».

10 Ventôse, an III (28 février 1795). (A. M.)

30 germinal, an III (30 mars 1795). — Compte rendu, etc. 30 germinal, an III. Le fanatisme continue à faire des progrès effrayants dans ce district. Il se tient, sur plusieurs points du district, des rassemblements qui paraissent avoir pour objet l'exercice du culte papiste. Quelques-uns se tiennent de jour, d'autres de nuit. Le bruit public apprend que des prêtres insermentés rentrés sur le territoire du district et lieux voisins contribuent à susciter des troubles.

En général l'opinion publique se manifeste pour l'exercice de la religion et la doctrine des prêtres insermentés. L'administration vient encore de consulter à nouveau les représentants du peuple. Elle attend de leur amour pour la patrie un prompt remède à nos maux.

(P. R.)

9 floréal an III (28 avril 1795). — Le 9 floréal an III, le district de Marcigny voulut frapper un grand coup pour arrêter les progrès du fanatisme. Transcrivons quelques lignes de ce long réquisitoire :

« CITOYENS ADMINISTRATEURS,

« Dans le courant du mois de nivôse de l'année dernière, des rassemblements fanatiques s'étant manifestés dans ce district, vous en découvrîtes bientôt la source, et en rappelant au chef-lieu de ce district tous les prêtres et ci-devant, pour y être sous la surveillance des autorités constituées vous parvîntes bientôt à dissiper ces troubles. Mais peut-on espérer une tranquillité parfaite, tant que cette secte perfide existera ? Le feu que vous croyiez éteint couvait sous la cendre et ces endormeurs du genre humain ont pris toutes les formes pour tromper votre vigilance. Les uns ont déposé leurs lettres de charlatanisme et affectant un dévouement patriotique ont prétexté des besoins pour aller souvent dans leurs communes. D'autres, abusant de ce qu'il y a de plus sacré dans l'ordre social, ont transformé un concubinage scandaleux en une union qui n'a été que l'effet de la terreur et de la fourberie, et par là se sont mis à l'abri d'obtempérer à votre arrêté. Les autres ont feint de le méconnaître, sous prétexte qu'il ne leur avait été notifié ; et d'autres, sous prétexte de ne prêcher que la morale, s'insinuent et dominent dans les comités populaires des campagnes ; d'autres assiègent les municipalités et les comités de surveillance pour obtenir des attestations de civisme. Ils sèment la calomnie les sarcasmes, les libelles contre les autorités constituées. (Un libelle contre les membres du district de Marcigny venait d'être lancé dans le public). Leurs prosélytes se répandent dans les campagnes ; ils y font des rassemblements nocturnes en secret où ils fomentent et disséminent les germes du fanatisme, troublent la paix des consciences, jettent le trouble dans les esprits faibles. Vous en voyez, citoyens, journellement les funestes effets : à Ligny, à Bellevue-de Cray, à Bonnet-de-Cray, à Jonzy, les arbres de la liberté ont été coupés... Les époux ne croient plus leur union légitime, parce qu'elle n'est pas célébrée devant un prêtre; les parents, les familles sont désunis ; déjà les comités ont fait arrêter plus de vingt-quatre de ces malheureux qui ont été au tribunal criminel. Usez donc citoyens des mesures qu'un gouvernement vigoureux doit prendre pour détruire les factions liberticides de cet hydre sacerdotal, faites exécuter à la rigueur votre arrêt du 4 nivôse; prenez des moyens pour qu'aucun ou ci devant prêtre ne puisse aller donner le trouble dans les communes; faites incarcérer les plus suspects et bientôt, vous le verrez, le culte de la raison triomphera, la fraternité, l'union, le calme se rétablira. Le district de Marcigny après avoir délibéré sur le dire de l'agent national et s'être convaincu qu'il est instant d'employer les mesures les plus sévères pour faire cesser les troubles et les progrès du fanatisme dans quelques communes de ce district, et que ce n'est qu'en surveillant avec la plus grande exactitude les prêtres et leurs adhérents, et en mettant les plus notoirement supects à l'abri de nuire, qu'on peut y parvenir, a arrêté et arrête :

Article premier. — Il y a urgence...

Suivent dix-huit articles d'une sévérité épouvantable. Il n'est question que d'arrestation, de prison pour les prêtres qui n'ont pas satisfait à l'arrêté du 4 nivôse et de déportation pour les prêtres ou ci-devant prêtres qui sont ou seront dénoncés pour cause de civisme. Les prêtres qui resteront au chef-lieu de district seront tenus de se présenter chaque jour au comité de surveillance.

« Les nommés Duligier, curé de Briant ; Ducroux, curé de Sarry ; Ducray, ex-curé de Ligny ; Petit, ex-récollet et Rivolier, ex-prêtre desservant à Fleury, notoirement renommés pour suspects, seront mis de suite en état d'arrestation dans la maison de détention de ce district, à la diligence de l'agent national, et le séquestre apposé sur les meubles, effets, titres et papiers ».

(A. M.)

8 mai 1795. — « Les rassemblements dénoncés ayant lieu tantôt sur des communes du district de Charolles, tantôt sur des communes du district de Marcigny, ces localités étant voisines, Marcigny fut interrogé par le procureur-syndic du département sur la réalité des faits précédents ».

Voici une partie de la réponse faite le 19 floréal, an III (8 mai 1795). Ces dénonciations étaient d'une exagération manifeste...

« ... Le district de Charolles est travaillé comme le nôtre par le fanatisme, il s'y fait des rassemblements nocturnes qui paraissent avoir la religion pour objet ; les rassemblement sont composés pour la majeure partie de femmes ; les hommes qui y assistent y vont sans armes ; on y prêche la désobéissance aux lois et le nombre de prosélytes augmente tous les jours. Quoique le mal ne soit pas aussi grand qu'on nous l'avait annoncé, nous ne pouvons nous dissimuler qu'il serait peut-être instant de prendre des précautions pour en arrêter le progrès. Nous nous en remettons là-dessus à votre sagesse.

« Comme vous le voyez, le rassemblement de cinq mille hommes, presque tous armés, n'est point exact.

« Pareils rassemblements se tiennent dans la majeure partie des communes de notre district. Ils sont composés de 500 à 600 individus, à la majeure partie de femmes ; les hommes y vont sans armes, l'objet en est le même. Jusqu'ici ils n'ont eu aucun résultat funeste, mais nous ne pouvons nous dissimuler qu'ils nous inspirent des craintes.

« De notre côté, nous ne sommes pas restés indifférents sur cet objet. Déjà avant même la réception de votre lettre, nous nous occupions de vous faire part des mesures que nous avions prises à cet égard, et qui cependant n'ont eu encore aucun heureux effet. « Il s'agit de prendre des mesures ultérieures, mais telle est la nature du mal que nous présumons que trop de rigueur pourrait aigrir davantage et trop de douceur pourrait enhardir. »

(Archives départementales 51 D.).

21 floréal an III (10 mai 1795). — A Marcigny, sur l'ordre des nouveaux chefs du district, le 21 floréal an III plusieurs terroristes furent désarmés. (Voir leurs noms, archives départementales, 51 M, p. 70).

La Convention, il faut le dire, inclinait vers une politique d'apaisement, on avait élu de nouveaux magistrats. Rendons cette justice à l'ancien comité révolutionnaire de Marcigny, il n'envoya personne à la mort...

(P. R.)

10 prairial an III (29 mai 1795). — Le 10 prairial an III, le comité de Marcigny écrit au comité de salut public :

« De plus en plus, l'opinion publique se manifeste pour l'exercice du culte papiste. Des prêtres insermentés disent la messe dans plusieurs paroisses. Un grand nombre de citoyens s'y transportent avec avidité. Tout cela n'annonce rien de désolant ; au contraire, on annonce qu'au sortir de ces cérémonies religieuses, la joie est peinte sur le visage des assistants. La tranquillité paraît en résulter, et municipalités et citoyens remplissent mieux leurs devoirs.

(P. R.)

7 prairial an III (5 juin 1795). — A cette époque, les gens de bien du district de Marcigny firent paraître un manifeste plein de modération et de prudence pour rallier à leur cause tous les bons citoyens de la contrée. Voici une partie de ce manifeste :

« Les amis de la paix et de l'ordre du district de Marcigny à leurs concitoyens du même district :

« Indignés avec raison de l'impunité des hommes pervers, de ces propagateurs zélés du règne du sang qui a désolé la patrie, nous nous sommes réunis pour opposer à leur audace criminelle l'énergie de la vertu ; nous devions nous attendre aussi qu'ils opposeraient à notre énergie la ressource de leurs dernières armes... la calomnie. Braves habitants des campagnes, c'est contre vous particulièrement que sont tendus les pièges de leur séduction, fidèles à leur marche ordinaire, habiles à nous proclamer héritiers de leurs crimes, ils nous présentent à votre crédulité comme de lâches délateurs, ennemis de votre tranquillité et de votre bonheur. Gardez vous de céder à leurs insinuations perfides. Gardez-vous de craindre pour vous la sévérité qu'ils ont seuls méritée. Ce n'est pas vous qui avez peuplé les cachots de victimes aussi vertueuses qu'innocentes ; ce n'est pas vous qui avez sali les registres des comités révolutionnaires de dénonciations aussi infâmes que mensongères. Jouissez du calme de vos consciences... Haine éternelle aux scélérats dont le langage dégoûtant de sang et d'erreurs abusa si long temps de votre bonne foi, trompa jusqu'à vos vertus, forgea des chaînes à tous les honnêtes gens. Indulgence pour les âmes égarées... Dévouement sans bornes à tous les principes, voilà les serments gravés dans tous nos cœurs. Venez au milieu de nous, citoyens, venez respirer notre esprit, resserrer les liens d'une confiance réciproque...

« Vous n'entendrez point parmi nous ces vociférations effrayantes contre l'homme vertueux...

« Ennemis des haines comme des vengeances particulières, nous abjurons l'empire des passions ; calmes, comme dans le cours de nos persécutions, tous nos désirs, tous nos vœux tendent au bonheur public...

« Nous ne nous modèlerons pas sur des hommes que notre indignation poursuit, nous ne dénoncerons pas...

Semur : Porte sud de l'église.

« Ce n'est pas du sang qu'il nous faut, nous ne voudrions pas nous souiller de celui même de nos assassins. Asseoir le règne de la justice, réduire le terrorisme à l'impossibilité de relever sa tête sanglante : voici le terme de nos vœux.

Signé : Ravier aîné, du Magny ; F. Perrin ; Bouthier aîné ; A. Bouthier ; Bouthier ; Rochefort ; Donzel ; Cudel ; Gaussinte ; Préaud ; Ravier aîné de la Mollière ; Ravier cadet ; F. Ravier ; J. Ravier ; Mathey ; Quarré ; Versey ; Ravier, gendarme ; Dupuy de Saint-Martin fils ; Dupuy de Saint-Martin ; Brunet fils ; Perret ; Sabatin ; P. Perrin ; Allier ; Bonnardel ; Pommier ; Dubost ; Louvrier ; F. Sauge ; Paqueraud.

(Ces signatures sont principalement des habitants de Marcigny, Semur et La Clayette).

(P. R.)

20 prairial an III (8 juin 1795). — Le 11 prairial an III (30 mai 1795), la Convention avait accordé une plus grande liberté pour l'*exercice des cultes* ; les édifices religieux, avec certaines conditions plus ou moins gênantes, il est vrai, devaient être ouverts au culte catholique.

Cette mesure fut accueillie avec joie, le district de Marcigny le fait savoir au département :

« 20 prairial an III (8 juin 1795). La loi qui rend aux communes l'usage de leurs églises, paraît avoir le meilleur effet sur l'esprit des campagnes. »

(A. M.)

8 juin 1795. — Pitoys était revenu aux honneurs, ses concitoyens l'avaient nommé membre du Directoire du district de Marcigny. Une nouvelle disgrâce lui arriva bientôt et le représentant du peuple Boisset le destitua de ses fonctions près le Directoire du district, le 8 juin 1795, « parce qu'il avait perdu la confiance publique, marqué de la faiblesse à l'exécution de la loi sur le désarmement des terroristes et par ses principes et sa connivance avec la même faction ».

(P. R.)

30 juin 1795. — Le 30 juin 1795 (d'après la loi du 11 prairial) la municipalité de Marcigny désigne « l'église Saint-Nicolas pour que les citoyens de la commune de Marcigny y exercent publiquement *leurs cultes,* depuis 6 heures du matin, jusqu'à 5 heures du soir, en se conformant aux lois. La présente déclaration sera lue, publiée et affichée partout où besoin sera, rière cette commune. Extrait en sera envoyé au président de la société populaire, pour qu'il ait dans une décade à faire débarrasser ladite église... »

(On voit par cette déclaration que la société populaire de Marcigny avait tenu ses séances dans l'église Saint-Nicolas).

18 août 1795. — Le 18 août 1795, les anciennes hospitalières furent invitées par le Conseil à reprendre leurs fonctions. On ignore si elles acceptèrent.

29 août 1795. — Le 29 août 1795, il y eut une pétition des citoyens et des citoyennes pour demander l'église du prieuré au lieu de celle de Saint-Nicolas.

« Le conseil accepte, nomme des commissaires pour constater l'état de cette église et invite les citoyens à contribuer volontairement aux réparations à faire. »

Dès ce moment et jusqu'au 18 fructidor (4 septembre 1797) le culte fut exercé avec plus ou moins de facilités à Marcigny. Les municipalités, les juges de paix favorisaient généralement les prêtres, et si, à partir de l'établissement du Directoire, 27 octobre 1795, il y eut de nouvelles lois tyranniques, ces lois ne furent guère appliquées.

(P. R.)

10 floréal an IV (29 avril 1796). — Des plaintes parvenues de Châteauneuf et de Saint Christophe à Gelin, commissaire du Directoire exécutif près le tribunal de Charolles, celui-ci transmet à l'accusateur public la lettre suivante :

« 10 floréal an IV... Tous ces attentats dérivent des machinations des prêtres insermentés dont ces pays ont été toujours infestés. Il faut dire aussi que des autorités constituées, des juges de paix tolèrent leur présence. On ne peut se dissimuler que la plupart des officiers auxquels la police judiciaire est confiée dans cet arrondissement sont pour la plupart coupables d'une insouciance ou d'une pusillanimité très blâmables. Plus de vingt prêtres réfractaires trouvaient asile, il n'y a pas huit jours, dans les communes du ci-devant district de Marcigny, où ils soufflaient le feu de la discorde, et il n'y a pas la moindre preuve qu'aucune poursuite ou procédure ait été exercée contre eux par les officiers de police judiciaire.

« Le département, dans l'espoir de mettre un terme à ces désordres, envoya, il y a quelques jours, une force armée dans ces cantons. On eût pu espérer le retour de la tranquillité, par l'arrestation de quelques-uns de ces malveillants. Malheureusement tous ont échappé, sauf l'ex-curé de Marcigny, hypocrite très dangereux (M. Gaudin). Les recherches ont néanmoins opéré la découverte d'une correspondance assez curieuse trouvée dans les papiers saisis dans l'un de leurs repaires sur le canton de Montceaux.

« Elle établit des rapports de ces hommes pervers avec certains points du département, où il ne s'agissait rien moins que des archidiacres, des évêques et des missionnaires de leur religion.

« Il y a apparence que ce plan de conjuration s'étendait sur tout le département. Ce qui le prouve, c'est qu'à peu près à l'époque où fut commis l'assassinat de Bel-Air (Christophe), l'arbre de la liberté de l'une des communes de Charolles fut coupé ; deux croix furent replantées dans d'autres ; des hommes plus que suspects lèvent audacieusement la tête et présagent des événements sinistres très prochains.

« L'appareil de la force armée en a inspiré pour le moment à la malveillance. Les prêtres pour la plupart sont en fuite et une lueur de tranquillité semble reparaître, sur certains points, mais l'esprit public est encore très faible et l'opinion bien démoralisée. Deux juges de paix de cet arrondissement, parents ou alliés d'émigrés, exercent ces fonctions, contrairement aux lois :

1° Le citoyen Bouillère, juge de paix du canton de Vert-Pré (Saint-Julien-de-Cray, oncle par alliance de l'émigré Girard de la Fayolles. D'ailleurs il est soupçonné d'avoir donné asile à des prêtres réfractaires qui ont exercé le culte chez lui ;

2° Le citoyen Cartier, juge de Paix (*intra muros*) de Marcigny, oncle aussi par alliance du même émigré ».

« Signé GELIN ».

(A. M.)

16 fructidor an IV (2 septembre 1796). — CESSION DES IMMEUBLES DU PRIEURÉ. — Cession d'immeubles consentie par le citoyen Etienne-Marin Martin, vérificateur des droits d'Enregistrement et des Domaines, demeurant à Mâcon, acquéreur des bâtiments, enclos et dépendances du prieuré de Marcigny, au profit des citoyens Morgat François, Hilaire Robin, Antoine Pommier, Guillaume Jacques Versey, Claude-François Perrier ; Ferdinand Bonnevay, Claude Rousseau, Joseph Gauthier et Paul Préaud, tous citoyens demeurant à Marcigny de tous les immeubles qui lui ont été adjugés par le procès-verbal du 29 messidor dernier, à l'exception de ceux qu'il a déjà cédés aux citoyens Vadon, Simonin et Despierres, ainsi que des matériaux et arbres vendus aux citoyens Versey, Pommiers, Chauvet, etc... la présente cession, par forme de subrogation faite moyennant le prix et somme de cinquante cinq mille six cents francs, valeur métallique... etc... et ont signé avec les parties, Rolland, notaire public, et Clément, notaire public.

22 fructidor an IV (8 septembre 1796). — « 22 fructidor an IV, nous, Claude-Marie Pommiers, commissaire nommé

Semur : Tour Saint-Hugues, restes de l'ancien château des barons de Semur (XIIe siècle).

par arrêté de l'administration municipale du canton de Marcigny, en date du jour d'hyer, à l'effet de faire inventaire estimatif des buffet et jeu d'orgue étant dans l'église du ci-devant prieuré assisté du citoyen Backoffen, artiste, et Jacques Billon, marchand poëlier, nommés experts, estimateurs, et encore en présence du président et de l'agent municipal dudit canton. Premièrement, ayant fait examen de trois petits soufflets servant au jeu d'orgue, avons reconnu lesdits soufflets en très mauvais état et étant troués de tous côtés.

« Secondement ayant aussi examiné le buffet renfermant le petit jeu d'orgue avons reconnu qu'il était en bon chêne simplement *menuzé* et de la forme d'un grand placard ne fermant qu'avec des petites targettes en fer.

« Troisièmement ayant enfin examiné le jeu d'orgue avons reconnu que tous les cornets et orgues sont en plomb et de moyenne grosseur en très mauvais état la plupart manquant et le jeu incomplet.

« En conséquence, d'après les examens cy-dessus avons porté l'estimation rigoureuse du tout à la somme de cent livres en monnaie. En foi de quoi avons rédigé le présent procès-verbal les jour et an que dessus pour valoir et servir ce que de droit et nous sommes soussignés avec les experts-estimateurs, le président et l'agent municipal de la commune de Marcigny. »

« Pommiers, commissaire, Backoffen, Billon ».

(A. M.)

4 septembre 1797. — A partir du 18 fructidor (4 sept. 1797) la persécution religieuse qui semblait tendre à sa fin, recommence avec un nouvel acharnement ; les églises sont fermées une seconde fois ; de nouveaux magistrats sont imposés à toutes les communes de France. Plusieurs prêtres sont arrêtés dans le voisinage de Marcigny, incarcérés à la Charité à Mâcon, ou déportés dans les îles de Ré ou d'Oléron. Les missionnaires de Marcigny durant les dernières années de la Révolution furent M. Riambourg, revenu d'exil en 1798, M. Cudel, curé de Montceau-l'Etoile, M. Guillier (le prêtre à la grande queue), M. Bonnardel, vicaire de Semur-en-Brionnais, les frères Brunet et bien d'autres.

28 pluviôse an VIII. — La loi du 28 pluviôse an VIII transforme l'organisation de la loi du 21 mars 1790, en l'organisation actuelle. C'est de cette époque que date le canton de Marcigny.

(A. M.).

1801-1802. — A l'époque du Concordat, M. Claude-Augustin Riambourg fut maintenu curé de Marcigny. Il y mourut le 18 juin 1818.

1801 ? — Lorsque l'exercice du culte fut de nouveau possible en France, les reliques de Marcigny furent reconnues par des témoins dignes de foi. C'étaient MM. Sarret, Riambourg et Bonnardel. Le premier avait été, dans ses jeunes années, enfant de chœur au prieuré. Il était devenu curé de Saint-Chistophe. M. Bonnardel était né à Marcigny et il était devenu curé de Semur où il fonda le petit séminaire diocésain qui fut placé sous le patronage de Saint Hugues. Enfin M. Riambourg était curé de Marcigny. Tous trois furent chargés de reconnaître les reliques et autorisés, malheureusement, à les partager entre leurs églises respectives. Procès-verbal de cette opération fut rédigé en triple expédition.

La relique historique du bras fut divisée en trois portions dont deux allèrent enrichir Semur et Saint-Christophe aux dépens de Marcigny. L'étoffe brune qui provenait de la coulle de Saint-Hugues eut le même sort ainsi que les divers linges signalés par le procès-verbal de 1714. Ce que Marcigny conserva fut placé dans des châsses de bois, aussi convenables qu'il fut possible de se les procurer alors ; elles devaient durer quatre-vingts ans.

(Dom l'Huillier, *Vie de saint Hugues*, p. 360).

17 frimaire an X (9 décembre 1801). — Bulletin des Lois de la République Française n° 157.

Arrêté portant réduction des justices de paix du département de Saône-et-Loire, du 17 frimaire an X de la République une et indivisible.

Les consuls de la République, vu la loi du 8 pluviôse an IX (28 janvier 1800), ordonnant la réduction des justices de paix ; sur le rapport des ministres de la justice et de l'intérieur, le conseil d'Etat entendu :

Arrêtent :

Article premier. — Les justices de paix du département de Saône-et-Loire sont fixées au nombre de 48 et distribuées ainsi qu'il suit :

2e arrondissement communal.

Charolles, etc., etc.

MARCIGNY

Anzy, Artaix, Baugy, Bourg le-Mont, Céron, Chambilly, Chenay, Saint-Martin-du-Lac, Melay, Montceaux, Vindecy.

On voit aux archives municipales de la Clayette la rétractation de deux sœurs Ursulines de Marcigny, Françoise Gallay et Etiennette Gaudin. Elles avaient fait le serment de liberté-égalité. Le comité de surveillance de la Clayette envoie copie de ces rétractations à l'administration de Marcigny, pour que la modeste pension de ces pauvres filles soit supprimée.

Au moment de la Révolution, il y avait à Vareilles en-Brionnais deux anciennes religieuses Ursulines de Marcigny ; Jeanne Jacquet, âgée de 46 ans et Jeanne Aupècle, âgée de 31 ans ; toutes deux s'étaient consacrées à l'éducation des enfants. (P. R.)

1803. — Voici les renseignements donnés en 1803 par M. Riambourg, à Mgr de Fontanges, archevêque, évêque d'Autun, dans son état du canton de Marcigny.

« Il y a l'église paroissiale seule où l'on fait l'office. Elle contient 500 individus seulement; chaque jour on la répare, on se procure ce qui est nécessaire au culte. Cette église sous le vocable de Saint Nicolas était l'ancien oratoire des Bénédictins. Tous les ornements de cette église, dais, chasubles, dalmatiques, chapes et bannières avaient été adjugés le 31 mars 1794 pour la somme de 1519 livres 10 sols.

Le presbytère était assez logeable.

Quatre prêtres habitaient à Marcigny :

1° M. Claude-Nicolas Desmolins de la Garde, ancien chanoine insermenté de la cathédrale d'Autun ayant des pouvoirs et se rendant utile autant que son âge et ses infirmités le lui permettaient, âgé de 75 ans et vivant de son patrimoine ;

2° M. Catherin Mathieu, âgé de 67 ans, ancien curé insermenté de Briant, retiré à l'hôpital de Marcigny où il payait pension, disait la messe et se rendait utile pour le ministère sacré. Il fut le premier aumônier de l'hôpital à la restauration du culte et mourut le 4 juillet 1813 ;

3° M. François Muguet, ancien curé assermenté et réconcilié de Saint-Julien-de-Cray. Il disait simplement la messe et n'avait aucun pouvoir. Il fut nommé plus tard desservant de Joncy;

4° Louis Meunier, âgé de 60 ans, ancien curé de Saint-Romain, diocèse de Lyon. Depuis 1793, il n'avait rien fait de son ministère et vivait de son riche patrimoine.

Un prêtre marié, Joseph Manin, ancien curé de St-Martin-de-Lixy, âgé de 49 ans, vivait isolé à Marcigny, enseignant quelques enfants. Huit anciennes religieuses habitaient la paroisse en 1803 :

1° Thérèse de la Valade de Truffiér, âgée de 75 ans, vivant d'un très petit revenu, religieuse Bénédictine de Marcigny.

2° Marie Perroy, 74 ans, ayant 2.000 fr. de revenu viager. Visitandine de Paray.

3° Claudine Cartier, 37 ans, vivant chez ses parents riches. Ursuline de Marcigny ;

4° Joséphine Bost, 55 ans, vivant chez une dame qui l'a retirée, enseignant des enfants, Ursuline de Marcigny ;

5° Philibert Combrial, 38 ans, vivant chez sa mère, enseignant quelques enfants. Ursuline de Paray ;

6° Pétronille Quiot, 47 ans, vivant de charité et de son travail, religieuse converse de la Visitation de Paray.

8° Gabrielle Moulin, 56 ans, vivant tranquillement chez ses parents, Ursuline de Marcigny.

Il y avait à Marcigny, une école secondaire, un maître d'école payé par la ville, douze écoles particulières, tant pour les filles que pour les garçons, et dans toutes ces écoles on enseignait les principes de la religion.

Ajoutons quelques renseignements à ce tableau :

Quatre religieux et deux religieuses avaient résidé à Marcigny, durant la Révolution.

1° Jean Claude Préaud, né en 1718, bénédictin de Paray.

2° François-Marie Grégaine, bénédictin de Cluny.

3° Jean-Baptiste Petit, résidant à Melay, arrêté en avril 1794, par ordre de Circaut, agent national.

4° Jean-Baptiste Ladoue, oratorien, en résidence à Marcigny, de décembre 1793 à mars 1794.

5° Françoise-Victoire Verchère, née en 1742, à Digoin, dernière supérieure du monastère de Paray. Elle résidait chez son frère, Charles Verchère, ancien receveur du grenier à sel de Marcigny.

6° Marie-Françoise de Chantal-Pornon, née en 1757 à Baron, sortie de Paray, le 4 octobre 1792 et résidant aussi chez Charles Verchère. (P. R.)

Six autres Ursulines de maisons différentes habitèrent Marcigny pendant la Révolution :

Madeleine Gauthier et Catherine Belot, toutes deux du couvent de Maringues.

Marie-Antoinette Dupont, Philiberte-Victoire Combrial, Louise Combrial et Claudine Combrial, ces quatre dernières du couvent de Paray-le-Monial.

En 1803, dans son rapport à l'évêque d'Autun, M. Riambourg nous apprend que deux anciennes religieuses hospitalières desservaient l'hôpital.

Françoise-Godin, 75 ans; Bénigne Grandjen, 57 ans. Il y avait une postulante, Lucrèce Combrial, 30 ans.

En 1803, Marie Mammessier, âgée de 50 ans, ancienne sœur converse des Ursulines de Marcigny, habitait chez ses parents à Varennes-l'Arconce s'occupant à soigner les malades, instruisant les enfants.

(P. R.)

Révolution. — Une ancienne religieuse Ursuline de chœur de Marcigny, Reine Gaillard, âgée de 51 ans, instruisait les enfants à Varenne-sous-Dun.

Mme Cécile d'Allemand, âgée de 49 ans, ancienne religieuse de chœur aux Bénédictines de Marcigny, vivait chez Mme de Saint-Christophe à Saint-Christophe, et travaillait pour son entretien, en 1803.

Au moment du Concordat la paroisse de St-Martin-du-Lac fut réunie à celle de Marcigny.

Le 9 ventôse an XI (28 février 1803) la municipalité du Lac adresse une pétition à M. Verdier pour réclamer contre l'union du Lac à Marcigny. Cette demande ne fut pas exaucée.

(P. R.)

1803. — L'école secondaire de Marcigny est dirigée par le citoyen Guillard le jeune, qui avait professé au collège de cette ville, il a des collaborateurs instruits qui outre les langues latine et française, les mathématiques, la géographie et l'histoire qui sont les cours réglés par la loi, enseignent la physique, la mythologie, la chronologie, la déclamation et la langue italienne. On y trouve aussi des maîtres pour les arts agréables, tels que le dessin, la musique, la danse et l'escrime; un professeur est spécialement chargé, de concert avec le directeur, de tout ce qui tient à la religion et au bon ordre; deux autres y exercent militairement les élèves pendant une heure les jours de congé afin que ceux qui seront présentés au lycée auquel la loi leur donne droit y soient reçus plus facilement. Le costume des élèves est un habit bleu avec collet et parements vert saxe. Le directeur traitera des pensions dont le taux l'année dernière était de 500 francs, mais qu'il pourra diminuer pour les enfants au-dessous de l'âge de douze ans.

(Annuaire du département de Saône-et-Loire).

1815. — Collège de Marcigny : On y enseigne les langues latine et grecque, ainsi que les mathématiques et la géographie. Le prix de la pension est de 450 francs par an. M. Laureau Joseph-François est principal.

Hospice de Marcigny : 15 lits en 1815.

18 juin 1818. — Le successeur immédiat de M. Riambourg fut un prêtre nommé Gilles, sur lequel nous n'avons aucun renseignement et qui ne reste que trois mois.

Après M. Gilles vint M. Robinot Louis, ancien professeur de seconde au collège de Nevers. En 1823, il fut nommé vicaire général de Nevers.

M. Riambourg, curé, est mort à Marcigny le 18 juin 1818.

(Etat-civil de Marcigny).

1820. — Maire, Circaud; adjoints, Delabaille et Versey; notaires, Jacquet, Joanin, Simonin et Perrier; percepteur,

Circaud de la Noue; receveur d'enregistrement, Versey; brigadier de gendarmerie, Raphanel.

Il existait cette année-là, à Marcigny, un peloton de garde nationale à pied, composé de 50 hommes.

(*Annuaire de Saône-et-Loire,* 1820.)

En 1820, Christophe Simonin était imprimeur à Charolles.

1820. — Population de Marcigny : 2.460 habitants.

Circaud, maire, 1820, il l'était aussi en 1824.

23 juillet 1820. — Le prix de la journée de travail fut fixé à 60 centimes à Marcigny, en vertu de la loi du 23 juillet 1820.

1824. — En 1824, Robinot était curé de Marcigny.

M. Robinot, curé de Marcigny, étant devenu vicaire général de Nevers, Mgr de Vichy nomma M. Samoël, curé de Marcigny, où il ne resta que six mois.

1825. — Erection de la croix de la mission, en 1825, à Marcigny.

1828.— D'après les dispositions de l'ordonnance royale du 21 avril 1828, le comité gratuit pour l'encouragement et la surveillance de l'instruction primaire a été institué dans le canton de Marcigny, de la manière ci-dessous :

MM. Alamartine, curé de Marcigny; le maire de Marcigny; le juge de paix; Gauthier, curé d'Anzy; Briday, curé de Chenay-le-Châtel; Circaud, propriétaire à Marcigny; de Montcolon, à Marcigny; Ollivier, maître de pension à Marcigny; Deselaine, propriétaire à Marcigny.

(*Annuaire de Saône-et-Loire,* 1829.)

1829. — En 1829, le collège de Marcigny conduisait les élèves jusqu'en troisième; il était fréquenté par dix pensionnaires et dix-sept externes. La ville de Marcigny le subventionnait d'une somme de 600 francs.

1832. — Population de Marcigny : 2.620 habitants.

Niodet, maire; Larain, 1er adjoint; Préaud, 2e adjoint; Alamartine, curé; Riguault, vicaire.

Il y avait, cette année, quatre sœurs Sainte-Marthe à Marcigny.

Cette même année, Joanin était juge de paix, et Degouvenain, greffier. Simonin et Niodet étaient notaires à Marcigny, la même année.

Garde nationale : Bataillon de 487 hommes, formé par Marcigny et St-Martin-du-Lac; chef de bataillon, M. Griffon.

Pascal était receveur d'enregistrement à Marcigny; Perret, percepteur des contributions directes.

Médecins : Gay et Gourhaut; Chirurgien : Duplan; officiers de santé ; Allier et Chapuis.

Sage-femme, Mme Matrat, femme Thévenet (ann. 1832.)

Population de Marcigny, 2620 habitants.

1838. — Le cadastre destiné à répartir l'impôt d'une façon équitable fut terminé pour le canton de Marcigny.

31 décembre 1842. — L'ancien cimetière de Marcigny fut fermé le 31 décembre 1842 et fut affecté à un entrepôt de bois en 1860 (archives 1844). Ce qui restait de l'ancienne église Saint-Nizier, à Marcigny, a été démolie en 1844.

1845. — Le bureau de bienfaisance de Marcigny fut créé en 1844.

1848. — La ville de Marcigny fête l'avènement de la République de 1848 par un banquet donné dans la cour de l'Hôtel-de-Ville et par un grand bal paré au Théâtre.

On plante également l'arbre de la liberté le 9 avril 1848. Cet arbre était de la famille des conifères. Cet arbre fut planté sur le cours au milieu des chants et de l'enthousiasme populaire; plusieurs discours et allocutions furent prononcés entre autres celui de M. Reverchon. Un club fut créé au Théâtre sous la présidence de M. Sorlin.

(A. M.)

Arrêté portant défense aux habitants de Marcigny de répandre des nouvelles alarmantes, pouvant troubler la sécurité publique.

(A. M.)

28 avril 1849. — Depuis deux ans Solesmes possédait quelques reliques de Saint-Hugues. Elles avaient été extraites des anciennes châsses de Marcigny, le 28 avril 1849, en vertu d'une autorisation donnée par sa grandeur Mgr du Trousset d'Héricourt, évêque d'Autun; elles consistaient en un fragment de l'os du bras avec un morceau de l'étoffe de la coulle.

(Dom l'Huillier. *Vie de saint Hugues*, p. 569.)

1850. — Il est interdit de porter des costumes de travestissement dans les rues de Marcigny.

(A. M.)

En 1851, il existait un commissariat de police à Marcigny.

(Annuaire de Saône-et-Loire, 1851).

1851. — En 1851, l'octroi municipal de la ville de Marcigny était en ferme et rapportait 7.000 fr.

(Annuaire de Saône-et-Loire, 1851.)

1851. — Hôpital de Marcigny, fondé en 1650, desservi par quatre religieuses de l'ordre de St-Augustin.

16 lits. — 9.000 fr. de revenus.

(*Annuaire de Saône-et-Loire*, 1851.)

1852. — M. l'abbé Alamartine, curé de Marcigny, appela, en 1852, les Frères Maristes pour s'occuper de l'éducation et de l'instruction des enfants de la commune. Laïcisée par le maire Sorlin, en 1870, l'école se rouvrit peu de temps après. En 1872, les Frères Maristes acquirent une ancienne maison, rue de Précy, et y fondèrent un pensionnat prospère qui fut fermé le 15 mai 1903 (loi du 1er juillet 1901). Les directeurs furent FF. Pambon, Antoine et Azarie.

1881. — En 1881, de nouvelles châsses en bronze doré reçurent les reliques de Marcigny. Mais avant de les y déposer, M. l'archiprêtre, agissant d'après le consentement de S. G., Mgr Perraud, évêque d'Autun, détacha de l'os du du bras, un fragment très important, qui fut remis à M. l'archiprêtre de Paray-le-Monial.

(Dom l'Huillier. *Vie de saint Hugues*, p, 562).

CATALOGUE DES NOMS DES DAMES RELIGIEUSES

DU PRIEURÉ DE MARCIGNY (1)

1061.— Aremburge de Vergy, veuve de Dalmace de Semur; Hermengarde de Semur, fille de Dalmace et d'Aremburge, première prieure.

1063.— Edelburge de Varenne; Huguette de Barge; Almodie de Toulouse; Sibille de Solman; Garengarde, femme de Pierre Montgascon ; Emmène de Chaumont.

1064. — Pétronille de Maitmune, femme de Geoffroy de Cassane; N. de Cassane, fille de ladite Pétronille; Alexandrine, mère de Hugues de Compens; Euphémie, femme dudit Hugues.

1065. — Béatrix, veuve d'Eldin d'Artaix; Marie, femme de Hugues de Vaux; la noble dame Eidéarde.

1066. — Adélaïde de Semur, veuve de Dalmace Duchatel ; Marie, fille d'Aubuin le Gros; Aye Dumont Hermentières; Richelle de Guibéry; N. femme de Humbert de Bourbon-Lancy; Richilde, femme d'Arduin de Barnay; Nazarie, femme d'Etienne de Breatie; Marguerite de la Bussière, fut ensuite abbesse de Saint-Jean d'Autun.

1068. — Emingarde d'Auvergne; Adelvie de Ponthieu; Jeanne de Foudras; Vimberge de Forest.

1069. — Arsande de la Rochefoucault.

(1) *Nota.* — Le chiffre qui est à gauche des noms indique l'année de l'entrée au monastère.

Chapelle de Montmegin

1070. — Guillemette de Beaujeu; Vimberge de Châtillon-les-Dombes; Jeanne de Melun.

1071. — Odille, femme de Josserand de Copière; Agnez de Copière, sœur de Josserand.

1072. — Guillemette de Montaut; Golesne d'Albon.

1073. — Ricoarde de Salornay; Berthe de Chatillon-sur-Marne.

1074. — Blismode des Moulins.

1075. — N., femme de Warin de Montpensier.

1076. — Almodie de Lirnges, fille du duc d'Aquitaine.

1077. — Ebrolde; Hermengarde de Segny; Froé Rufine, femme de Girard Leverd.

1078. — Albérée de Champagne; la Bienheureuse Gislas de Bourgogne; Adélaïde de Châteauneuf, en Berry.

1079. — Ermezinde de Béziers; Alix de Montfort; Béline de Broyes; Adélaïde de Rosny.

1080. — Agnès de Montpensier; Agnès de Thiern; Gilberte de Cluny; Gille de Béarn, prieure (1); Catherine de Thélis; Marguerite de Courmont.

1081. — Berthe de Luzy; Marie de Baugy; Berthe de Martiningues.

1082. — Mathilde de Bergame.

1084. — Jeanne de Semur, nièce de saint Hugues, prieure; Alix de Semur, sœur de Jeanne; Marthe de Normandie; Marie de Chambilly.

1085. — Guillemette de Clermont-Tonnerre.

1086. — Alix de Bourgogne; Garsinde de Bigorre.

1090. — Agilmode de Périgord, prieure.

1091. — Leutgarde de Clermont-Lodève.

1093. — N. de Conducie.

---

(1) Femme séparée par dispense du pape Grégoire VII, pour cause de parenté, de Centule IV, vicomte de Béarn et d'Oléron, dont elle avait eu un fils qui succéda audit comté, fut conduite à Cluny, prendre le voile et fut religieuse à Marcigny dont elle fut depuis prieure. La lettre de Grégoire VII est de l'an 1078.

1094. — Agnès de Saint-Angoulin; Armande de Polignac; Avie de Chélois; l'Etang de Chélois.

1095. — Adèle d'Angleterre, fille de Guillaume le Conquérant, roi d'Angleterre, veuve d'Etienne, comte de Blois, fut prieure; Cunize des Ardennes.

1096. — Cunize, fille du comte de Conon; Lucie de Semur et Adélaïde de Semur (sœurs).

1097. — Attile de Sol, femme de Durand de Boëre; N., fille de Girbaud Le Verd.

1098. — Colombe, femme d'Emiondais; Girarde de Mayencelle de Montbrison.

1099. — Anne, femme de Ponce Dumont.

1100. — Reine de Massis; Adelvie de Carcassonne; Ermingarde d'Anjou.

1101. — Ermengarde de Toulouse, et Adelaïde de Toulouse, sœurs.

1104. — Marguerite de Brézé; Humberte de Mailly; Rotrude, femme d'Elgode; Anne de la Douze, religieuse professe de Saint-Jean-d'Autun, et ensuite, par le désir d'une plus grande perfection, se fit agréer à Marcigny.

1105. — Gondarde de Varenne-Sury; Gilberte de Busseul; N. de Florence; Guiburge de Centherbens, femme de Girard de Vioney.

1106. — Reine, fille du comte Conon de Montaigu et veuve de Raynaud, comte de Bourgogne et de Mâcon; Poncette de Montboissiez de Chenay.

1107. — Aremburges Hesperuns; Aremburges d'Elzole,

1108. — La comtesse de Branica, Italienne; Adélaïde, veuve de Hugues Dupuis; Alède de Putières.

1109. — Marie d'Ecosse, fille de Marcomir; Arsinde de Luzignan; Jeanne de St-Christophe: Huguette de Paray.

1110. — Christine de Béaul; Marie de Béaul; Benoite de Saint-Romain; Jeanne de Cipière; Constance de Montrond; Attelle, femme de Geoffroy d'Essertines; Adélaïde d'Essertines; Constance de Rabie.

1112. — Adélaïde de Mergueil ; Elizabeth de Chalon ; Florence de Lavieu ; Guillemette de Saint-Polgue ; Alix de Guines, petite nièce de Saint-Hugues ; Jeanne Neuchatel,

1113. — Florence de Commière d'Ogerolles.

1114, — Roselle de Guines, petite nièce de Saint-Hugues ; Raingarde de Semur, veuve de Maurice de Montboissier, morte en 1134. Elle était mère de Pierre le Vénérable, abbé de Cluny ; Marthe de Montboissier et Marguerite de Montboissier, sœurs.

1116. — Etiennette, femme de Geoffroy III, de Semur. Ledit Geoffroy de Semur épousa en 1120, N... dame de Luxy (1). Jeanne de Lévy-Vantadour.

1117. — Héliade de Saligny.

1119. — Ide de Foussigny ; Poncette de Talaru ; Antoinette de Fougères.

1123. — Hermengarde, femme de Geoffroy II, de Semur ; Adélaïde de Semur ; Agnès de Semur et Cécile de Semur, filles d'Hermengarde ; Aremburge de Meschin ; Marie de Clochère.

1124. — Pétronille, femme de N. de Damas ; N. de Damas, sa fille.

1125. — Huguette de Mailly.

1128. — Guillemette de Bourbon.

1133. — Aimée, mère de Faucon de Jaligny ; Béatrix, femme dudit Faucon de Jaligny ; Josie de Fougères.

1136. — Berthe, veuve de Hugues de Marcilly.

1137. — Sainte Véraise, fille d'Alphonse, roi d'Aragon. Elle est vierge et martyre canonisée, et on en fait l'office double, le 15 juillet, dans le monastère de Marcigny, qui a l'honneur d'être dépositaire de ses principales reliques.

1138. — Sainte Fradeline d'Espagne, aussi vierge et martyre canonisée. Elle fut prieure.

---

(1) Etiennette, sa première femme, était morte sans doute dans cet intervalle à Marcigny. F. C.

1139. — Jacqueline de Miolans; Henriette de Coligny.
1142. — Blanche de Salins et Elie de Bourgogne.
1143. — Elie de Macon; Sibille de Macon, sœurs.
1144. — Matilde de Boulogne, femme d'Etienne de Blois, roi d'Angleterre; Hermengarde de Boulogne, sœur de Mathilde; Eméline de Blois, fille de Mathilde.
1146. — Jeanne de Montagu; Hildegarde de Beaugency.
1147, — Marthe de Normandie; Bernarde de Montaut; Elizabeth de Brancion; Philiberte de Dyo.
1148, — Jeanne de Vienne; Jeanne d'Amanzé; Isabelle de Damas; Philiberte de Montceau.
1150. — Gilberte d'Arcy; Blismonde de Mercœur.

(A partir de 1150, jusqu'à l'an 1300, il n'y a plus de dates dans mon manuscrit. Je donne telle que je la trouve, dans cet intervalle, une série de soixante noms dont quelques uns, comme celui de Raingarde de Semur, se trouvent déjà classés dans ce qui précède.) (F. C.)

Alberte de Moulon; Etiennette de Mont-Saint-Jean; Gertrude de Chevrière-Saint-Maurice; Alix de la Baume; Sibille de Comptor d'Achon; Arsinde de Polignac; Philiberte de Saint-Haon de Bugnon; Alix de Nevers; Joanne de Vautrion; Edelburge de Varenne-Nagu; Marguerite de Narbos; Marguerite de Brèves; Eve de Montmorency; Anne de Crest; Anne de Crest *(sic)*. (C'est peut-être une nièce et filleule de la précédente (F. C.); Jeanne de Loirol; Marie de Barnay; Marie de Ballore; Huguette de Mailly; Marie de Boulogne; Adélaïde de Montfort; Florence de Saint-Polgue; Jeanne de Brian; Bernarde de Sainte-Colombe; Jeanne de Garadeur de l'Escluze; Perronne de Montjornal; Henriette de Salins; Gabrielle de Montceaux; Nicole de Céron et Louise de Céron, sœurs; Ermingarde d'Aquitaine; Sainte Raingarde de Semur, cellerière, mère de Saint-Pierre le Vénérable; Claudine de Marcour-Sarron; Guillemette de Brézé; Charlotte de Commière; Jeanne de Viry; Gilberte de Cluny; Madeleine d'Uxelles, prieure; Adrienne de Montboissier; Sibille de

Fleury-la-Montagne : Entrée du bourg.

Vichy; Gasparde de Foudras-Corcenay; Benjamine de Villards; Perronne de Thiange; Madeleine d'Estrade; Radegonde de Bourbon; Emiline de Maubourg; Agislmode de Chateaumorand; Pétronille de Gassion; Hester de Châteauroux; Michelette de Lucinge; Marie de Plaisance; Dorothée de Vantadour; Adelvie de Lorraine; Claude de Bourgogne; Félicité d'Humières, prieure; Bénédictine d'Elbœuf; Victorienne de la Bussière; Tarsile de la Palu et Humbeline de Verax, sœurs.

1300. — Alix de Pressy; Eidéarde; Alix Dessertines.

1320. — Jeanne de Busseul.

1325. — Alize d'Amanzé, prieure en 1370; Isabelle de Dumas, prieure en 1401; Philippe de Morelle.

1326. — Jeanne de Commune.

1328. — Agnès de Chervieux.

1330. — Isabelle de Laguiche, Alix Mazoncle.

1335. — Jeanne de Sainte-Prime.

1359. — Catherine de Saint-Bonnet.

1373. — Marguerite de Lépinasse, sacristaine.

1380. — Agnès Mauvoisin de Rébé était prieure en 1437.

1385. — Agnès de Marcilly.

1388. — Jeanne du Plessis; Anne de Lugny-Dracy; Antoinette de Lugny.

1400. — Catherine de Châtelmontagne.

1401. — Jeanne de Damas, fut prieure en 1439.

1410. — Marguerite de Dyo, prieure en 1445.

1418. — Catherine de Colon (est mise présente à la transaction passée entre le prieuré et le curé de Brian, en 1516. Je crois qu'elle n'est venue en 1418).

1443. — Louise de Nagu; Etiennette de Bois, prieure en 1470.

1448. — Isabelle de Laguiche, prieure en 1483.

1449. — Emonde Port de la Roche de Rhodes, prieure en 1487.

1464. — Sébastienne de Damas.

1465. — Anne de Rollat ; Catherine de Ternan.

1466. — Philippe de Sarron.

1467. — Antoinette de l'Etoile.

1468. — Anne de Follet ; Alix de la Baume ; Adrienne de la Pallu de Varax, prieure en 1491, puis abbesse de St-Jean-d'Autun, duquel monastère elle fut la réformatrice (Guichenon, p. 301). Faut voir mon petit mémoire à la louange de cette dame (1).

(1) Manuscrit perdu. F. C.

1470. — Françoise de la Fin ; Huguette de Montagne.

1472. — Louise de Boussé, prieure en 1507.

1473. — Louise de Chevrières.

1474. — Françoise de Vichy-Chévenizet, Catherine de Chanlon.

1480. — Antoinette de Lugny-Dracy.

1481. — Jeanne de Chaugy.

1483. — Catherine de Semur ; Agnès de Chaugy.

1484. — Cl. de Vichy de Chamron, prieure en 1510 ; Marguerite de Chandieu ; Philippes de Manvilly ; Ant. de Communes.

1485. — Marie de Saligny et Ant. de Saligny, sœurs ; Charlotte de Nagut ; Marguerite de Cordebœuf et Ant. de Cordebœuf, sœurs.

1486. — Julienne de Sancené et Catherine de Sancené, sœurs ; Madeleine de Busson.

1487. — Marguerite de l'Etang et Louise de l'Etang, sœurs ; Agnès de Chigy et Philiberte de Chigy, sœurs.

1488. — Anne de Chaugy et Sébastienne de Chenay, sœurs (1) ; Jeanne de Cipierre et Claude de Cipierre, sœurs ; Renée de Chantemerle de la Clayette.

1489. — Jeanne d'Oiselet et Renée d'Oiselet, sœurs.

1490. — Jacquette du Peschié.

1491. — Catherine de Gayette ; Thomasse de Damas.

---

(1) Sœurs de mère sans doute. F. C.

1492. — Catherine de Vichy-Chamron.
1493. — Lucrèce de Thiard.
1494. — Catherine des Augères.
1495. — Nicole du Petit-Bois.
1496. — Claude de Pressy.
1497. — Jeanne de Lévy-Chateaumorand.
1498. — Fr. de Tenay-Saint-Christophle.
1499. — Claude de Magny.
1500. — Marg^{te} d'Anlezy de Menetoux.
1501. — Jeanne du Bouchet.
1502. — Cath. du Pré; Jeanne de Bouillon.
1504. — Madeleine de Cornay; Anne de Lugny.
1505. — Cath. de Mortillon.
1506. — Isabeau de Périgny.
1508. — Jeanne de Beaumont, Catherine Dauvage.
1509. — Louise de Véré; Anne Picoys, de Chadeney-sur-Dunes.
1510. — Fr. de Marcilly.
1511. — Philippe de Charrins, fut abbesse de Saint-Jean-d'Autun et emmena avec elle huit Dames de Marcigny pour réformer cette abbaye; Anne de Boussé et Louise de Boussé, sœurs.
1512. — Anne de Courcelles.
1513. — Philiberte d'Audour.
1514. — Louize de Montboissier.
1515. — Claude de Montagny.
1516. — Blanche de Lévy et Rénée de Lévi (*sic*), sœurs.
1518. — Anne de Villernoux.
1519. — Anne de Rabutin, abbesse de Saint-Jean d'Autun.
1520. — Pierrette de la Tessonière.
1521. — Catherine de Saint-Polgue.
1522. — Suzanne de Laguiche, Philiberte de Tenay de Chevrigny.
1523. — Louise de Beauvoir.
1524. — Jacqueline de Chassigny.

1525. — Jacquel, de Tenay-Saint-Christophle ; Fr. de Chevrières, fut prieure en 1556.

1526. — Jeanne de la Baume, Jeanne de Moulins.

1527. — Etiennette de Marchant de Chavaux ; Sebastienne de Savigny-Chaugy.

1528.— Catherine d'Amanzé de Choffailles ; Fr. de Saligny.

1529. — Philiberte de Montagny ; Charlotte de Charnoux.

1530. — Claude de Saillant ; Marguerite Dusaix ; Claude de la Souche de Noyant.

1531. — Madeleine de Chevrières.

1532. — Jeanne de la Forest.

1533. — Hélène de Vichy-Chamron ; Fr. de Damas-Verpré.

1534. — Etiennette du Blé de Cormatin, fut prieure en 1555.

1535. — Anne de Saligny ; Tynne de Saligny.

1536. — Fr. de Chaugy.

1537. — Fr. de Pauze.

1538. — Louise de Saint-Polgue.

1539. — Marie d'Anlezy de Ménetoux.

1540. — Catherine d'Amanzé ; Claude de Charnay.

1541. — Léone de Semier ; Fr. Bonnay de Vaumas, Ant. des Fongis ; Claude d'Apchon ; Madeleine de Vichy du Jeu.

1542. — Anne de Dyo ; Et. N. de Dyo ; Claude de Ramilly.

1543. — Augustine de Mole de Chantemerle.

1545. — Marie Destampes (*sic*) ; Simonne de Damas ; Marie de Savigny ; Michelette du Palais ; Elie de Damas.

1546. — Jeanne de Damas ; Jeanne Picaud. Je crois que ce fut une sœur.

1547. — Thomée ou Ant. de Tenay Saint-Christophle et Jeanne de Tenay Saint-Christophe, sœurs ; Autre Françoise de Bonnay.

1548. — Bernarde d'Anlezy ; Cath. de Moles ; Philippes de la Fin ; Léonarde de Damas ; Anne de Vichy de Nuzillat ; Fr. de Sarre, fut depuis prieure de Pouilly-en-Lyonnais.

1549. — Anne d'Anlezy de Ménetoux, Cath. le Long de Chenillat.

1550. — Georges de Lagarde de Chassigny; Claude de Fautrières d'Audour; Ant. de Tenay Saint-Christophle; Ant. de Laubépin de Sarrié; Ant. le Long de Chenillat; Bernarde du Blé; Etiennette de Saligny.

1551. — Hélène des Plantais; Madeleine de Semier; Jeanne des Plantais, sœur d'Hélène; Victorienne de Villers.

1552. — Anne Coquille; Gabrielle de Troussebois-de-Ris; Fr. de Chevrières, fut élu prieure en 1580; Jeanne de Tenay Saint-Christophle.

1553. — Claude du Blé de Cormatin, vêtue et professe du prieuré de Lanchard, de Chalon, fut reçue à Marcigny par Dame Claude de Vichy, prieure, par ordre de M. le card. de Lorraine, pour apprendre et être instruite à la régularité de la religion et au service divin, pour en rapporter fruit et servir d'exemple audit prieuré de Lanchard.

1553. — Julienne de Villars; Jeanne de Saix de Ressin; Louise de Vougy; Barbe de Saint-Antost.

1554. — Louise de Laclayette; Rénée de Semier.

1555. — Gabrielle de la Forest.

1556. — Anne de Saint-Georges-d'Estrées.

1557. — Marie de Montjournal.

1558. — Marguerite de Lagoutte de l'Ecluze.

1559. — Cl. de Cipierre; Louise de Montrond.

1560. — Léonord de Chitin.

1568. — Olive du Palais.

1569. — Charlotte le Long de Chenillac; Suzanne de Laguiche de Chaumont, fille de Pierre de Laguiche, chevalier et seigneur de Chaumont, et de Françoise de Chazeron-Morey.

1572. — Marie d'Amanzé de Chauffailles et Jeanne d'Amanzé de Chauffailles, sœurs. Jeanne fut prieure en 1610 et l'était encore en 1615.

1573. — Suzanne de Saint Georges.

1574. — Anne de Cotignon.

1575. — Anne d'Orvallet.

1576. — Cl. de Chambonnay.

1577. — Jacquel, de Chantelot de la Chaize.

1578. — Fr. Savary de Brèves.

1579. — Philippes de Saint-Julien-de Baleurre.

1582. — Jeanne de Vaurion de la Bernadière.

1583. — Ben. de Chantelot de la Chaize.

1584. — Marie de l'Etouf de Pradines.

1585. — Elisabeth de la Souche Noyant.

1586. — Diane de Laguiche; Peronne de Laguiche; Jeanne de Feillens, petite-fille de Philiberte de Tenay et François de Putrain, et fille de Pierre de Feillens et Jeanne de Putrain.

1588. — Elisabeth de Damas-Thianges.

1589. — Louise de Foudras de Courcenay.

1590. — Huguette de Damas Verpré; Aimée de Bongars de l'Etang.

1591. — Jeanne de Bonnay de Vaumas.

1592. — Léonore de Brèche.

1593. — Philiberte de Viry de la Forest.

1594. — Marie de Montjournal du Deffand.

1596. — Gasparde de Simianne; Léonore de Bonnay de Vaumas.

1598. — Cl. du Boz de Moulins.

1599. — Louise de Damas.

1600. — Philiberte de Sainte Colombe.

1601. — Fr. d'Amanzé de Chauffailles, prieure en 1632; Léonore d'Amanzé de Chauffailles; Jeanne de Feillens; Philiberte Ducret de Montfort.

1602. — Gilberte de Mars-Chateauroux, Philiberte de Chigy.

1603. — Cl. de Viry-Putet; Anne de Coligny de Saligny; Marie-Suzanne de Laguiche Saint-Gérand.

1604. — Marg^te^ Blondeau, puis fut prieure claustrale et titulaire en 1605.

1605. — Fr. de Savigny de Brève; Cl. Dormy de Vinzelles.

1606. — Marie d'Esserpens de Gondras.

1607. — Mag^te d'Ogerolles de Cornillon ; Marie de l'Etouf de Pradines.

1608. — Cl. de Gorros de Goubertont ; Jeanne Maréchal des Noix.

1609. — Anne de Bonnay de Vaumas ; Anne de Guain de Linards ; Fr. de la Rivière de Martenet ; Louise Aubery de Vatan ; Izabeau (*alias Elizabeth*) de Rabutin la Vau.

1610. — Esther Cath. de Langeron ; Cath. de Lestouf de Pradines (*alias* d'Audour), Marie de Bersey.

1611. — Louise de Laguiche-Saint-Gérand.

1612. — Louise de Ramilly.

1613. — Jeanne d'Esserpens de Gondras ; Reine de Chaugy-Cuzy.

1614. — Marguerite de la Goutte de l'Ecluse ; Gabrielle de l'Ecluse.

1615. — Cl. de Foudras.

1616. — Cl. de Goüais ; Jeanne de Damas ; Marguerite de Damas-Barnay.

1618. — Simonne Bayard de Malzac ; Marguerite Bayard de Malzac ; Fr. du Breuil de la Batie ; Elizabeth de Guain de Linards ; Jacqueline de Rabutin.

1619. — Marg^te Prevost de Beau-Lieu ; Marie des Barres ; Jacq. Marie le Camus d'Arginy.

1620. — Renée du Vernay de la Garde.

1621. — Ant. Rimond de la Rochette, fille de Louis de Rymond de la Rochette, baron de Bellevue, et de Suzanne de la Eslonge d'Aubigny. Ladite dame de la Rochette fut abbesse du Lieu-Dieu et mourut le 6 janvier 1679.

1622. — Marg^te de Balorre.

1623. — Marg^te du Vernay de la Garde.

1624. — Louise de Ramilly de Charnay.

1625. — Jeanne-Jacq. de Chantelot, fut prieure en 1676.

1626. — Marg^te de Sainte-Colombe-Laubépin.

1627. — Gabrielle de Charry des Gouttes.

1628. — Cécile Diane de Balorre.

1629. — Gabrielle de Montjournal du Verger.

1630. — Jeanne du Breuil la Batie.

1638. — Marguerite d'Ogerolles de Thélis et Suzanne d'Ogerolles, sœurs.

1640. — Jeanne de Thieugne.

1641. — Cl. de Saint-Georges.

1642. — Philiberte de la Foray (*sic*).

1649. — Eléonore de Cluny-Valuron.

1650. — Jeanne de Vaurion de Coutouvre.

1653. — Cl. de Gontaut de Goubertout.

1654. — Anne de Verdigny.

1655. — Isabeau de Vaurion.

1660. — Marie de Montchanin la Garde.

1662. — Fr. de la Souche; Barbe-Gabrielle de la Souche-Neuville.

1663. — Fr. de Mazille de Vobresson.

1664. — Marg^te de Saint-Georges; Isabelle Maréchal de Fin; Fr. de Fourvillon de Butery.

1665. — Madeleine Dubost-Moulin.

1668. — Eléonore de Barnay du Coudray.

1670. — Henriette Ant. de Ste-Colombe-Laubépin; Jacq. Fr. de la Rochefoucauld.

1671. — Louize de la Guiche (*sic*); Marie Camus d'Arginy; Eléonore d'Andrault de Langeron.

1673. — Ant. de Thélis de Vallorge; Marg^te de Ramilly.

1674. — Marg^te de Balorre; Louise de Dâmas Barnay; Marg^te de Fautrières; Jeanne de Courcheval, sœurs; Jeanne Gabrielle de Foudras-Morlon.

1675. — Anne d'Arcy de Coutouvre et Marie-Emmanuelle d'Arcy de la Varenne, sœurs; Madeleine de Rogier de Lignat; Marie d'Albon de Saint-Marcel; Claude de Viry du Coude.

1676. — Anne Cath. de Viry de Glavaizon; Cath. de la Chaize-d'Aix, fut prieure claustrale en 1685, puis prieure titulaire en 1693; Geneviève de la Chaize d'Aix, fut abbesse de Cusset.

1677. — Jeanne-Louise du Hamel.

1681. — Hilaire de Sainte-Colombe, a été agrégée à Leigneu, en 1717; Marguerite de Viry du Coude; Anne-Aimée Savary de Brèves.

1683. — Etienne de Damas-Barnay; Marie-Anne de Sarron.

1687. — Claude de Chantelos; Rose-Thérèse de Raousset-Somabre; Marie-Hypolite de Laurencin de la Bussière.

1689, — Elisabeth d'Amanzé-Chauffailles.

1692. — Marie-Paule de Berthet du Teillat.

1693. — Jeanne-Claudine Marie de Colonge-de-Pressy; Jeanne Marie-Louisé d'Arcy d'Ailly; Cl. Dumagne de Bourg, fut prieure claustrale en... et titulaire en...

1695. — Jeanne Christine de la Souche; Marie-Hyacinthe de Vichy-Chamron.

1697. — Henriette du Croc de Saint-Polgue; Fr de Langeron de Maulévrier; Marie-Anne de St Georges, fut prieure à Saint-Thomas.

1723. — Laurence du Bois de la Rochette.

1725. — Charlotte-Marie des Crocs d'Estrées; Marie de Chavagnac de la Molière.

1731. — Fr. Sibille de Kyrielle de Chantelot.

1737. — Anne-Nicolle de Laqueuille-Châteaugay; Hélène-Marguerite de Bruin du Breuil de Champignol.

1740. — Charlotte Aymée de la Souche-Neuville.

1744. — Anne-Catherine de la Souche.

1746. — Marie-Thérèse-Elisabeth de la Valade de Trufin, professe du 20 avril 1749; de Valadoux.

ÉTAT PERSONNEL DE L'ÉTABLISSEMENT DE MARCIGNY

en 1640

Tiré du Livre de la Confrérie de N.-D. du Mont-Carmel érigée en l'église des Dames et Religieuses de cette ville

S'ensuivent les noms des religieux, religieuses et domestiques du monastère de l'Ordre de Saint-Benoît en la ville de Marcigny, qui ont reçu le saint Scapulaire de Notre-Dame du Mont-Carmel, des mains du R. P. Talet, prieur des PP. Carmes de Moulins, le 15e juillet 1640, jour de l'érection de la confrérie audit monastère.

Les religieux. — Dom Claude Verchère, père confesseur; Dom Anthoyne Dupuis; Dom Henry Bruet; Dom. Claude Degouvenain, confesseur.

Les religieuses. — Mmes Marguerite Blondeau, prieure; Jacqueline de Lachèze, l'aînée, mère d'ordre; Philippes de Balleure, mère d'ordre; Benoiste Lachèze, mère d'ordre; Jeanne de Vaumas, mère d'ordre; Marie de Pradines; Huguette Damas-Verpré; Esmée de Lestangt (*sic*); Marie de Saindré; Eléonor de Vaumas; Philiberte de Sainte-Colombe; Louise Damas de la Battie; Claude de Moulins; Jeanne de Felliens; Claude de Putet; Isabelle de Saligny; Marie de Saint-Gerand; Marie de Gondras; Anne de Linav; Marguerite de Commière; Marie de Pradines; Claude de Goubertout; Isabelle de Linav; Jeanne de Noix; Françoise de la Rivière; Louise de Aubry; Hysabeht de Rabutin-Lavaux; Hester Catherine de Langeron; Catherine de Pradines; Marie-Diane de Besset, inventrice de la confrairie; Louyse de

Ramilly-Charnay ; Jeanne-Thérèse de Gondras ; Reyne de Changy-Cusy ; Marguerite de Damas de Barnay ; Jacqueline-Marie d'Arginy ; Marguerite-Eléonore de Beaulieu ; Anthoinette de la Rochette ; Jeanne-Jacqueline de Chantelot ; Gabrielle de Chary-des Gouttes ; Cécile-Diane de Balore ; Gabrielle Montjornal-Duverge ; Jeanne de la Batie ; Marguerite de Coummière; Suzanne de Coummière.

Les filles pensionnaires. — Charlotte de Virielle ; Marie-Claude-Suzanne de Coumière ; Françoise de Dureau ; Suzanne Juillet.

Les servantes. — Sœurs Claude Condasse ; Marguerite Carmes ; Jeanne Cucherat ; Marguerite Pillet ; Péronne Belot ; Benoiste Ressort ; Claude Lucat ; Isabeau de Carmes ; Marguerite Jacquette ; Jeanne Mouton ; Jacqueline Mathieu ; Françoise Girard.

Les domestique du Prioré (sic). — Benoist Conde, natif de la-Clète ; Etienne Nonin, natif de Cluny ; Marie Martin, natif de Cluny ; Magdelaine Martin, natif de Cluny ; César Vernisse, natif de Marcigny ; Maistre Jehan-Bernard, natif de Saint Parisse, dépendant du diocèse de Nevers, domestique du prioré de Marcigny ; Marguerite Bayon, native de la ville de Marcigny.

CATALOGUE DES PRIEURS DE MARCIGNY

Durand, 1063.
Guy I., 1065-1093.
Humbert I., 1094.
Seguin, 1098-1100.

Les prieurs proprement dits de Marcigny avaient autorité universelle sur le monastère des Bénédictins de cette ville, et temporelle sur celui des Bénédictines. Il y avait, dès l'origine, et par l'institution de saint Hugues, des religieux de choix, préposés à la direction spirituelle des Bénédictines et qu'on appelait aussi prieurs. Les trois premiers dont la direction correspond, pour le temps, au gouvernement des quatre prieurs sus-nommés, sont : Renchon choisi par saint Hugues lui-même pour ce ministère, en 1063 ; Raynaud, neveu du saint abbé de Cluny, qui sera ensuite abbé de Vézelay, puis archevêque de Lyon, et bienheureux dans le Martyrologe gallican ; et après lui, le vénérable Hugues, appelé sur le trône abbatial, le 23 mars 1122.

Geoffroy de Semur, neveu de saint Hugues, fut prieur pendant quatorze ans. Dans ce laps de temps, les Bénédictines eurent trois prieurs ou directeurs, savoir : Bernard de Berzé, qui avait été connétable de saint Hugues ; Guichard, qui avait été coadjuteur de Seguin, le quatrième prieur, et Girard le-Vert, aux vertus duquel Pierre le Vénérable rend un éclatant hommage au livre premier de *Miracles*, chapitre huitième.

Ponce, qu'il ne faut pas confondre avec l'abbé du même nom et de si douloureuse mémoire, 1123.

Igneraude : Eglise Romane (XIIe siècle.)

Sous ce prieur, Théotard, de la maison de Vichy, fut prieur ou directeur des Dames Bénédictines.

Archambaud, sous lequel, vers 1130, commencent à se produire des difficultés entre les pères et les sœurs prieures des Dames ; Thomas, puis le bienheureux Turquillus dont on peut lire l'éloge, soit au *Menologium benedictum, 10 decembris*, soit au livre I, chapitre XXI, des *Miracles*, par Pierre le Vénérable. Le *Gallia Christiana* le compte à tort parmi les prieurs proprement dits de Marcigny.

Simon, 1166.

Hugues I, de la maison de Châtillon, 1174.

Dans une charte de l'an 1218 et du 13 juin se trouve illisible le nom du prieur de Marcigny commencant par la lettre N.

Pareillement on ne peut que lire la lettre initiale S... du nom de celui qui succéda au précédent en 1231.

Jacques I, 1234 1261.

Yves I, 1266.

Mathieu, prieur en 1270.

Guy, 1275-1278.

Garnier, 1281.

Hugues II, en 1286.

Dom Viard, prieur de Marcigny, en 1294. En 1291, les définiteurs du chapitre général lui ordonnent de n'apposer les sceaux du monastère qu'après avoir pris l'avis de la prieure, de la cellerière, de la sacristaine, de l'infirmière et des autres Dames d'ordre. Ceux du chapitre général de l'an 1292 défendent d'admettre au monastère plus de quinze demoiselles du siècle.

Hugues III, 1300, avait été prieur de la Voulte puis de Lurcy.

Jean Châteauvillain, 1303-1316, eut de grands démêlés avec les Bénédictines, au sujet de la nomination du prieur ou directeur des Dames, et de la camérière. Il y eut quelques voies de fait de la part des Dames. C'est la misère commune de notre pauvre nature ici-bas.

Jean II, de la Brosse, en 1316.

Guillaume Amale de Luzy, fils de Jean de Châteauvillain, baron de Semur-en-Brionnais, en 1318. Les plaintes des Bénédictines continuent. Elles trouvent à redire à l'admission parmi elles d'une jeune fille qui n'était pas noble de père.

Girard, de 1329 à 1334.

Guy III de Damas, 1334 à 1346. Avant lui les Bénédictins et les Bénédictines, séparés par une cloison en panneaux peints des deux côtés, étaient dans l'usage plusieurs fois séculaires de chanter alternativement le saint office dans le chœur de la grande église. Par suite des démêlés persistants, le chapitre général supprima cet ordre de choses, et les Bénédictines commencèrent à dire seules et en chœur leur office dans la chapelle de Saint-Nicolas, devenue aujourd'hui l'église paroissiale de Marcigny.

Pierre de Viers I, en 1346.

Pierre de Viers II, filleul et neveu du précédent, en 1348.

Hugues IV de Saint Bénigne, de 1353 à 1367. Il fut nommé définiteur au chapitre de 1356.

Pierre III, de Lyon, 1367.

Etienne de Blerens, 1371.

Etienne II, fils de Girard de Semur, seigneur de Sancenay, 1373.

Etienne III Tachon, de 1374 à 1382. Il avait été doyen de Paray de 1370 à 1374. Sur sa proposition, le chapitre général de l'an 1375 statua que la prieure n'aurait pas seule la clef des archives; mais qu'elle en remettrait deux à deux des plus anciennes religieuses. L'abbé de Cluny, Jacques I, mettait, par acte du 3 mai 1377, à sa disposition le tiers des biens qu'il laisserait à son décès. Il fit mieux encore : le 10 juin 1381, il translatait à Marcigny une portion considérable d'un bras de saint Hugues, et ordonnait qu'on ferait chaque année, à pareil jour, la fête de la translation. C'est le prieur Etienne Tachon qui fit construire, en 1378, les halles de Marcigny qui n'ont disparu que depuis peu d'années de la place qui en conserve le nom.

Jean IV, en 1385.

Antoine de Chalmasset, de 1385 à 1397. Le chapitre général de 1389 loue beaucoup sa gestion et la sagesse de son gouvernement. Il avait d'autant plus de mérites qu'au moment où le chapitre s'occupait ainsi de lui tout reposait sur sa personne, les offices de prieur claustral ou des Dames et de la Dame prieure, étant vacants à la fois.

Guillaume II, de l'Espinasse, 1397. Il avait été prieur de Glanot, au Mont-Saint-Jean, et connétable de l'abbé de Cluny.

Jean V, de l'Espinasse, de 1399 à 1433. La discipline était mal observée. On en peut juger par ce fait rapporté dans le procès verbal de la visite canonique de 1410, que les herbes et les arbustes croissaient dans la salle du chapitre : « Arbores cescebant in capitulo monachorum. » Le prieur reçut l'ordre d'y faire de suite les réparations nécessaires, et en attendant de réunir le chapitre, trois fois la semaine, dans la chapelle de Saint-Blaise. L'article de Jean V finit par ces mots : « Domus décanatus et elecmosynariæ erant quasi in ruina. » La maison du decanat et celle de l'aumônier tombaient en ruines.

Guillaume III de Bréchard, appelé quelquefois Guillaume Burchard.

Adam le Thuillier, de 1441 à 1445.

Denis I Thomassin, de 1445 à 1459. Il fut chargé de la visite de l'abbaye de Cluny, en 1448. Jean David était prieur des Dames Bénédictines en 1449.

Jean VI le Fèvre, alias Faure, de 1460 à 1465.

Simon II, de Ronchival, prieur de Marcigny et de Charlieu, de 1466 à 1470.

Zacharie de Tologny, alias de Toulongeon, 1470 à 1490. Il avait le titre de conseiller du roi.

Louis de Rochechouart, docteur en l'un et l'autre droit, neveu de Jacques d'Amboise, abbé de Cluny, de 1490 à 1505.

Il était aussi abbé de Moustierneuf de Poitiers. Marcigny avait alors pour Dame prieure Adrienne de Lapalu, fille de Hugues de Lapalu, comte de Varax, laquelle fut ensuite abbesse de Saint-Jean-le-Grand d'Autun.

Denis II Cadot ou Cardon, en 1506. Sous ce prieur dont la charge se rencontre avec celle de la prieure Louise de Beuslon, *alias* Boslon et de Boussé, la communauté des Dames de Marcigny obtint de Jacques d'Amboise, abbé de Cluny, un statut confirmé par le grand-prieur de Cluny, Philippe de Bourgoing, et par les définiteurs du chapitre général du 22 mai 1507, lequel statut supprimait à Marcigny les offices claustraux des moines et des Dames, et les réunissait à la mense du couvent. C'était renverser l'ordre de la fondation de saint Hugues par la suppression du prieur claustral ou des Dames.

Denis Cadot fut plus tard prieur de Sauxillanges en Auvergne.

Marin Avernier était prieur de Marcigny, en 1508.

Nicolas de la Rose, de 1514 à 1526.

Jean VII le Maître, 1526-1544.

Christophe Coquille, prieur de Marcigny, de 1545 à 1564, mourut dans cette ville le 12 octobre de cette dernière année et y fut inhumé. Il était en même temps grand-prieur de Cluny.

Jean VIII Cotignon hérita de la double charge du précédent, et mourut pareillement à Marcigny, où il eut son tombeau, le 22 avril 1572.

Antoine II Baillif était prieur de Marcigny en 1573.

Philibert Joly, 1581-1617. Il était docteur en théologie, et fut définiteur au célèbre chapitre général de l'an 1600.

Pierre IV de Dormy, fils de Charles-François de Dormy, qui de prieur de Saint-Martin-des-Champs, devint évêque de Boulogne, fut prieur de Marcigny de 1617 à 1630.

Après le décès de ce prieur, il s'éleva de graves démêlés, toujours au sujet du titre de prieur. Marguerite Blondeau,

Iguerande : Intérieur de l'église.

qui paraît avoir été une des meneuses les plus ardentes et les plus habiles, étant devenue prieure en titre, en 1638, obtint de l'omnipotence de Richelieu, commendataire de Cluny, la suppression absolue du titre de prieur, et l'on exhiba une prétendue bulle d'Urbain VIII, du 10 mars 1638, qui confirmait cette suppression, non plus seulement du titre de prieur des Dames, mais de toute espèce de prieur. Il y avait eu surprise audacieuse, la bulle vraie ou fausse demeura sans effet. Marguerite Blondeau fut déposée de la charge de prieure et mourut simple religieuse en 1658. Mais ce n'est qu'en 1653 que nous retrouvons la suite des prieurs. Dans l'intervalle, il n'y eut que deux pères confesseurs, savoir : Dom Claude Verchère et Dom Claude Degouvenain.

Dom Antoine Mossan fut prieur de Marcigny en 1653.

Pierre V Camuset succède au précédent, en 1663.

En 1666 apparaît le premier prieur commendataire, c'est-à-dire non religieux, de Marcigny. C'était le fils de Messire Lelièvre, président du grand conseil.

Le second prieur commendataire est un M. Favre qu'on trouve avec ce titre en 1674.

Ce dernier eut pour successeur, en 1693, le duc d'Albret, neveu du cardinal de Bouillon, abbé de Cluny. Quel inconvénient pouvait-il y avoir en pareilles conditions, à la suppression du titre de prieur ? Aussi, sur les instances de Mme Catherine de la Chaize d'Aix, le cardinal-abbé obtint la démission de son neveu, supprima définitivement le titre de prieur, et fit approuver cette suppression au chapitre général de 1693. Depuis lors les Bénédictins n'eurent plus à s'occuper du temporel à Marcigny, et leur supérieur prit le titre de prieur claustral.

Pierre Simon, prieur claustral de Marcigny, de 1693 à 1699, était un religieux du plus grand mérite. Il avait occupé les plus hautes charges de l'Ordre et avait publié, en 1680, le *Bullarium sacri Ordinis Cluniacensis*.

Dom Laurent Borthon succéda, en 1699, à Pierre Simon,

fut nommé prieur de Paray au chapitre général de 1701, et eut pour successeur à Marcigny:

Dom Hugues Molard, qui prenait le titre de prieur claus tral de Marcigny pour les moines : *Prior claustralis de Marciniaco pro monachis.* La susceptibilité de Mme de la Chaize d'Aix s'enflamme de nouveau et elle demande au chapitre général de 1704, de l'obliger à ne prendre que le titre de supérieur des moines.

Toutefois, on retrouve jusqu'à la fin, le titre de prieur :

« Dom Claude Varin, prieur, en 1719.

« Dom Pierre Harlé, prieur.

« Dom Claude Foussier, prieur claustral de Marcigny, en 1724.

« Dom A. Buliot, prieur, en 1737.

« Dom Potignon de Montmegin, en 1789, n'était connu dans le pays que sous le nom de monsieur le prieur, et mettait toujours ce titre à côté de son nom ».

CATALOGUE DES DAMES PRIEURES DE MARCIGNY

Hermengarde de Semur, sœur de saint Hugues fut la première prieure, en 1061.

Gille, ou Giselle, ou Ghisla, ou Galsuinde de Bigorre, vers 1080. Elle avait épousé, contre les lois de l'Eglise, Centule, quatrième vicomte de Béarn et d'Oléron son proche parent. Séparée en 1078 par ordre de saint Grégoire VII, elle était venue prendre le voile à Marcigny où elle fut prieure.

Jeanne de Semur, nièce de saint Hugues, vers 1084.

Agimolde de Périgord. Elle est nommée dans la bulle d'Urbain II, du 7 décembre 1106, où sont énumérés et confirmés tous les biens du prieuré.

Adèle d'Angleterre, fille de Guillaume le Conquérant et veuve d'Etienne, comte de Blois, vers 1107.

Alix de Luzy était prieure de Marcigny quand la Roche-Milay fut donnée à ce monastère, en 1119.

Sancie, alias Josie de Fougères, 1136.

Sainte Fradeline d'Espagne, vierge et martyre, dont on vénérait le corps à Marcigny, avait été prieure après l'an 1138.

Madeleine d'Uxelles.

Félicité d'Humières.

Gastone de Plaisance.

Humbeline de la Palu-Varax.

Tharsile de la Palu-Varax.

Alise d'Amanzé, 1370.

Marie de Saint-Arban ou Centarbens, vers 1377.

Agnès de Rébé, 1380.

Isabelle de Damas fut prieure en 1401.

Jeanne de Busseul-de-St Sornin fut célérière puis prieure, vers 1420.

Agnès de Rébé était prieure en 1437.

Jeanne de Damas, fille de Robert, seigneur de Bœuvrai, Clessy, etc., et de Marie de Digoine, 1440.

Catherine (alias Marguerite) de Dyo, fille de Jacques, comte palatin de Dyo, et de Jeanne de la Guiche, 1445.

Etiennette de Bois était prieure, en 1470.

Jeanne (alias Isabelle) de la Guiche. Elle était fille de Claude de la Guiche et de Claude de la Baume-Montrevel, en l'an 1485.

Edmonde Pot de la Roche (alias de Rhodes), vers 1487.

Adrienne de la Palu, fille d'Hugues de la Palu, comte de Verax, et d'Antoinette de Polignac. Les auteurs du *Gallia Christiana* disent qu'elle devint plus tard abbesse de Saint-Jean-le Grand d'Autun. Elle se trouve effectivement la dix-septième dans le catalogue des abbesses de cette illustre abbaye qu'on trouve dans l'*Autun chrétien* de Claude Saulnier, page 118.

Louise de Boussé (alias Beuslon) prieure, vers 1507, obtient du chapitre général la suppression du prieur claustral ou des Dames de Marcigny.

Claude de Vichy-Chamron était prieure en 1510.

Vers 1520, nous trouvons dans des titres authentiques, Françoise de la Palu, prieure.

Suzanne de la Guiche était prieure en 1550.

Etiennette du Blé de Cormatin, prieure en 1555.

Françoise de Chevrière, 1556.

Cécile d'Uxelles, vers 1570.

Bernarde du Blé d'Uxelles, prieure de 1575 à 1580.

Françoise de Chevrières, de 1580 à 1600. Elle était nièce de la prieure de 1556.

Péronne de la Guiche, prieure de 1600 à 1606.

Gabrielle de Naples, élue prieure en 1606.

Jeanne d'Amanzé, de Chauffailles fut prieure de 1610 à 1615. Deux nièces de Jeanne-d'Amanzé, Françoise et Léonore d'Amanzé, embrassaient comme elle la vie religieuse à Marcigny, tandis que leur sœur Gilberge-Françoise d'Amanzé entrait à Saint Pierre à Lyon et en devenait abbesse. Cependant, trois frères de Jeanne combattaient et mourraient sur les champs de bataille pour le service de la France et du roi.

Françoise d'Amanzé, de Chauffailles, succéda à sa tante dans la charge de prieure en 1615.

Marguerite Blondeau, qui devint titulaire en 1638, se montra audacieuse à poursuivre la suppression absolue du titre de prieur chez les Bénédictins de Marcigny. Elle n'eut que deux ans de règne et mourut simple religieuse en 1658.

Marie du Bessey était substituée à Marguerite Blondeau dans la charge de prieure, en 1640.

Jeanne de Bonnay, succédait à Marie du Bessey, vers 1650.

Anne-Judith Le Prieur était Dame prieure de Marcigny, en 1660.

Marie de Montjournal, prieure en 1670.

Jeanne-Jacqueline de Chantelot-la-Varenne fut prieure de 1676 à 1693.

Catherine de la Chaize d'Aix, appelée prieure claustrale dès l'an 1685, fut prieure titulaire de 1693 à 1747.

Eléonore du Maine du Bourg, prieure très entreprenante, de 1748 à 1775.

Anne-Nicole de Laqueuil-Châteaugay, de la maison d'Amanzé, de 1775 à 1782. Elle avait été reçue à la profession solennelle par M. l'abbé de Vichy-Chamron, conseiller du roi en tous ses conseils et trésorier de la Sainte-Chapelle de Paris, commis à cet effet en date du 28 septembre 1739. Cet abbé de Vichy était oncle de celui qui fut évêque d'Autun et conseiller d'Etat sous la Restauration, de 1819 à 1829.

La dernière prieure de Marcigny, celle qui eut la profonde douleur de voir périr son monastère, avec tous les autres, dans la tourmente révolutionnaire, fut Louise de Raynard, d'une noble famille du Dauphiné. Elle fut prieure de 1782 à 1791. (1).

(1) D'après M. Cucherat.

ANZY-LE-DUC

866 habitants. — Poste et gare de Marcigny, à 6 kilomètres ; à 23 kilomètres de Charolles. — Superficie : 2506 hectares, dont 1590 en prairies, 800 en céréales et cultures, 66 en bois et 50 en vignes. — Riches prés d'embouche. — Vin ordinaire. — Commerce de bétail gras. — Carrières de pierre, moulins, tissage de la soie. — Etang du Lac, 1 hectare. — Eglise romane du XIe siècle. — Châteaux du Bourg (ancienne résidence du prieur) ; du Lac et de Précy.

Le surnom d'Anzy lui vint dès qu'il fut possédé par les ducs de Bourguignons de la première race. Letbalde et Aspasie, sa femme, seigneurs du lieu, fondèrent un prieuré en 880, sous la juridiction de l'abbaye de St-Martin-d'Autun. Hugon de Poitiers, 1er prieur y mourut en odeur de sainteté en 930. La translation de son corps se fit en 1001 et ses reliques furent portées par les religieux au concile d'Anse, en Lyonnais. Le prince protestant Casimir s'empara d'Anzy en 1576, brisa le tombeau et brûla les ossements de saint Hugon. Le 30 juillet, il y avait grand nombre de pèlerins pour vénérer les reliques des saints martys Abdon et Sennen que le prieur Henri de Castille avait fait venir de Rome en 1644. Le prieuré tombé en commende tomba peu à près en décadence. Courtépée n'y trouva plus que deux religieux vers la fin du XVIIIe siècle.

Le cardinal Rolin se fit confier ce bénéfice en 1451 par l'abbé Petitjean. Antoine du Buisson, évêque de Bethléem était prieur en 1453. Louis du Lac renouvela le service en 1513. Puis vinrent les prieurs Prudence de Mypont en 1533, Charles Ailliboust qui devint abbé de Sept-Fonds en 1570 et ensuite évêque d'Autun. Philippe Bourbon de Chamilly, doyen de la Sainte-Chapelle, prieur commendataire en 1636, répara l'église et le clocher brûlé par la foudre en 1644. Les autres prieurs furent Henri Jannin de Castille, Jacques Le Gendre,

Gilbert de La Souche, Philibert Carpentier de Crécy, François de Chalon d'Andreville. Le prieur était patron de huit cures.

Le bourg appartint d'abord aux rois de France, puis vint aux ducs de Bourgogne.

Le roi Louis IV nomme Anzy dans une charte de 944, *Cellula que vocatur Enziacus* et le donna à l'abbé de St-Martin. Le duc Robert en cédant le Charollais en 1279 se réserva Anzy et Montcenis, car la châtellenie d'Anzy relevait en fief de Semur qui faisait partie de la Bourgogne.

Anzy souffrit beaucoup de l'invasion des Reîtres en 1576. Le prieuré fut pris et pillé par le royaliste d'Amanzé, le 18 juin 1594. De nouveau, ce couvent fut ruiné avec le château par Desprès, ligueur, capitaine d'Arcy, le 5 août 1594. Anzy était la deuxième baronnie du Brionnais. Trois fiefs relevaient du prieuré, savoir :

1° Chevigny avec Castel, qui en 1630 appartenait à Jos de St-Rigaud, seigneur de Maupas ; il vint ensuite aux Grégaine ;

2° Tours, jadis aux Bénédictines de Paray qui l'inféodèrent à prix d'argent employé à réparer leur maison ;

3° Le Lac d'Anzy. Sormain était jadis un petit village dont on voit un seigneur Hugues de Sormain, en 1108. Aux Augères, on trouve des traces d'une voie gallo-romaine.

EGLISE ET PRIEURÉ D'ANZY-LE-DUC

L'emplacemement de l'église prieurale, aujourd'hui paroissiale d'Anzy était, à la fin du XIe siècle occupé par la riche villa d'un leude du comte d'Autun, Heccard, ou chevalier Lethbald, viguier *(vicarius)* de Semur en-Brionnais. (1) A cette époque, l'abbaye de Saint-Martin-d'Autun venait, grâce aux bienfaits de Charles-le Chauve, d'être ren-

(1) Pérard, cartulaire de Perrecy.

due à sa primitive splendeur du VIe siècle du temps de la reine Brunehilde, sa fondatrice ; et son illustration lui valait entre autres donations, celle de cette villa d'Anzy que Lethbald et son épouse Aspasie lui offraient en 876 pour y fonder une colonie bénédictine.

Bien que rendu célèbre par la réputation et les miracles de son premier prieur saint Hugon de Poitiers qui, d'abord oblat de Saint-Savin, était devenu maître des novices à Saint-Martin-d'Autun, le nouvel établissement n'apparaît durant tout le Xe siècle que comme un lieu de pèlerinage, comme une petite *celle* de pièces contigüe à la modeste cellule où saint Hugon avait vécu et où il avait été enseveli. On sait que cet ermite s'enferma durant les trois dernières années de sa vie dans une cellule comme dans une prison volontaire.

Aussi bien nos moines d'Anzy partageant l'effroyable attente de la dissolution générale prédite pour l'an mil, ne pouvaient songer alors à compléter la transformation monumentale de la résidence de Lethbald, mais au lendemain de la date fatale, lorsque suivant les expressions de Raoul Glaber (1) « l'humanité surprise, secouant ses anciens vêtements, se prit à revêtir la blanche robe de la jeunesse », on vit notre petit monastère s'empresser de prendre part à l'élan de reconstruction universelle. La translation en 1001, au concile d'Anse, des ossement de saint Hugon, mort en 930, vint à propos favoriser ces résolutions. A cette occasion l'enthousiasme populaire fut immense, comme en témoigne le récit détaillé du moine du XIe siècle, biographe de saint Hugon, et l'affluence croissante des pèlerins rendit nécessaire l'édification d'un temple digne d'abriter le tombeau du saint Bénédictin. Ce temple est toujours debout après neuf siècles d'existence. Il a été dévasté en 1368 par les Anglais du Prince Noir, en 1576 par les Huguenots, en 1594 par les Ligueurs,

(1) R. Glaber. — *Du renouvellement des églises dans le monde entier*, livre II.

au XVIIe siècle par la foudre et l'incendie. Il a été classé en 1852 sur les instances de M. de Montalembert, au nombre des monuments historiques de France.

L'église d'Anzy, orientée, est dédiée à la Trinité indivisible, à la sainte Croix et à la vierge Marie, comme le montre une inscription trouvée sous les marches du sanctuaire et remontant au XIIe siècle sinon à la fin du XIe siecle.

Le plan est en forme de croix latine terminée par une abside et quatre absidioles. L'abside en hémicycle offre un prolongement formant une cinquième absidiole, disposition rare et curieuse. L'église est à trois nefs divisées en cinq travées. Longueur totale de 40 mètres 35, largeur 14 mètres 26, hauteur sous doubleaux 11 mètres 40.

La nef, fait rare en Brionnais, est voûtée d'arêtes sur doubleaux en plein cintre et redoublé ; les doubleaux sont simples dans les bas-côtés. Toute l'ossature du monument est portée par des piliers cantonnés sur trois faces, de deux dosserets superposés, ceux de dessus étant en forme de colonne engagée et sur la face des bas-côtés, d'un dosseret simple continuant le doubleau du voûtage.

Le carré du transept présente, portée sur quatre forts doubleaux et quatre trompes coniques, une coupole à huit pans qui devient sphérique dans sa montée et que surmonte la haute tour du clocher. Les absidioles sont voûtées en cul de four sphérique.

La façade du monument n'est qu'un mur de pignon en grand appareil, garni de quatre contreforts carrés. Le portail est à trois voussures cintrées et deux colonnes d'angle. Sur son linteau sont figurés les douze apôtres. Sur le tympan, le christ un livre à la main est assis dans une amande mystique supportée par deux anges debout. Sur le bandeau de la première archivolte sont sculptés les vingt-quatre vieillards de la vision de saint Jean. Chacun d'eux porte la coupe d'or pleine de parfums et la cithare figurée ici par la citole en usage au XIIe siècle. La plupart de ces figures sont malheureusement brisées.

Les flancs de l'église présentent un aspect simple et robuste. Les tablettes des corniches sont portées par des modillons qui sont historiés de têtes plates ou d'animaux, fait rare en Brionnais. L'un d'eux représente un guerrier revêtu de la broigne et coiffé du casque conique à nasal qui se montre dans le costume militaire vers la fin du XIe siècle et disparaît sous Philippe Auguste.

Le chevet est au point de vue monumental, la partie intéressante de l'église. D'une belle ordonnance, il est entièrement construit en maçonnerie ordinaire ; il contraste absolument avec les nefs, avec l'absence de pierres taillées pour le percement et l'absence des contreforts aux absides. Par une fantaisie des plus rares, le dessous des tablettes de corniche de l'abside majeure est décoré de sculptures représentant les signes du zodiaque, une des allégories du temps.

La crypte sert de cave ; elle communiquait avec l'intérieur de l'église au moyen de deux escaliers.

Le clocher d'Anzy est célèbre en Brionnais. De forme octogonale et à faces inégales, il est couronné à 26 mètres 77 au dessus du sol par une toiture très obtuse en pavillon à huit pans. Il se divise en trois étages séparés par des cordons de pierre. Chacun des compartiments est rempli par une archivolte en plein cintre sous laquelle sont percées deux baies jumelles séparées par deux colonnettes.

C'est à l'ensemble de ces 24 baies ainsi distribuées que la tour doit son élégance malgré sa masse considérable, car elle mesure six mètres de diamètre.

Suivant l'usage roman, on monte à la tour par une échelle mobile placée à l'extérieur. Belle cloche de 1513 aux armes du prieur Louis du Lac qui avait succédé à Ant. du Buisson, évêque de Bethléem ; il eut pour successeur Prudence de Mypont en 1533.

L'œuvre iconographique sculptée de l'église d'Anzy a une grande valeure archéologique. Les vingt-huit chapiteaux disséminés dans la nef, le carré et le cœur accusent l'école clunisienne du XIIe siècle. La plupart sont historiés soit d'animaux monstrueux, soit d'oiseaux ou de lions affrontés, soit d'allégories et de scènes symboliques ou grotesques.

Ici deux enfants nus se bouchent les oreilles, pour ne pas écouter les conseils pervers donnés par deux bêtes immondes : c'est la tentation. Plus loin un homme nu renversé est mordu par deux dragons aux queues dressées en spirale c'est la chute ou le péché.

Dans la deuxième travée se trouve une scène curieuse. La face principale de la corbeille est occupée par un personnage à deux bustes réunis sur un seul corps, par le bas. Un joueur de flûte les précède. A gauche un animal diabolique à crinière s'efforce d'entraîner un jeune homme assis qu'il tire par les mains. A droite un homme nu est renversé. On a voulu voir l'image de l'impureté dans cette représentation.

Sur un chapiteau de la dernière travée, deux hommes sont aux prises s'arrachant la barbe, deux autres s'embrassent. Tout à côté le démon est terrassé par saint Michel armé du long et étroit bouclier rond en haut et pointu par le bas ; il apparaît dans la fin du XIe siècle pour remplacer la rondache carolingienne.

D'anciennes peintures murales ont été découvertes vers 1850. Elles étaient recouvertes d'un badigeon. Après avoir avoir été mises au four, elles ont été restaurées par le peintre forézien M. J.-F. Maurice.

Ces peintures, dont le principal sujet représente l'Ascension et où figurent les quatre évangélistes ainsi que les patrons des donateurs, paraissent dater, d'après les costumes, du milieu du XIIIe siècle, tandis que les détails architectoniques et décoratifs de l'église la font remonter aux dernières années du XIe siècle ou même aux premières années du XIIe siècle.

Iguerande : Réception du cardinal Perraud.

De tous les bâtiments du prieuré de l'époque romane, il ne reste qu'un fragment de la haute et épaisse muraille d'enceinte et les deux portails d'entrée dont la valeur artistique témoigne de la richesse monumentale du prieuré au XIIe siècle.

La première place dans l'ordre chronologique revient à la curieuse porte encore en place sur le même côté sud du prieuré. Cette construction est du même âge que l'église. Malheureusement l'incendie en rend l'intelligence peu facile.

Sur le tympan sont représentés la chute originelle et la Rédemption, par la désobéissance d'Adam et l'Adoration des Mages.

Le linteau porte sur sa frise la scène du Jugement. D'un côté les justes se dirigent vers la Jérusalem céleste, de l'autre un serpent monstrueux cache en partie quatre personnages enchaînés par le cou.

L'entrée principale du prieuré était située au couchant, près de l'église. Cette partie démolie en 1791 a été remise en place à l'une des extrémités près du parc d'Arcy, commune de Vindecy. Elle est actuellement au Hiéron de Paray.

L'archivolte décoré sur l'angle d'un tore feuillu repose sur deux colonnes dont les chapiteaux sont surmontés de tailloirs rectilignes ; sur le tympan le Christ enseignant est soutenu par deux anges. Une vierge mère assise occupe le milieu du linteau. A sa droite sont les quatre évangélistes, à sa gauche quatre saintes femmes.

Les deux anges traités presque en ronde bosse témoignent par la hardiesse de pose, de la science du moine statuaire.

Le jet des ailes est superbe et rappelle les anges du tympan de Charlieu. C'est l'œuvre probable du même artiste dans le second quart du XIIe siècle. (1)

---

(1) *L'Art roman en Brionnais.*

LE B. HUGUES DE POITIERS

Son père, illustre par sa naissance, ses richesses, et sa mère, remarquable par ses belles qualités habitaient Poitiers lieu de leur commune origine. Ses parents voyant les heureuses dispositions de leur fils Hugues le placèrent dès l'âge de 7 ans au monastère de Saint-Savin, en Poitou.

Ses mérites éminents engagèrent le supérieur du couvent à le faire élever au ministère des Saints Ordres.

Le royaume de France était alors gouverné par le roi Charles le Chauve et par la reine Richilde, son épouse. A la cour vivait un seigneur nommé Badillon, originaire d'Aquitaine. Riche et pieux, il consacrait sa fortune en bonnes œuvres. Il entreprit de relever de ses ruines le monastère de Saint-Martin près d'Autun, jadis édifié avec gloire et magnificence par la reine Brunehaut.

Après l'avoir rebâti et achevé l'église, il voulut le peupler de vrais serviteurs de Dieu. Le souvenir du couvent de St-Savin lui vint en pensée. Il y court et en ramène dix-huit moines, ayant à leur tête notre vénérable Hugues.

Leur premier soin fut de se choisir un père. Dom Arnulphe fut élu abbé et Hugues fut choisi comme coadjuteur avec la charge de maître des novices. Par les conseils de Hugues, Badillon et son neveu, du même nom, embrassèrent la vie monastique dans ce couvent.

De toutes parts les monastères envoyaient supplier humblement qu'on voulût bien leur accorder pour les gouverner et les réformer quelques moines du monastère d'Autun. Odon, un des compagnons de Hugues avait été vu par ses frères élevé de trois coudées au dessus du sol, ravi, en extase. Pendant une heure l'image de J. C. attaché à la croix, avait paru s'incliner vers l'homme de Dieu. Tous ces prodiges augmentaient la réputation de sainteté du monastère de Saint-Martin

Le monastère de Beaume demanda à être réformé. Bernon fut choisi avec notre B. Hugues pour faire refleurir dans ce couvent les vertus monastiques.

En ce temps vivait Guillaume duc d'Auvergne et d'Aquitaine. Les chevaliers de sa maison poussaient souvent des excursions jusqu'au monastère de Beaume. De retour auprès de leur prince, ils aimaient à lui raconter tout ce qu'ils avaient remarqué de vertus et de sainteté. Guillaume touché de la grâce de Dieu voulut voir Bernon. Celui-ci accompagné de Hugues se mit en marche pour aller au-devant de lui. La rencontre eut lieu dans un endroit appelé Cluny.

Après les premiers saluts, Guillaume s'ouvrit à nos deux personnages sur le dessein où il était de fonder un monastère, si telle était la volonté de Dieu. On convint de part et d'autre que le lieu où ils étaient serait affecté à un monastère. Bientôt après, en effet, Cluny était fondé et devenait la plus célèbre abbaye de l'Eglise.

Peu de temps après ces événements et du vivant encore d'Arnulf, il y avait au diocèse d'Autun un personnage illustre du nom de Théobald ou Letbald dont l'épouse s'appelait Altasie ou Aspasie. Tous deux craignaient Dieu. Touchés de l'amour divin ils vinrent au monastère de St-Martin-d'Autun et lui donnèrent tout ce qu'ils possédaient au lieu nommé Anzy. On choisit dom Hugues pour aller établir ce nouveau monastère. Or celui-ci est situé à deux milles de la Loire et à quarante milles d'Autun.

Bientôt une grande multitude de peuple accourut en foule à Anzy demander au saint religieux quelques paroles de consolation, implorant le secours de ses prières. Ses conseils étaient regardés comme des oracles. Il dissipait les orages avec le signe de la croix, un peu d'eau bénite suffisait au Bienheureux pour faire cesser toute douleur ou faire disparaître les infirmités de ceux qui venaient le consulter. Malgré son grand âge, il redoublait ses austérités sentant sa fin prochaine. Trois ans avant sa mort, il garda une rigoureuse clôture, partageant son temps entre les larmes et la prière. Il mourut entouré de l'admiration universelle le 18 avril, environ l'an 930. Voilà en résumé ce que les Bollandistes nous apprennent de la vie du B. Hugues de Poitiers.

Après la mort du bienheureux Hugues, il se produisit plusieurs miracles à son tombeau.

Un homme agité de mouvements convulsifs se rendit à Anzy traîné sur un char à bœufs, mais l'Arconce ayant débordé, il envoya un des siens porter au tombeau un cierge de la hauteur de son corps. Il fut guéri aussitôt que le serviteur eut rempli son message.

Vers le même temps un nommé Théobert, habitant d'Anzy, ayant une doloire à la main coupait du bois en tenant le pied posé sur le tombeau du saint. Invité à changer de place par respect pour le saint, il répondit en blasphémant contre le pouvoir du saint. En même temps, il abattait sa doloire sur la main gauche; il se blessa cruellement. Cet homme ne guérit que par l'intercession du saint.

Le sacristain de l'église, Adhémar, moine d'Anzy chargé du luminaire éteignait par avarice les cierges offerts au saint. Il fut frappé de cécité pendant un an; il ne recouvra la vue que par le pouvoir de saint Hugues.

Une femme de Bassègê, possédée du démon, éprouva aussi la douce influence du Bienheureux. Cette femme ne fut pas plutôt arrivée à son tombeau que le démon la quitta sur le champ.

Translation du corps du Bienheureux Hugues.—Vers l'an 1000, sous l'abbé Hildegrin, vivait au monastère d'Anzy un moine nommé Evrard. Il avait fait le pèlerinage de Jérusalem. Il était souvent honoré de la visite de saint Hugues. Une année après l'office divin de Noël, les moines allèrent prendre

Iguerande : Construction du Pont sur la Loire

leur repas. Quelle ne fut pas leur surprise de voir l'église illuminée, les portes fermées à clef.

Peu après Evrard venant au tombeau de son saint ami vit, ainsi que tous ses frères, la pierre tombale suspendue à un pied et demi au-dessus du tombeau. Le bruit s'en répandit partout dans la province. A cette nouvelle Gauthier ou Valtère, évêque d'Autun, assisté d'Hildegrin, abbé de Saint-Martin d'Autun, résolurent de faire la levée des ossements du saint et de les déposer dans un tombeau plus digne pour les recevoir.

A Anse, près de Villefranche, dans le diocèse de Lyon devait se tenir un concile. Comme c'était l'habitude, on y apporta de nombreuses reliques afin que le peuple pût participer au fruit des mérites et des prières des saints. Le corps de saint Hugues s'y trouva. De nombreuses guérisons eurent lieu devant ses reliques, on rapporte même qu'un homme prosterné devant saint Hugues lui demanda la grâce de mourir en présence de son corps ce qui lui fut accordé.

Après la conclusion du concile, on rapporta à Anzy les ossements de saint Hugues où il continua à faire de nombreux miracles.

LE PRIEURÉ

Letbald, le bienfaiteur et fondateur du prieuré, appartenait à l'illustre maison de Semur-en-Brionnais. Il construisit le château d'Anzy, mais privé d'héritiers naturels et de concert avec son épouse, il le donna à l'église. Letbald paraît être le jeune frère de Frioland de Chambilly, chef d'une ancienne branche de Semur.

Cluny avait été fondé le 11 septembre 908 ; le prieuré d'Anzy lui est postérieur de cinq ans, il fut fondé vers l'an 913. Les premières années du monastère sont ensevelies dans l'humilité et la retraite de ceux qui l'habitent.

Le prieuré d'Anzy a partagé les destinées de l'illustre abbaye de Saint Martin-d'Autun, à laquelle il payait chaque année une redevance de 40 écus de patronage (1).

Le prieur d'Anzy avait un droit de patronage sur les églises de Sainte-Marie d'Anzy, d'Avrilly, du Bouchot ou Busseul de Durbize, de Chenay, de Saint-Martin-du-Lac, de Saint-Martin-la-Vallée, de Vindecy, de Montceau, de Bragny, de Clessy, de Chassy et de Uzellis.

En 1223, Eudes de Sully, chanoine d'Autun, partant avec les croisés de Philippe Auguste, donna au prieuré d'Anzy, pour son anniversaire, le quart de ses vignes de Chaumoys et d'un meix appelé d'Aragne (2).

Parmi les prieurs d'Anzy, il faut mentionner :

1° Humbert qui était en même temps abbé de St-Martin, en 949. (3).

2° Guy qui fut des quatre commissaires nommés pour le règlement des dettes de l'abbaye de Saint-Martin-d'Autun en 1336.

3° Guillaume Poteret en 1427.

4° Le cardinal Rollin, en sa qualité d'abbé commendataire de Saint-Martin en 1451.

5° Antoine du Buisson, évêque de Bethléem. Cet évêché n'était qu'un hôpital fondé en 1147 par Guillaume III, comte de Nevers et donné par Guillaume IV, à l'évêque titulaire et effectif de Bethléem en Palestine pour lui servir de retraite au cas qu'il fût chassé de son siège par les Musulmans, ce qui arriva en 1188.

6° Louis du Lac, en 1513.

7° Prudence de Mypont, en 1533.

8° Charles Ailliboust, qui fut abbé de Septfond en 1570, puis évêque d'Autun en 1572. Son père était médecin du roi François Ier.

---

(1) Courtépée. — *Description du Duché de Bourgogne*, t. IV, p. 195, 1re édition.
(2) *Essais historiques*, t. II, p. 64.
(3) *Essais Historiques*, t. II, p. 28.

9° Claude Aillibousl, neveu du précédent.

10° Philippe Bouton, des comtes de Chamilly, doyen de la sainte Chapelle de Dijon en 1636. Il répara l'église et le clocher d'Anzy après l'incendie de la flèche par le feu du ciel en 1652. Il laissa par testament « 300 livres pour achever le chœur de l'église de son prieuré ». Comme ses prédécesseurs et comme ceux qui l'ont suivi, Philippe Bouton prenait le titre de prieur et baron d'Anzy.

11° Henri Jeannin de Castille.

12° François Legendre, conseiller du roi, docteur de Sorbonne et chanoine de l'église de Paris, seigneur prieur et baron d'Anzy-le-Duc, reçoit le 7 juillet 1673, de Marc de Saint-Georges, le dénombrement de la seigneurie du Lac-les-Anzy.

13° Gilbert de la Souche en 1724.

14° Philibert Carpentier de Crécy.

15° François de Chalon d'Andreville en 1744, on le trouve encore en 1778.

16° Roch Etienne de Vichy, depuis aumônier de Madame la Dauphine, évêque d'Autun, pair de France et conseiller d'Etat, mort le 3 avril 1829. Ce prélat, pour rappeler le souvenir du prieuré d'Anzy dont il a été le dernier titulaire, a fondé, par acte du 28 septembre 1824, autorisé par ordonnance royale du 15 décembre 1824, en faveur des desservants successifs d'Anzy une rente de 200 fr. sur l'Etat à la charge de célébrer chaque année dans leur église cinquante deux messes aux intentions du fondateur.

Le prieuré d'Anzy, pendant les 900 ans de son existence, a eu a subir bien des épreuves.

En 1368, les bandes anglaises, sous la conduite du prince de Galle, dit le Prince Noir, l'avaient dévasté (1).

En 1576, les reitres, commandés par le prince Casimir

(1) Ragut, *Statistique*, t. II, p. 14.

s'étaient livrés à Anzy à toutes les fureurs du protestantisme. Le tombeau de saint Hugues fut violé et ses ossements livrés aux flammes.

Le 14 juin 1594, le capitaine royaliste d'Amanzé entrait au prieuré en vainqueur et le rançonnait rudement. Le 5 août suivant, le Ligueur Desprès, gouverneur d'Arcy, le reprenait aux royalistes. Il « abattit les portes du prieuré d'Anzy et fit brèche aux murailles, de crainte que quelqu'un du parti contraire ne s'en emparât pour faire la guerre ». Cette brèche n'a plus été réparée depuis. Plus tard on y éleva un simple mur de clôture.

L'année 1791 fit plus. Les religieux furent expulsés et leurs biens confisqués et vendus au profit de la nation. Le 11 avril 1791, M. de Champagny qui fut depuis duc de Cadore, acheta le prieuré et ses dépendances. Par acte du 20 janvier 1835, cette belle propriété passait à M. Thomas, d'Anzy.

Quand les biens du prieuré d'Anzy et le prieuré lui-même furent vendus, l'église ne fut point comprise dans la vente et resta dans la catégorie des biens dits nationaux.

A l'époque du concordat, personne n'eut l'idée de trans férer l'exercice du culte de l'église paroissiale à l'église prieurale.

Celle-ci demeura abandonnée. On y jouait, on y faisait le négoce ; dans plusieurs endroits on avait établit des alambics pour la distillation du vin.

Pour sauver l'édifice de sa ruine, MM. Georges-Marie Grizard, Laurent Thomas, Antoine Bachelet, Emery Saulnier l'acquirent au prix de 2800 francs, le 3 mars 1808. Le 27 septembre 1818, la commune devint propriétaire de l'église prieurale en donnant aux quatre sociétaires pour indemnité les matériaux de l'ancienne église et du vieux presbytère.

Les peintures de l'église d'Anzy reproduisent, en huit scènes superposées deux à deux et formant ensemble deux grands tableaux séparés par la fenêtre, l'histoire du martyre de saint Jean-Baptiste. Celles du sanctuaire nous retracent des sujets tirés de la vie de saint Benoit et de saint Maur, et celles de la chapelle nord paraissent s'appliquer à l'apôtre saint Jacques le Majeur. L'autel est consacré aux saints martyrs persans Abdon et Sennen.

Anzy a vu naître Louis-François Perrin de Précy, le fidèle défenseur de la famille royale dans la sanglante journée du 10 août 1791.

Echappé comme par miracle à cet affreux massacre, Perrin de Précy affronta une seconde fois la mort, en acceptant de diriger la lutte contre la démagogie qui voulait perpétuer à Lyon les horreurs et les crimes de l'infâme Chalier. Avec six mille combattants improvisés, le brave et intrépide commandant lutta 63 jours contre une armée de 60.000 hommes envoyée par la Convention. En 1812, le général Précy vint se fixer à Marcigny et mourut en cette ville le 25 août 1820. Le corps du vaillant et fidèle Précy fut transporté à Lyon en 1821 et inhumé dans le monument élevé en l'honneur des victimes du siège, sur le terrain même où le plus grand nombre avaient été fusillés. (*Voir Feller*).

Un neveu du général Précy, Gilbert-Claude Montcolon, né à Marcigny le 13 juillet 1769, aide de camp de son oncle, fut fait prisonnier par les troupes conventionnelles durant les derniers combats. Le jeune homme fut condamné à mort le 12 brumaire, an II (2 novembre 1793).

Un autre neveu du même général, Jean Loreton du Montet, né à Versailles, passa aussi en jugement et fut acquitté le 30 pluviôse, an II (18 février 1794. (1)

(1) F. Cucherat.

ARTAIX

754 habitants. — Poste et gare de Marcigny, à 4 kilomètres, à 33 kilomètres de Charolles. — Superficie : 2.177 hectares, dont 930 en prairies, 736 en céréales et cultures, 429 en bois et 82 en vignes. — Vins assez bons, surtout ceux de Michoyers et des Pérates. — Commerce de bétail gras et de grains. — Tissage de la soie. — Village situé sur une petite éminence près de la rive gauche de la Loire. — Territoire traversé par le canal de Roanne à Digoin. — Château moderne des Sagets. — Eglise nouvelle.

La « ville » d'Artaix et la terre de Chenay étaient situées sur les confins du Forez et de la vicomté du Mâconnais. Cette situation fit leur malheur, parce que non seulement leurs seigneurs les accablèrent d'impôts sous prétexte de construction et d'entretien des fortifications, mais encore parce que suivant la fortune des armes, ou la fantaisie de leurs seigneurs, ceux-ci durent prêter hommage tantôt au comte de Forez, tantôt au duc de Bourbon ou de Bourgogne et payer beaux deniers à ses suzerains sans préjudice du simple hommage dû au seigneur de Luzy.

Les titres du XIIe siècle, époque des petites guerres féodales, fournissent trop souvent des échos de ces difficultés ainsi que des plaintes et de la misère des habitants.

Artaix possédait un port sur la Loire. Les crues du fleuve l'ont fait disparaître depuis longtemps. Le port a été remplacé par un bac aujourd'hui très fréquenté.

Artaix en *Duché* était du bailliage de Semur et de la justice de Maulévrier et formait les trois quarts de la paroisse.

Artaix en *Royauté* dépendait du bailliage de Mâcon, et de la justice de Marcigny.

Le prieur de Marcigny nommait à la cure.

La prévôté de Marbau fut donnée au XIIe siècle par Béatrix de Marbau au prieur de Marcigny ; elle comprenait : la Foretille, les Ramiers, le Port, les Brénous, les Bois.

Par arrêt du Grand Conseil, en 1577, pour finir les contestations entre les seigneurs d'Artaix et la prieure de Marcigny, Henri Groslat, conseiller commissaire, envoyé sur les lieux, fit planter des bornes aux armes des deux seigneurs. Celui d'Artaix et de Maulévrier était, en 1500, Philibert de l'Espinasse. Odette Belle, sa veuve, se pourvut en 1506, pour la reprise de ses droits, contre Anne de Pressen, duchesse d'Etampes, donataire d'Aymard de l'Espinasse, héritier de ces terres.

Le port d'Artaix était un péage très onéreux. Le roi, par un arrêt de son conseil du 28 février 1730, maintint son droit de bac et de péage et de deux sous six deniers sur chaque bateau montant ou descendant la Loire et supprima tous les droits de péage.

J. de Châteauvilain, fils du fondateur du chapitre de Sémur, affecta la rente de 20 livres donnée aux chanoines, sur le port d'Artaix, dépendant de la baronnie. Ils en jouirent jusqu'à leur suppression, en 1776.

BAUGY

402 habitants. — Poste et gare de Marcigny, à 3 kilomètres, à 27 kilomètres de Charolles. — Superficie : 1.242 hectares, dont 649 en prairies, 569 en céréales et cultures et 24 en vignes. — Vins de peu de durée. — Commerce de bétail et de céréales. — Village sur le bord de la Loire.

A Baugy affleure le terrain jurassique riche en fossiles et en minéraux. Le coteau de Chenoux, formé de marnes argileuses et de bancs de calcaire entroque, contient des ammonites et des pectens. On y a même trouvé d'énormes vertèbres de gigantesques sauriens du terrain secondaire.

Église du XIe siècle. Bac sur la Loire.

Un chemin ferré ou voie romaine traverse le territoire de l'est à l'ouest, partant du hameau de la Touche et aboutissant à celui de la Roche, en passant vis à vis le hameau de Bessuye et du bois Chaussin.

La cure était à la nomination de la prieure de Marcigny.

Les hameaux des Tuileries, Chailloux, Reffie, Bessuye, Arques et La Roche étaient réglés par le droit écrit.

Baugy fut donné au prieuré de Marcigny en 1088, par Geoffroy de Semur.

L'ancien manoir de Châteauvert, sur le penchant de la colline qui descend à la Loire, a disparu depuis longtemps.

A l'est de la route de Marcigny à Digoin était le Bois Dieu ancienne forêt d'Arcy.

BOURG-LE-COMTE

467 habitants. — Poste et gare de Marcigny, à 6 kilomètres, et à 34 kilomètres de Charolles. — Superficie : 1.159 hectares dont 827 en céréales et cultures, 301 en prairies, 28 en vignes, 3 en bois. — Petit vin ordinaire. — Commerce de céréales, de bétail. — Tuilerie. — Foires très importantes. — Territoire traversé par le canal de Roanne à Digoin. — Village sur un coteau, rive gauche de la Loire. — Châteaux modernes du Bas-Bonis et des Belins.

Sur la limite de Bourg-le-Comte et de Chambilly on a trouvé plusieurs haches de pierre.

On a reconnu une voie romaine qui tendait de Mâcon à Montaiguet. Elle passait à Suin et à Semur; traversait la Loire, passait au Bas du Ris, suivait la colline en se dirigeant sur le Bouchaud et Montaiguet pour aller rejoindre la grande voie de Roanne à Varenne-sur-Allier. Le territoire traversé par cette route a rendu des tuiles à rebords, des fragments de poteries et de nombreuses monnaies romaines.

Près de cette voie antique, au-dessus de Bourg-le-Comte, on voit encore une Motte portant le nom « du Château ». M. Bulliot qui a visité cette Motte alors qu'elle était encore entourée de fossés en eau avec vestiges de pont levis croit que ce n'était qu'un refuge de nuit.

Il est fait mention de Bourg-le-Comte dans un acte du XIIIe siècle. En 1232, le lendemain de Pâques (12 avril) *apud Moutemonissium* (Montenoison). Guigue, comte de Nivernais et de Forez et Mathilde, sa femme, assignent à leur amé et féal chambellan, Foulcher Guerry, et à ses hoirs en foi et hommage, douze livrés de terre sur leurs tâches *(taschas)* de Bourg *(Bor)* et sur leurs prés sis au même lieu. (1)

En 1366, Isabeau de Valois, duchesse douairière du Bour-.

(1) Bibl. nat., n° 154. Fonds Huilhard-Bréholles.

bonnais, cède au duc Louis, son fils, la ville et châtellenie de Souvigny, le château et la ville de Neuville-en-Hez, etc., en échange à titre viager les titres et prévôté de Malicorne et la châtellenie de Chaveroche, à la réserve des prévôtés de Bourg-le Comte et de Céron.

Sur la fin du XIVe siècle, on voit Jean de la Garde, damoiseau, paroissien de Saint Martin-du-Lac qui vend à Louis, duc de Bourbonnais, pour le prix de 200 francs d'or le quart de la justice, terre et seigneurie qu'il avait acquis d'un nommé Chaureçon dans la paroisse et prévôté de Bourg-le-Comte.

Le 12 mai 1452, Jean Gontier, receveur de *BorleConte* et Céron, notifie aux gens des comptes du duc de Bourbonnais, les voyages et démarches faits par Jean Ménier, sergent du roi, à Bourg-le-Comte, pour constater les entreprises tentées par les officiers du duc de Bourgogne à Mâcon, contre les droits du duc de Bourbonnais.

Sur la fin du XVe siècle, la châtellenie de Bourg-le-Comte est érigée en baronnie, ainsi qu'on peut le voir dans un titre de la Bibliothèque Nationale, nº 7.094 (1).

(1) Notes de M. Château.

CÉRON

902 habitants. — Poste et gare de Marcigny, à 9 kilomètres et à 37 kilomètres de Charolles. — Superficie : 2.325 hectares dont 1.234 en céréales et cultures, 700 en prairies, 325 en bois et 66 en vignes. — Vins ordinaires. — Commerce de bétail, de céréales et de fourrages.

Le territoire de cette commune est formé de coteaux peu élevés couverts de fertiles terres à culture, de riches vignobles et d'excellentes prairies. L'embouche est la principale richesse du pays.

En 1301, Antoine de Marcilly, damoiseau, vendit à Girard de Paray *(de Paredo)*, chevalier, pour le prix de 275 livres tournois petits, la moitié par indivis de toutes les tâches qu'il avait dans les paroisses de Bourg-le-Comte, de Chambilly, de Céron (Saron) et quelques autres cens et rentes sis dans les mêmes lieux.

(Fonds Huilard Bréholles. Bibl. Nat., nº 1.066.).

CHAMBILLY

830 habitants. — Poste et gare de Marcigny, à 2 kilomètres, et à 31 kilomètres de Charolles. — Superficie : 1.397 hectares, dont 846 en céréales et cultures, 386 en prairies, 113 en bois et 52 en vignes. — Petit vin rouge. On cite les crus des Blanchardières et de Montgrailloux. — Tissage de la soie. — Fours à chaux, tuileries. — Village situé entre la Loire, rive gauche, et le canal de Roanne à Digoin. — Châteaux des Coteaux, de Champvigny.

Cette paroisse était régie par le droit écrit. La prieure de Marcigny nommait à la cure depuis 1090. Diocèse d'Autun.

La châtellenie était sous la juridiction du bailli de Marcigny qui tous les ans allait tenir ses assises, le 12 août, sur le port de la Loire.

Chambilly était jadis un apanage des puînés de la maison de Semur. Friolan en était seigneur vers 1030. Cette terre fut donnée, en 1090, au prieuré de Marcigny.

Le fief de Montcolon dont le terrier fut renouvelé en 1538 par Didier, bailli de la Charmaye ; en 1543, par Humbert de la Rozière ; en 1598, par Jacqueline de Chaugy, passa aux Saligny. Apporté en dot par Françoise de la Guiche à Philibert Dupuy de Falcons, il vint à Fr. Cudel, chevalier de Saint-Louis, capitaine au régiment de Penthièvre.

La Révolution abolit tous les fiefs.

Les protestants y établirent un prêche peu de temps après l'introduction de la Réforme en France.

Le pont suspendu sur la Loire a été livré à la circulation le 17 septembre 1838.

Courtépée avait remarqué la belle situation du château de Champvigny ainsi que celle des Côteaux.

Chambilly et les paroisses voisines furent souvent mises à contribution pour payer les frais des innombrables procès de pêche qui s'élevèrent entre les gens du duc de Bourgogne

Iguerande: Le Pont sur la Loire

et ceux du duc de Bourbon. C'est ainsi que vers l'an 1450, Jean Gontier, receveur des deniers du duc de Bourbon, vient déclarer aux gens de Chambilly et paroisses voisines qu'ils doivent un arriéré en raison de la dette contractée pour payer le voyage et les démarches de Jean Ménier, sergent d'armes du roi, qui a dû se transporter à Mâcon pour constater les entreprises des officiers du duc de Bourgogne et défendre les intérêts desdits habitants.

Au fond cette querelle intéressait peu les habitants de Chambilly et lieux voisins, puisque le droit de pêche était réservé au seigneur qui l'affermait contre argent comptant et lévait de plus une redevance assez forte sur le produit de la pêche. Mais autrefois, comme aujourd'hui, les gros bonnets jouissaient des avantages que les petits payaient, comme l'indique le vieux proverbe toujours vrai : « Aux gueux la besace ».

CHENAY-LE-CHATEL

1.171 habitants. — Poste de Marcigny à 12 kilomètres; gare de Lapacaudière, à 10 kilomètres, à 40 kilomètres de Charolles. — Superficie : 3.217 hectares, dont 1.924 en céréales et cultures, 704 en prairies, 450 en bois et 139 en vignes. — Vins tendres de bonne couleur. Les meilleurs crûs sont ceux de Gratlechèvre, des Coches et des Rouis. — Commerce de céréales. — Centre d'élevage de bestiaux. — Territoire ondulé.

Situé dans un vallon agréable, Chenay est arrosé par l'Arcon qui descend des montagnes de St-Martin-d'Estreaux. Son sol argileux amendé par le chaulage produit un froment renommé.

Le surnom de ce village lui vient d'un vieux château situé au nord de la commune. Il a complètement disparu (1). Courtépée en vit encore une tour et des vestiges de fossés.

Chenay s'est appelé durant le moyen âge, l'Hôpital-de-Chenay, car au hameau de l'Hôpital, il exista un établissement d'hospitaliers de l'ordre de Saint-Jean de Jérusalem uni à la commanderie de Beugnay. L'Hôpital était paroisse avant le Concordat.

L'église de Chenay dépendait du prieuré d'Anzy. Sa construction date du XIe siècle. Le plein cintre domine dans toutes les arcatures. Les chapiteaux des colonnes sont ornés de feuilles d'acanthe et de fleurs appartenant à la flore locale. Quelques-unes représentent diverses scènes empruntées à l'Ancien et au Nouveau Testament. Cette église fut donnée à l'abbaye de Saint-Martin. Le pape Alexandre III confirma cette donation en 1164.

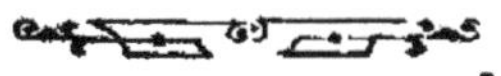

(1) La seigneurie de Chenay appartint à la famille des Chaugy, de Sail en Forez.

MELAY-OUTRE-LOIRE

1746 habitants. — Poste de la localité, à 6 kilomètres de la gare d'Iguerande, à 10 kilomètres de Marcigny et à 38 kilomètres de Charolles. — Courrier de Marcigny à Melay. — Superficie 3542 h. dont 2266 en céréales et cultures, 663 en prairies, 425 en bois et 188 en vignes. — Vin ordinaire, de bon goût. — Commerce de céréales, de vins, de volailles. — Tissage de la soie. — Territoire accidenté traversé par le canal de Roanne à Digoin, rive gauche de la Loire. — Clocher du XIIe siècle.

Cette commune doit son surnom à sa position ; il sert en outre à la distinguer d'un autre Melay, situé dans la Marne.

Le port des Galands a été détruit par les inondations de la Loire.

Avant la Révolution française, Melay était du diocèse de Lyon et de l'archiprêtré de Roanne.

Melay faisait partie du bailliage de Semur et de la généralité de Dijon et de la province du Brionnais.

La paroisse comptait 850 communiants *(Courtépée)*. L'ancienne église qui avait pour patrons alternatifs l'abbé de Saint-Rigaud de Ligny et le prieur d'Anzy-le-Duc a dû être construite au XIe siècle. Une donation d'un meix fait à l'église par un nommé Etienne Dumoulin remonte en l'an 1000 (archives de Saint-Rigaud). L'église resta dans son état primitif jusqu'en 1691, époque où M. Gilbert Bailly, curé de Melay, fit terminer la chapelle de la Sainte Vierge, dédiée à Notre-Dame du scapulaire, ainsi qu'une grande sacristie, comme en font foi deux inscriptions lapidaires ; ce qui aggrandissait l'église du côté nord de la longueur de l'édifice et de la largeur d'une petite nef. Plusieurs chapiteaux conservés de cette superbe construction prouvent que l'église était du style roman. On trouve dans les registres de la paroisse qui datent de 1605, la mention suivante :

« En 1733 a été finie la réparation du clocher qui consis-
« sistait à refaire les murs du côté de levant et le soir, les
« deux arc-boutants du côté du midi, à refaire les voûtes du
« chœur et du clocher : le tout aux dépens de Mme l'Abesse
« de la Bénisson-Dieu et de *Moy*, curé Bardet ». L'abbesse
était Marie de Thiard de Bragny.

En 1856, l'église devenue insuffisante pour la population fut démolie, reconstruite et agrandie dans le cimetière, côté nord. Le clocher seul fut conservé. En 1877-78 ; elle fut encore agrandie de deux travées — la grande porte transportée d'occident en orient — ce qui a nécessité la construction du perron actuel, bâti en 1901, par les soins de M l'abbé Gauthier.

Bagneaux. — Le Château. — Maulévrier. — Le château de Bagneaux situé sur les rives de la Loire (qui aujourd'hui en est à un kilomètre) était un château fort. Très ancien : en 1441, le châtelain de Bagneaux correspondait avec le roi Charles VII, au sujet des alluvions de la Loire. Démoli partiellement pendant les guerres de religion ; tombé de vétusté vers 1740 ; encore habité en 1715 ; acheté par Hector Andrault de Langeron en 1650. Aujourd'hui, ruines encore recommandables. Bagneaux est situé *au matin*.

Le Château a donné son nom à un village, situé *au midi*. Rien de précis sur ce manoir ; on prétend que c'était un rendez-vous de chasse des seigneurs de Lespinasse. Probablement détruit pendant la guerre de cent ans. On reconnaît encore les fossés d'enceinte. Les armoiries des Lespinasse étaient fascé d'argent et de gueules.

Quand on quitte le bourg de Melay et qu'on s'engage, en la remontant, dans la vallée de la petite rivière qui prend sa source dans les bois de Maulévrier, on se trouve, à la distance d'environ deux kilomètres, en présence d'une vieille résidence seigneuriale qui se signale de fort loin par le

Ligny : Ruines de l'Abbaye de Saint Rigaud

dôme de verdure que forment autour de lui de vieux marronniers séculaires et de grandes forêts de chênes. C'est le château de Maulévrier.

Il se compose d'un corps central très peu allongé, percé de deux rangs de fenêtres à linteaux, légèrement cintrés, et accosté de deux pavillons rectangulaires assez développés, faisant retour à ses extrémités. Cependant malgré sa masse encore imposante, ses fossés et sa terrasse Maulévrier ne fut jamais un château fort. Rien n'indique cette destination. Ses dimensions primitives restreintes, sa position dans un pays boisé, en face du site magnifique de la Loire, des côteaux vignobles du Brionnais, tout porte à croire que les seigneurs de Lespinasse le construisirent pour en faire un rendez-vous de chasse. Cette terre fut possédée au XIe siècle par l'abbaye de Saint-Rigaud et de Ligny ; au XIIe par la famille des Lespinasse entre les mains de laquelle elle est restée jusqu'en 1502, époque où Etienne de Lespinasse, seigneur de Lespinasse, Changy et Maulévrier, maria sa fille Jeanne à Jean de Damas, seigneur de Brève. C'est à cette époque très probablement que fut commencée l'aile droite du château actuel.

Philippe de Damas, seigneur de Brève, fut assassiné dans le château au commencement des guerres de religion. Il passa ensuite à Françoise de Damas (sœur du précédent), déjà mariée à Denys de Savary, deuxième fils d'Honoré de Savary. Ensuite à Marguerite de Savary, dame de Brève, Artaix et Maulévrier. Elle construisit l'aile gauche, comme l'atteste une plaque de marbre noir (encore existante) avec cette inscription : « En 1600, Marguerite Savary a fait faire ce logis ». Marguerite Savary laissa une mémoire respectée.

Son neveu et héritier, François, mérite une mention à part. François de Savary, baron de Semur et d'Artaix, naquit à Maulévrier en 1560. Jeune encore, il suivit à Constantinople son oncle, Jacques de Savary-Lancosme, ambassadeur d'Henri III, et lui succéda dans ses fonctions de 1591 à 1606.

Il sut posséder la confiance des sultans Amurath III, Mahomet III et Achmet Ier. Il obtint de ce dernier, pour Henri IV, le célèbre traité de 1604 qui assurait à la France de grands avantages. Plus tard, sur les instances de François de Savary, Henri IV s'adressa directement au Sultan de Constantinople et lui demanda la délivrance des chrétiens réduits en esclavage par les beys d'Alger et de Tunis. Le Sultan accéda à sa demande, mais lui laissa le soin de la faire valoir. Le seigneur de Brève fit alors au roi l'offre de se rendre lui-même, au péril de sa vie, sur les côtes d'Afrique, pour assurer l'exécution des ordres d'Achmet. Il parvint, malgré les menaces de mort du bey de Tunis, à ramener les prisonniers en triomphe, le 24 août 1605. Il revint en France après avoir visité la Palestine, l'Egypte et l'Archipel.

Devenu, en 1607, conseiller d'Etat et gentilhomme à la Chambre, il fut envoyé à Rome comme ambassadeur et sut y contrebalancer l'influence espagnole. Après la mort d'Henri IV il devint gouverneur de Gaston d'Orléans, frère de Louis XIII. Le connétable de Luynes parvint à lui faire enlever cette charge. Mais bientôt après la reine-mère le nomma son écuyer et plus tard, en 1625, sa terre de Brève fut érigée en comté et celle de Maulévrier en marquisat. Depuis 1595, il était commandeur de l'ordre du Saint-Esprit. Il mourut à Paris, en 1628.

Le comte de Brève était instruit et fort lettré. Il rapporta d'Orient plus de cent volumes turcs et persans et d'autres manuscrits que possède aujourd'hui la Bibliothèque nationale. Il a laissé lui même des Mémoires dont d'Artigny fait grand élogé.

En 1638, le marquisat de Maulévrier passa entre les mains d'Hector Andrault de Langeron, baron d'Anzy et d'Artaix, lequel transmit ses biens à François Andrault de Langeron, époux en premières noces de Madeleine de Bourbon-Busset et en deuxièmes noces de Françoise de Laveuhe. Leur fils, héritier du château, fut Jean Baptiste-Louis Andrault de

Langeron, marquis de Maulévrier, comte de Bausin et de Chevrières, baron d'Oyé. Grâce au crédit de son oncle, l'abbé de Maulévrier, plus tard nommé à l'évêché d'Autun. Jean Baptiste Andrault de Langeron, devint ambassadeur d'Espagne, maréchal de France en 1745 (avant, en 1722, chevalier de la Toison d'Or). Il avait épousé Mme Thérèse-Elisabeth-Louise Le Camus. Après sa mort, le château eut pour possesseur Claude-Charles Andrault, marquis de Langeron, lieutenant-général des armées du roi, colonel du régiment de Condé. Il mourut au commencement de la révolution, laissant pour héritières ses deux filles : Adélaïde-Geneviève Andrault de Langeron et Aglaë-Marie-Louise. Pour sauver les biens de sa famille de la tourmente révolutionnaire, Mme Adélaïde, épouse de Louis-Stanislas-Kostka de la Trémouille, resta courageusement à Paris pendant la Terreur. Emprisonnée à la Conciergerie, elle resta trois jours sans manger. Un oubli la sauva, on ouvrit enfin les portes de sa prison. Elle fit héritière de ses biens ses deux petits-neveux : Charles-Louis, comte de Voguë, et l'académicien actuel, marquis de Voguë, père de madame la comtesse de Nicolay, à qui appartient actuellement le château.

Armoiries des Langeron : Ecartelé au 1er et 4e d'azur à trois étoiles d'argent, au 2e et 3e d'argent à trois fasces armées de geules.

Famille des de Lespinasse : Riche et puissante à l'humeur batailleuse.

Famille des de Langeron : Aimée de leurs vassaux. Pendant la révolution on ne fit aucun mauvais parti ni à leurs régisseurs, ni à eux-mêmes.

Une des ailes du château de Maulévrier fut détruite en 1493 (1). La charpente passe pour un chef d'œuvre.

(1) Notes dues à l'obligeance de MM. les abbés Gauthier et Cucherat.

MONTCEAU-L'ÉTOILE

470 habitants. — Poste de Marcigny, à 9 kilomètres; gare de la localité, à 22 kilom. de Charolles. — Superficie : 963 hectares, dont 455 en prairies, 403 en céréales et cultures, 65 en bois et 40 en vignes. — Vins médiocres. — Village situé sur une éminence en bas de laquelle coule l'Arconce. — Territoire ondulé. — Église du XIIe siècle, monument historique.

Ancienne et belle tour faisant partie d'un ancien manoir qui a appartenu aux Vichy-Champrond.

Claude de St-Georges, archevêque de Lyon, mort en 1715, naquit dans ce château. Cette commune fut érigée en chef-lieu de canton, en 1792.

La cure était à la nomination du prieur d'Anzy. Le territoire de Montceau *(Monticella)* faisait partie du Brionnais et du Mâconnais. Le prieur était seigneur de la partie brionnaise, et le marquis de Vichy pour l'autre.

L'église desservie par les moines d'Anzy était une annexe de Versaugues.

Le château de Montceau fut possédé par les Dyo, les de Fougères qui étant aussi seigneur de l'Etoile donnèrent à Montceau ce surnom. Les de Saint-Georges, ancienne maison de la Marche, acquirent cette terre en 1752; elle passa ensuite aux de Vichy Champrond.

La bibliothèque du château possédait de précieux manuscrits, au dire de Courtépée, entre autres des *Heures* en vélin écrites en 1407 et paraissant avoir appartenu au duc Jean.

Jeannez, dans *l'Art roman en Brionnais,* décrit ainsi l'antique église de Montceau l'Etoile :

ÉGLISE DE MONTCEAU-L'ÉTOILE

Vocable saint Pierre et saint Paul, orientée, bâtie en moyen appareil. Nef unique de 12 mètres de longueur, voûtée en berceau cintré. Le chœur est voûté en coupole et l'abside en cul de four. Trois baies fortement ébrasées éclairent la nef sur chaque flanc. A l'extérieur, quatre contreforts à glacis épaulent le monument.

Le clocher-chœur est carré avec deux étages. L'étage inférieur est percé de deux baies jumelles inscrites sous une archivolte enveloppante. A l'étage du beffroi, les baies sont surmontées d'une arcature lombarde. Les modillons du chœur sont sculptés de têtes d'animaux et de petits hommes.

La façade est cachée par un vestibule moderne.

Deux colonnes à bases ornées de rinceaux feuillus, surmontés de chapiteaux historiés avec tailloir rectiligne portent l'archivolte dont un tore est curieusement sculpté de petits sachets creux.

Sur la grande dalle qui forme à la fois le linteau et le tympan est figurée l'Ascension. C'est un groupe de quatorze personnages savamment étagés. Cette composition élégante n'a rien du hiératisme et de l'immobilité bysantine, elle appartient sans nul doute à la Renaissance artistique qui au XIIe siècle nous a donné le porche de Charlieu.

Les corbeaux sont sculptés l'un d'un oiseau à tête humaine, l'autre du démon terrassé par saint Michel. L'archange est coiffé du casque conique à nasal par dessus le capuchon, d'une *broigne* à manches. Ce vêtement défensif est la tunique couverte d'écailles et laissant le bras à découvert, adoptée dès le temps de Charlemagne. Mais ce n'est que vers la fin du XIe siècle qu'elle est pourvue d'un capuchon et de manches. L'armement se complète d'une épée à large et courte lame, et du bouclier carolingien rond et à *umbo* qui précisément, à la même époque, est remplacé par le gand écu étroit et pointu de la chevalerie.

Ces détails d'armement offrent la transition du costume militaire carolingien à celui de la tapisserie de Bayeux. La décoration sculptée du portail de Montceau paraît dater de la fin du XIe ou du commencement du XIIe siècle.

SAINT-MARTIN-DU-LAC

420 habitants. — Poste et gare de Marcigny à 3 kilomètres, à 31 kilomètres de Charolles. — Superficie : 1.451 hectares, dont 768 en céréales et cultures, 461 en prairies, 170 en bois, 52 en vignes. — Bons vins rouges; on cite les crus des Collerettes, des Petites-Layes et des Grandes Layes. — Commerce de bétail, de vin et de bois. — Territoire situé dans la vallée de la Loire. — Eglise romane ancienne. — Château de la Garde.

Le surnom du Lac provient des étangs formés par les débordements de la Loire.

Le prieur nommait à la cure.

Dalmace de Semur céda la moitié de la dime à la prieuré de Marcigny en partant pour la croisade.

Ildin de Glaine céda au prieuré de Marcigny toutes ses terres du Lac, en 1116, en considération de son épouse qui avait pris le voile à Marcigny.

L'ancien château de Champseaux *(de Campo Celato)* est aujourd'hui détruit. J. de Chandon en était seigneur en 1530; Marguerite Damas, sa veuve, en 1564; Blaise de Patural, en 1625; Charles Dupuy, en 1663. Il fut ruiné pendant les guerres de la Ligue, ainsi que ceux de la Garde, de Glaine et de Maupas. Le château de Champseaux fut investi par la Nocle-Beauvais en 1594 avec 500 hommes. Il était défendu par le portugais La Rivière. Battu de deux pièces d'artillerie, il fut pris et ruiné. De Thianges, quatre mois auparavant, s'en était saisi et l'avait fait réparer.

VINDECY

425 habitants. — Gare de la localité; poste de Marcigny, à 10 kilomètres, et à 25 kilomètres de Charolles. — Superficie : 1.632 hectares, dont 915 en prairies, 692 en céréales et cultures, 25 en bois. — Commerce de bétail, froment et pommes de terre. — Commune sur la rive droite de la Loire qui la sépare de l'Allier. — Territoire en plaine sujet aux inondations. — Eglise romane avec chapelle ogivale ayant servi aux seigneurs d'Arcy de la fin du XVe siècle. — Château d'Arcy.

La cure était à la nomination du prieur d'Anzy. Vindecy relevait de la justice d'Arcy.

Charles Aliboust, depuis évêque d'Autun; Hugues, son neveu, grand-chantre de la cathédrale; Charles Pigenat, aussi grand-chantre, ont été curés de Vindecy. Il y avait alors quatre mépartistes fondés par les anciens seigneurs; ils recevaient 20 livres de rente chacun.

La Motte-Noble était un fief dont le château fut ruiné du temps de la Ligue. Pierre de Semur, sire d'Arcy, acquit, en 1387, la terre de Fourneau, un des hameaux de Vindecy, mouvant du duc de Bourgogne. N'ayant pas fait l'hommage, elle fut saisie et ne fut remise qu'en 1399, à cause des services rendus au duc Pierre qui était son chambellan.

ARCY

C'est une ancienne forteresse souvent attaquée et prise du temps de la Ligue. Desprès y commandait au nom de Mayenne. Il se rendit sur les instances de son frère, royaliste, quand Marcigny se soumit au roi. La reddition de cette place, en 1594, entraîna celle de Paray qu'elle couvrait. Ce château fut longtemps possédé par une branche des barons de

Semur. Pierre en était seigneur en 1350; son fils Pierre II épousa, en 1390, Béatrix de Rochebaron, d'une ancienne famille du Forez. Cette terre passa à Louis Lavieu de Poncins; il en était seigneur en 1420. Claude, fille de Jean Leviste, la porta en dot à Geoffroy de Balzac, en 1503, et à son deuxième mari J.-C. de Chabanne, frère du maréchal de la Palice, en 1516.

On ne sait comment Arcy passa à Tristan l'Hermite, puis à Paul de Guillard, petit tyran, au dire de Courtépée, qui faisait de la fausse monnaie durant la Ligue. De Valadoux vendit cette terre à M. l'Archer, en 1712, qui la céda à la marquise de Fontenille.

SEMUR

1298 habitants. — Poste de la localité ; gare de Marcigny, à 4 kilomètres, 31 kilomètres de Charolles. — Superficie : 1,555 hectares, dont 677 en bois, 411 en céréales et cultures, 356 en prairies, 111 en vignes. — Vins de belle couleur se conservant deux ans. — Commerce de l'embouche. — Carrières de pierres de taille. — Tissage de la soie. — Sol accidenté. — Eglise romane du XIIe siècle, monument historique. — Château de Saint-Martin-de-la-Vallée. — Tour Saint-Hugues.

Semur-en-Brionnais est une petite ville agréablement située sur la plateforme d'une colline qui, en face de Marcigny, domine les plaines de la Loire. Sa position pittoresque, qui l'a fait comparer à un nid d'aigle, les restes d'un passé qui, par moments, ne fut pas sans gloire, les travaux intéressants qui depuis deux siècles ont été composés sur ses origines et les vicissitudes de son histoire, lui méritent et permettent de lui consacrer une notice plus étendue.

Nous la puiserons surtout dans les nombreux articles ou brochures que M. l'abbé Cucherat, ancien aumônier de l'hôpital de Paray-le-Monial, a publiés sur sa ville natale. Nous y ajouterons les détails que renferment les documents manuscrits, rédigés au dix-huitième siècle par les notaires du prieuré de Marcigny, et employés déjà par Courtépée dans sa *Description du Duché de Bourgogne* pour ses notices sur les paroisses du Brionnais. (Nous les grouperons autour de chacun des monuments qu'on rencontre à Semur et dont la date correspond assez bien aux principales périodes de son histoire).

LA TOUR SAINT-HUGUES ET LA BARONNIE DE SEMUR

Le plus ancien reste du passé semurois est une grosse tour carrée dont les murs en ruines surplombent les escarpements qui entourent la ville au sud et à l'ouest. C'est le dernier débris du château fort qui sans doute la vit naître à son ombre et qui longtemps la garantit. Elle semble dater du dixième siècle; les ouvertures et la disposition intérieure marquent des remaniements du quinzième siècle. Si l'on s'en rapporte à la tradition, elle aurait été brûlée et démantelée pendant les incursions anglaises de la Guerre de Cent Ans. Mais c'est seulement après la Révolution que des tentatives faites pour achever de la démolir ont éventré ses flancs sur trois de ses faces.

Dans son état actuel de délabrement, faute de documents authentiques ou de fouilles sérieuses qui permettraient de découvrir les bases des constructions rasées, il est difficile de déterminer avec exactitude ce que comprenait, lorsqu'il était debout, l'ancien château de Semur, ni à quelle époque il fut bâti. On peut conjecturer qu'après la période d'invasions étrangères et d'anarchie intérieure qui marqua dans l'Europe occidentale le neuvième et le dixième siècle, lorsque la féodalité prit son organisation définitive, le Brionnais se trouva, comme le reste de la France, possédé par plusieurs petits seigneurs, rattachés à de plus puissants par les liens de la vassalité et chargés à leur tour de rendre justice et de porter secours aux serfs et aux hommes libres qui s'étaient mis sous leur garde. En ces temps de guerres incessantes, pour se défendre contre les incursions des voisins, il fallait des forteresses. La position de Semur, aux confins de la Bourgogne, du Mâconnais, du Forez et de l'Auvergne, convenait parfaitement pour asseoir un « castrum » féodal, et rien n'empêche de croire qu'il y existait de très ancienne date. Mais sur ce point aucune pièce probante ne nous est parvenue.

Il est plus aisé de se rendre compte des limites qu'embrassait l'enceinte de ce château fort et de la ville primitive de Semur. Il en reste assez de traces dans la disposition actuelle des maisons et des ruelles les plus anciennes.

Du côté du soir, on trouve quelques débris des murailles de la ville, dans les jardins de la maison Terrion et vers le pré Coyer. Au midi, toute la ligne des constructions qui dominent d'assez haut la vallée, a été fondée sur ces murailles et on a conservé intacte la poterne qui de ce côté mettait en communication la ville avec le chemin de ronde. Au matin, l'enceinte s'étendait jusqu'en face du sentier qui montait de la vallée, mais des maisons modernes ont interrompu la continuation de ce sentier autour des murailles. Du côté du nord, leur circuit est marqué par les maisons Bouthier et de Précy, bâties également sur le bord de l'ancienne enceinte. Les constructions du séminaire ont fait disparaître de ce côté la porte d'entrée de la ville, située en face de la poterne.

Tout cet espace ainsi délimité, n'était pas fort étendu et, ne comprenant que le sommet de la colline, ne pouvait guère renfermer que le château, l'église et le logement des gens d'armes, des officiers de justice et des clercs.

Quand la ville se peupla, les artisans durent s'établir en dehors de l'enceinte et dans le cours des siècles des maisons se bâtirent peu à peu tout autour des murailles. Le groupe principal se forma du côté du nord, sur les pentes qui allaient rejoindre la route de Marcigny à Semur, près d'excellentes sources et vers une petite chapelle dédiée à sainte Marie-Madeleine. Les ravages de la guerre de Cent-Ans et de la succession de Bourgogne obligèrent sans doute de protéger ces maisons et une seconde enceinte ferma ce quartier qui prit le nom de basse ville. Cette deuxième ligne de murailles avait à l'ouest une sortie appelée la porte au Van et son entrée principale subsiste toujours sous le nom de porte de la Madeleine.

L'autre quartier resta ouvert et forma le faubourg de la Perrière, autour de la chapelle de Notre-Dame, près des carrières de pierres à bâtir, aujourd'hui encore exploitées.

Si mutilés que soient les restes du « castrum » semurois, ils méritent d'être conservés. Ce sont les dernières traces de l'époque marquante de la ville, la seule où sa renommée franchit les bornes du pays d'alentour et où son nom se mêla pour un moment à l'histoire du monde.

Ce n'est pas d'ailleurs que de grands événements se soient jamais passés à Semur. Toute sa célébrité lui vient de l'un de ses enfants, saint Hugues, l'illustre abbé de Cluny. Un peu de la gloire qui l'entoura pendant sa vie et après sa mort, a fini par rejaillir sur son berceau et a attiré l'attention des érudits sur la famille des barons de Semur, dont il était originaire.

C'est seulement à partir de la fin du xe siècle qu'on possède quelques documents certains à ce sujet. Ils avaient été recueillis au XVIIIe siècle par Verchère de Reffye et Potignon de Montmegin, chargés de mettre en ordre les riches archives du prieuré de Marcigny. Saint Hugues avait fondé ce monastère en 1056, en le dotant d'une partie des terres de son patrimoine.

Dans les chartes de dotation, dans les pièces de procédure pour la défense des droits des religieuses, dans les travaux que les Bénédictins ont consacré à l'histoire de la plus célèbre de leurs abbayes et des prieurés de sa dépendance, se trouvent les sources principales de renseignements sur les origines de la famille de saint Hugues et de toute sa descendance.

Sans remonter aux ancêtres glorieux, mais peut-être légendaires, dont un patriotisme local l'a parfois gratifié,

Eglise de Mailly

nous savons que vers l'époque où Hugues Capet fondait la troisième race de nos rois, il y avait à Semur une famille féodale dont les chefs possédaient des terres assez étendues autour de leur château-fort, et qui, tant par leurs richesses que par la situation avantageuse de leurs domaines, avaient contracté des alliances avec les comtes de Chalon, fondateurs de Paray-le-Monial, et les ducs de Bourgogne, issus du sang royal, et désireux sans doute de n'avoir ainsi rien à craindre sur les frontières de leurs Etats.

Dalmace, père de saint Hugues, était marié à Haremburge de Vergy. Il mena la vie batailleuse et pillarde des seigneurs de son temps, tout occupés à maintenir leurs droits et à étendre leur puissance, à cheval et l'épée à la main. Une de ses filles, Alix de Semur, épousa Robert, duc de Bourgogne. Ce mariage n'empêcha pas les guerres entre gendre et beau-père et, d'après la tradition, Dalmace aurait été tué par l'irascible Robert. Une dure pénitence expia ce crime qui fit passer le titre et les biens de la famille à Geoffroy, frère puîné de saint Hugues. Ce dernier renonçant à son droit d'aînesse et frustrant les espérances de son père, avait, avant l'âge de quinze ans, délaissé les expéditions guerrières et s'était mis, au prieuré de St-Marcel-les-Chalon, à l'apprentissage de la vie monastique. Il entra ensuite à Cluny et y resta soixante-dix ans, marquant par ses talents de négociateur, de réformateur et d'organisateur, l'apogée du fameux monastère et de son influence en Europe.

En quittant Semur si jeune, il s'en était éloigné sans pensée de retour et désormais Cluny devint le centre de son autorité. Jamais pourtant, il n'oublia le pays où sa pieuse mère avait développé en lui les premiers germes de ses vertus, et par une juste récompense du sacrifice qu'il avait fait, l'héritage paternel qu'il avait méprisé pour se mettre au service de l'Eglise resta mieux sous la dépendance du saint abbé de Cluny que s'il fût demeuré baron de Semur. A partir du moment où l'éclat de sa renommée en fait un des premiers personnages de son époque, toute l'histoire de Semur gravite autour des deux monastères qu'il habita ou qu'il a fondés, et tout ce que nous en savons d'intéressant ou de certain durant la fin du XIe siècle et tout le cours du XIIe, a trait aux relations des seigneurs de Semur avec Cluny ou Marcigny. Geoffroy, frère de saint Hugues et successeur de Dalmace, finit par se faire moine auprès de lui, pendant que deux de ses sœurs, devenues veuves, prenaient le voile à Marcigny. Raingarde, sa nièce, d'abord mariée en Auvergne avec le seigneur de Montboissier, et mère de Pierre le Vénérable, y remplit l'office de célérière, pendant que son neveu Geoffroy, imitant l'exemple de son père, quittait à son tour le château de Semur et restait moine à Cluny jusqu'à la mort de saint Hugues, où l'abbé Ponce, son successeur, l'envoya à Marcigny exercer les fonctions de prieur du monastère.

Mais avant même qu'il eût terminé sa carrière, en 1109, saint Hugues avait pu voir le commencement des querelles qui de longs siècles encore devaient régner entre les barons de Semur et le couvent voisin. C'était alors la belle époque des grandes expéditions féodales, à travers l'Europe et en Palestine, mais aussi le temps sombre des guerres incessantes entre les milliers de seigneurs ecclésiastiques ou laïques qui se partageaient la souveraineté du pays. Les difficultés qui, de nos jours encore, ont si souvent l'occasion de se produire entre propriétés contiguës et dont le règlement pacifique est confié aux tribunaux, se résolvaient alors par la force brutale au profit du plus puissant. Les biens ecclésiastiques étaient particulièrement exposés à ces revendications violentes. Constitués d'ordinaire par la générosité des seigneurs laïcs qui, avant de quitter le siècle, d'entreprendre un voyage d'outremer ou de retourner à Dieu, pour l'acquit de leur conscience ou pour la satisfaction de leur piété, cédaient aux gens d'église quelques portions de leur patrimoine, ils fournissaient matière facile d'usurpartion aux descendants des donateurs ou à des voisins ambitieux qui convoitaient sur ces terres possédées en usufruit les droits de justice ou quelques redevances féodales. C'est ce qui arriva au début du XIIe siècle pour le prieuré de Marcigny.

Geoffroy, baron de Semur, petit-neveu de saint Hugues, « se déclara contre les franchises du monastère. Il prétendit que tous les habitants de Marcigny étaient ses hommes, relevant de sa juridiction et de son domaine, malgré les donations qui en avaient été faites et souvent renouvelées. Il fit même enlever un des religieux de Cluny, en résidence dans la ville, l'emprisonna en son château de Semur et lui fit payer deux mille sous de rançon... Saint Hugues fut vivement touché d'une exaction si odieuse. Il déféra son neveu au légat du Saint Siége et partit lui-même pour Semur. Geoffroy n'attendit pas son arrivée. Il alla au-devant de lui et dans une série de réunions tenues en Mâconnais, puis à Sainte-Foy et à Marcigny, il fit la paix avec le monastère et se réconcilia avec son oncle» . (1)

Pour prévenir le retour de pareils débats, on fixa une première fois les bans de Semur et de Marcigny, c'est-à-dire les limites de la juridiction des barons de Semur et des franchises du prieuré.

Cinquante ans plus tard, Semur subit le contre-coup des luttes du comte de Chalon, Guillaume, contre l'abbaye de Cluny et les monastères de sa dépendance. L'excommunication lancée par le pape pour protéger les religieuses de Marcigny n'arrêta pas longtemps le cours de ces déprédations, et le pays ne rentra dans le calme qu'après l'expédition du roi de France Louis VII, dans le comté de Chalon et la prise de Mont-St-Vincent, en 1156.

Le XIIe siècle s'acheva pour Semur dans le calme des événements sans importance. C'est vers le commencement du

(1) CUCHERAT *Semur-en-Brionnais. Ses barons. (Annales de la Société Eduenne.)*

règne de saint Louis qu'une sentance arbitrale, prononcée par l'archevêque de Lyon, assisté de l'évêque de Chalon et du sire de Beaujeu, entre le baron de Semur et le comte de Forez, nous fournit des renseignements intéressants sur les limites du Brionnais et de la juridiction de ses seigneurs au sud et à l'ouest. Saint-Julien-de Cray leur fit retour et on leur conserva le territoire de Saint-Forgeux-l'Espinasse et de Mably. La grand'route qui longait la rive gauche de la Loire leur appartint depuis Vivans jusqu'à Cée et au-delà de Digoin.

Des alliances avec les principales familles des environs avaient peu à peu fait entrer dans les possessions des barons de Semur des fiefs importants, situés en dehors du Brionnais, en particulier ceux de Luzy et de Bourbon-Lancy. Mais leur race allait à son tour, faute d'héritiers mâles, se fondre dans d'autres maisons. Alix de Semur, mariée à Simon, seigneur de Broyes et de Châteauvillain, sur les limites de la Champagne et de la Bourgogne, resta dernière représentant de ses ancêtres et transmit vers 1260 leur patrimoine et leur titre à son fils Jean de Châteauvillain.

A partir de ce moment, c'est-à-dire vers la fin du règne de saint Louis, Semur devint, à peu de chose près, ce qu'il est resté depuis. La ville se composa d'un petit groupe de maisons d'artisans, libres de leurs personnes et pouvant aller s'installer ailleurs, depuis qu'à l'exemple du reste de la France, leur seigneur les avait affranchis ; ce qui pour Semur serait arrivé en 1251. Dans les campagnes du voisinage étaient établis des cultivateurs, laboureurs ou vignerons, les uns propriétaires de leurs terres, les autres attachés à leur domaine, tous protégés par le seigneur dont ils dépendaient, souvent maltraités ou pillés par les seigneurs du voisinage, s'ils étaient les plus puissants ou les plus ambitieux.

Dans l'enceinte du château fort s'était bâtie, dans le cours du XIIe siècle, une belle église dédiée à saint Hilaire, où des prêtres, vivant en communauté et formant une collégiale,

Sarry : Maison Despierre-Sarry

assuraient la perpétuité du service divin et servaient de curés aux gens de la ville, pendant que ceux de la campagne continuaient à avoir pour centre de leur paroisse la vieille église bâtie dans la vallée sous le vocable de saint Martin.

La souveraineté du pays de Semur et des environs étant passée à une famille étrangère au pays et plus richement possessionnée ailleurs, les barons de Semur ne résidèrent plus dans leurs terres du Brionnais. Ils se contentèrent d'y entretenir quelques fonctionnaires, nommés par eux, chargés d'y maintenir leurs droits, d'y rendre en leur nom la justice et d'y percevoir les redevances qui, maintenant sous le nom d'impôts, se payent à l'Etat, au département et à la commune pour nous assurer les services confiés à cette époque aux seigneurs féodaux. Le principal était le châtelain, lieutenant du baron, gardien de ses droits, chargé de les défendre contre toute entreprise d'assurer l'ordre public par le règlement des procès et la punition des délits. Quelques autres subalternes, sergents, notaires, procureurs et clercs suffisaient en temps ordinaire à ces fins. Quand, aux époques de troubles, on craignait une incursion des voisins ou qu'il fallait préparer une expédition de guerre, la forteresse de Semur recevait une garnison de gens d'armes et le vieux donjon servait toujours de lieu de refuge ou de poste d'observation.

Mais de saint Louis, jusqu'au début du XIVe siècle, sous le règne des derniers capétiens, le pays resta paisible et la royauté devenue forte savait prévenir et arrêter dès le début les querelles entre seigneurs. La baronnie de Semur appartint alors aux seigneurs de Châteauvillain et les trente ou quarante ans qu'ils la possédèrent, ne furent marqués que par des fondations pacifiques ou des transactions à l'amiable. En 1274, Jean de Châteauvillain s'entendait avec l'évêque d'Autun, Girard, pour fonder le chapitre de l'église Saint-Hilaire de Semur. En 1290, il passa avec le prieuré de Marcigny, un traité plus explicite que celui de 1100, pour la fixation de leurs droits et l'étendue de leurs juridictions. Il y fut stipulé que le seigneur de Semur et ses successeurs auraient le droit de garde (1) dans la ville de Marcigny et dans les paroisses de Baugy, de Saint-Martin-du-Lac, d'Igue rande, dans les prévôtés d'Heurgues, de Chessy, d'Argues et de Farges et sur tous les hommes de la châtellenie de Semur. On lui réservait également la connaissance et le règlement de tous les procès entre marchands. Mais sur tout le reste il s'engageait à ne jamais accueillir les plaintes et à ne jamais juger les différends des habitants des susdites paroisses. On le déboutait de ses prétentions à la haute justice et à la per ception de certaines amendes sur les habitants de Briennon, d'Iguerande, de Mailly, de Marcigny, de Baugy et des autres lieux sus-nommés. On confirmait au prieur de Marcigny le droit de tenir marché dans cette ville et dans l'étendue de son territoire. Enfin on fixait les limites de Semur, ce qu'on appelait à cette époque les bans, c'est-à-dire le territoire dans l'étendue duquel le seigneur de Semur avait seul le droit de publications diverses, de convocation et d'appel des hommes d'armes, d'établissement de moulins, fours et pressoirs auxquels il pouvait assujettir tous ses sujets.

Il sera intéressant de rappeler ici ces limites pour les comparer avec celles d'aujourd'hui. Elles commençaient aux Chevannes, endroit situé entre Rochefort et les Igaux, se dirigeaient vers la croix de Fontbernon aux plains de la Faye, englobaient la grange de la Faye — allaient de là vers les bois de Montjorné à la queue de l'étang de Montmegin, puis à un carruge sur le grand chemin de Sainte-Foy à Marcigny, et en passant en dehors de la Craye allaient rejoindre à travers la vallée et sur l'autre colline le grand chemin de Marcigny à Jonzie, suivaient cette route jusqu'à un endroit appelé Crot-au-Loup, redescendaient vers l'église

(1) Droit qu'un seigneur avait d'administrer certains biens de ses vassaux mineurs, analogue au pouvoir de tuteur pour les autres biens.

de Sellé et de là atteignaient en droite ligne les Chevannes.

Vers 1320, le mariage d'une héritière de la maison de Châteauvillain avec le comte de Beaujeu, Guichard VI, fit passer dans cette famille plus puissante le titre et les droits du baron de Semur. Elle en jouit pendant toute la durée du XIVe siècle, au moment des grandes défaites de la Guerre de Cent ans, Crécy et Poitiers, des incursions du Prince Noir, jusque dans les plaines de la Loire, des ravages des compagnies de soldats indisciplinés, plus désastreux que ceux de la guerre pour les pays qu'ils traversaient. Même avant que ces longues années de pillages et les malheurs de la royauté eussent amené, pour la région Brionnaise comme pour les pays limitrophes, l'insécurité, le désordre et la ruine, Semur fut troublé par les entreprises ambitieuses de ses nouveaux barons. Pour la maison de Beaujeu, qui des bords de la Saône avait fini, grâce à des agrandissements continus, par arriver à ceux de la Loire, la possession du château fort de Semur avait plus d'importance que pour des seigneurs éloignés. C'était sur les frontières et même à l'intérieur des Etats des ducs de Bourgogne une excellente place de défense et d'offensive, comme plus tard nos rois avaient su en obtenir contre l'Allemagne sur la rive droite du Rhin. Mais aussi, comme sur toutes les frontières, la garde du pays devait être assurée et les droits du souverain bien mis à l'abri de toute contestation. Les châtelains des comtes de Beaujeu, en résidence à Semur, surtout quand ils se sentirent appuyés par des maîtres ambitieux et résolus, ne se firent point scrupule de maintenir et même d'augmenter ces droits par la force. L'un d'entre eux surtout est connu pendant cette période de l'histoire des barons de Semur. Bernard de Montchauvet, dont la famille, originaire du Forez, avait déjà obtenu des charges importantes dans le chapitre de Saint-Hilaire, rendait la justice à Semur au nom de Guichard VI et y commandait la garnison de ses hommes d'armes. Les entreprises contre les droits du couvent de Marcigny se renouvelèrent si longtemps et furent regardées par les religieuses comme si excessives qu'elles finirent par amener une plainte de leur prieur au roi de France. Sous le prétexte d'une conspiration, il avait fait conduire dans les prisons du château de Semur des étrangers contaminés qu'on tenait aux portes de Marcigny, sur la route de cette ville à Charlieu, au lieu encore appelé la Maladière. Obligé de les ramener dans cet hôpital, il les y fit, dit-on, brûler vifs, pilla la maison et emprisonna souvent les justiciables du prieuré, sans compter les dîmes de grains ou d'autres denrées, les droits de péage sur les routes de la Loire qu'il fit lever à son profit et dont il priva les religieuses. L'information sur cette plainte fut confiée au bailli de Mâcon et le roi condamna le comte de Beaujeu à rétablir la Maladrerie, à mettre incontinent hors de ses prisons tous les gens du prieuré et à payer une forte indemnité au couvent et une amende au roi. Cette sentence sévère arrêta les violences dont souffrait le pays de la part de ses maîtres. Mais un fléau plus redoutable atteignit alors Semur et le ruina pour longtemps. La guerre contre les Anglais, après la défaite de Poitiers où le comte de Beaujeu trouva la mort, amena les invasions de leurs bandes victorieuses jusque sur les territoires du Forez, du Bourbonnais et de la Bourgogne. Marcigny fut ravagé et la forteresse de Semur, si l'on croit la tradition, fut alors brûlée et démantelée, sans qu'il soit bien sûr que depuis elle ait jamais été remise en parfait état de défense.

Au début du xve siècle, quand après le règne pacificateur de Charles V, allait commencer la querelle des maisons d'Orléans et de Bourgogne, prélude d'Azincourt et de la plus triste époque de notre histoire nationale, la baronnie de Semur passa, par une cession des comtes de Beaujeu, aux ducs de Bourbonnais, possesseurs de tout le pays d'outre Loire. Ils la conservèrent durant les règnes de Charles VI et de Charles VII. Mais à ce moment là lutte entre les Anglais et le parti Bourguignon avait pour théâtre d'autres régions de la France, placées loin du Brionnais, et rien ne nous est parvenu de notable sur les destinées de Semur à cette époque. Peut être que les traces de restauration que la tour de saint Hugues porte encore datent de ces années de troubles. Quoiqu'il en soit, l'indépendance du pays allait finir en même temps que celle du duché de Bourgogne. Quand Louis XI, après la mort de Charles le Téméraire, eut réuni à la couronne les Etats de son rival, le Brionnais, placé sur les limites du comté de Charolles, s'annexa, par la force naturelle des choses, au domaine du roi de France. Louis de la Trémoille, gouverneur de Bourgogne au nom de Charles VIII, s'était marié, en 1485, avec une fille de la maison ducale du Bourbonnais qui lui avait apporté en dot la baronnie de Semur. Il la vendit l'année suivante au roi de France qui jusqu'à la Révolution resta souverain possesseur du Brionnais.

Le titre de baron de Semur ne devait pourtant pas se perdre. Il avait été porté depuis trop de siècles et par des noms trop illustres pour que les rois, conservateurs nés des privilèges de la noblesse quand ils n'avaient rien de dangereux pour leur autorité, ne cherchassent pas à le maintenir. Tout en exerçant à Semur et sur tout le Brionnais, comme sur le reste du royaume, les droits de souverains absolus par la levée des troupes, le maintien de l'ordre public, la perception des tailles et l'administration de la justice, ils cédèrent souvent le titre de baron de Semur avec quelques menus droits de préséance ou d'information, plus honorifiques que réels. Cette cession ne se faisait d'ailleurs qu'à des familles nobles et n'était pas un moyen facile de faire sortir de leur condition des roturiers favorisés par la fortune. Aussi, tout en ne représentant presque plus rien de ses anciens droits, ce titre resta dans les meilleures et plus anciennes familles de la noblesse des environs. Sous François Ier, il appartenait au maréchal de La Palisse, glorieusement tué à Pavie. Sous Henri IV, il passa au vicomte d'Amanzé et à Rolin de Sainte-Colombe, seigneur de Laubépin et de Sarry, puis aux comtes de Brèves, seigneurs de Maulévrier et d'Artaix. En 1660, le comte de Coligny, seigneur de La Motte-Saint-Jean, aide du grand Condé, était baron de Semur. C'est de cette famille que ce titre passa par une cession régulière à celle qui le porte encore aujourd'hui, les Dupuy de Saint-Martin. Originaire du Fôrez, cette maison était au début du xve siècle en possession de riches fiefs et d'importantes fonctions militaires vers St Germain-Laval et Saint-Galmier. Une branche vint s'établir à Marcigny où, par d'honorables charges dans l'administration de cette ville et par des alliances avec les meilleures familles du pays, elle acquit les domaines nobles de la Fay, des Falcons, de Narbot et fit bâtir près de l'église de Saint Martin-de-la-Vallée un château qui finit par devenir sa principale résidence.

Sur le vieux tableau qui garnit le fond du chœur de cette église on trouve les armoiries des Dupuy ; D'or à la bande de sable, chargée de trois roses d'argent, du chef d'azur chargé de trois étoiles d'or, avec la couronne du baron et la divise : *Spes mea Deus.*

On pourra les ajouter, afin de rattacher les derniers titulaires de la baronnie de Semur aux premiers possesseurs de cette dignité, aux armes primitives de cette ville : D'argent à trois bandes de gueules.

L'ÉGLISE SAINT-HILAIRE ET LA COLLÉGIALE DE SEMUR

Si les débris mutilés de la tour Saint-Hugues ne rappellent plus que vaguement ce que fut l'ancien château-fort de Semur, il reste du passé de la ville un monument toujours intact, la belle église romane qui touchait, à l'ouest, l'enceinte de ses murailles.

Des bâtiments l'encadrent et la masquent presque de tous côtés, en sorte qu'on l'aperçoit à peine de la vallée de Marcigny. Il faut arriver jusqu'à son chevet pour en découvrir l'ensemble et l'admirer à son aise.

Elle fait d'ailleurs très bonne figure dans la série des monuments de même style qu'on rencontre dans le reste du Brionnais ou aux environs, à Charlieu, Iguerande, Baugy, Anzy-le-Duc, Varennes-l'Arconce, Châteauneuf-sur-Sornin et le Bois-Sainte-Marie. Plus heureuse que la plupart des autres, elle n'a reçu du temps que des blessures de détail. Malgré quelques restaurations où se montre plus de zèle que de goût, elle se présente comme l'un des meilleurs spécimens de l'art roman bourguignon.

L'époque de sa construction n'est pas exactement connue. Il semble pourtant, à voir le fini des détails et l'emprunt manifeste des motifs d'ornementation aux diverses églises de la région, que celle de Semur est l'une des dernières en date et doit appartenir au XIIIe siècle (1). D'ailleurs, la grandeur du vaisseau, manifestement disproportionné avec le nombre des habitants de la ville, permet de croire que cette église fut bâtie dans l'intention d'y établir la récitation publique et permanente de l'office divin plutôt que d'en faire le centre d'une paroisse.

L'église rurale, anciennement bâtie au fond de la vallée et dédiée à saint Martin, a servi jusqu'à la Révolution aux exercices du culte public pour les villages des alentours. Celle que les barons de Semur édifièrent ensuite dans leur « castrum » n'était donc pas destinée à la remplacer mais à servir de témoignage de leur piété et à leur assurer le secours perpétuel de prières plus abondantes. En la construisant ils durent avoir le projet d'y établir un chapitre et s'ils ne réalisèrent ce projet qu'en 1274, on est autorisé à croire que l'église nouvelle ne resta pas un siècle entier

(1) M. Jeanhez croit que sa construction remonte à la fin du XIIe siècle.

sans être dotée de son collège de chanoines et qu'elle date bien du règne de saint Louis, dernier spécimen dans notre région d'une architecture plus ancienne qui commença vers l'époque de saint Hugues et atteignit sa perfection sous les règnes de Louis le Jeune et de Philippe-Auguste.

Description de l'église. — « Venant le dernier en date des monuments romans du Brionnais, l'église de Semur en présente un type parfait comme proportions. Son architecte s'est inspiré de Paray, de Cluny et surtout d'Autun. La décoration sculptée emploie les crochets et les motifs empruntés à la flore indigène ; c'est la caractéristique décorative du XIIIe siècle.

« L'église est à trois nefs avec une travée de chœur, terminée par une abside en hémicycle et deux travées latérales terminées en absidioles. La construction régulièrement orientée est en grand appareil.

« La nef était voûtée sur doubleaux redoublés en berceau brisé. Il ne reste de cette voûte primitive depuis les incendies du XVIe siècle que les doubleaux et les compartiments de la quatrième travée. Les autres compartiments ont été rétablis au XIXe siècle en berceau plein cintre.

« Les piliers sont cantonnés latéralement de colonnes engagées et dans la nef de dosserets redoublés qui au rez-de-chaussée ont la forme de pilastres cannelés et, à l'étage, de colonnes engagées avec chapiteaux feuillus. Les bas-côtés sont voûtés d'arêtes avec doubleaux simples et brisés qui retombent sur une garniture de dosserets rectangulaires appliqués contre le mur. Ils communiquent avec la nef par de maîtresses arcades brisées à deux rangs de claveaux qui sont surmontés d'un triforium, dont les arcades sont au nombre de trois dans chaque travée. Ce triforium élégant n'a eu qu'un but décoratif, comme ceux de Paray et d'Autun.

« Les bras du transept sont en faible saillie sur les bas-côtés et sont voûtés en berceau brisé. La croisée est surmontée d'une lanterne formée d'une coupole octogonale sur quatre trompes au-dessus d'un étage d'arcades aveugles disposées par deux et par trois sur chacune des huit faces correspondant aux pans de la coupole.

« Le sanctuaire se compose d'une travée de chœur en berceau brisé, précédant une abside semi-circulaire voûtée en cul-de-four ovoïde. Dans cet hémicycle, une garniture d'archivoltes sur colonnettes et pilastres alternés fait saillie sur la muraille et encadre trois baies et deux arcades aveugles.

« Les deux absides latérales, voûtées en cul de-four ovoïde, précédées de petites travées de chœur, ouvrent sur le sanctuaire par deux arcades à deux rangs de claveaux. Le rang inférieur est porté par des pilastres très courts suspendus en encorbellement sur des corbeaux sculptés de petits atlantes diaboliques. Les faces des pilastres sont décorées de fleurons, de rinceaux et de rubans plissés. La chapelle annexe sud-est est du XVIe siècle.

« La façade basilicale est ajourée d'un oculus dont les dimensions annoncent les roses de l'architecture gothique.

« Au rez de-chaussée, le portail s'ouvre sur trois archivoltes en tiers-points. La plus profonde se dessine en tore vêtu de gaufrures qui se continuent sur les deux colonnettes de support. La seconde est tordue en spirales ainsi que ses colonnes. La plus extérieure se compose de deux bandeaux à l'aplomb du mur qu'interromp à la clef un agneau nimbé, Ces bandeaux et les pilastres qui les portent sont ciselés d'entrelacs et d'oves enrubannés de la nef de Paray. Ces décors se reproduisent sur les plinthes des bases.

« Les chapiteaux sont chargés d'étages d'acanthes ou de palmettes, quelques-unes recourbées en volutes. Un seul est historié de significations symboliques de l'impureté.

« Sur le tympan, un Christ bénissant, entouré des attributs évangéliques, est assis dans une auréole portée par deux anges. Rien d'artistique dans cette composition. La tête du Christ a été refaite.

« Le linteau représente la traduction du naïf récit de Jacques de Voragine, dans la légende de saint Hilaire. C'est la tenue, en 359, du concile de Séleucie, où se rend l'évêque de Poitiers pour combattre l'arianisme. Dix évêques, distribués en plusieurs groupes, trônent sur de longs sièges rectangulaires à petites arcades cintrées. Au milieu, saint Hilaire est assis à terre parce qu'on n'a pas voulu lui faire place, et au-dessus de lui plane l'ange qui va le soulever à la hauteur des autres. A droite est une traduction un peu libre de la mort du pseudo pape Léon, corrompu par le venin de l'hérésie et président du concile. Il se propose de faire périr saint Hilaire qui, pour toute défense, lui annonce sa mort immédiate. *Et de fait, comme le pape alla où l'appelaient besoins de nature, il périt misérablement en répandant dehors toutes ses entrailles.* Le sculpteur n'a rien dissimulé. Le pape assis sur une chaise spéciale rend à la fois ses entrailles et son âme qu'un démon lui arrache de la bouche sous forme d'un petit enfant. A l'autre extrémité du linteau, se voit un palais roman à portiques cintrés et terrasses chargés de spectateurs.

« L'art n'a rien de commun avec cette frise. La disproportion des personnages à têtes énormes, l'absence totale d'expression et la grossièreté des types nous ramènent en pleine tradition gallo-romaine. C'est là un fait étrange et irréconciliable avec l'âge du monument. Ce bas-relief semble avoir appartenu à un autre édifice plus ancien. Ce qui permet de le supposer, c'est qu'il n'a aucun rapport de style ou d'exécution avec le Christ du tympan et ne provient pas du même banc de pierre calcaire.

« On pénètre dans les bas-côtés de l'église par deux portes en plein cintre richement décorées. Celle du nord est d'une harmonie de proportions qui en fait un modèle. Son tympan, orné de trois lobes fleuronnés rayonnants, a pour cadre un cable tordu en spirale sur deux colonnes unies. Les autres archivoltes, en forme de bandeaux plats, sont chargées de billettes et d'oves enrubannés, ainsi que leurs pilastres. Quant au linteau, il se compose d'une frise fleuronnée d'un beau dessin sous une corniche à palmettes.

« Au-dessus de cette porte s'ouvre une fenêtre qui est une vraie perle architectonique.

« L'abside a deux contreforts surmontés de chapiteaux richement refouillés qui portent les glacis. Les modillons de l'abside sont remplacés par une belle arcature lombarde.

« Le clocher, de forme octogonale, se compose de deux étages couronnés par une torsine très obtuse en pavillon à huit pans. L'étage inférieur de la tour est décoré de hautes arcades aveugles en plein cintre disposées par deux sur chacune de ses huit faces. Leurs archivoltes sont ornées de billettes.

« L'étage du beffroi repose sur une corniche à petits crénelages carrés. Chacune de ses faces est encadrée de colonnettes engagées sur les arêtes de la construction et qui se rejoignent au sommet par un rang de cinq petites arcades aveugles en plein cintre. Le centre du compartiment est percé de deux baies géminées et cintrées, au fond de trois voussures donnant un large ébrasement. Ces voussures portent sur des colonnettes à chapiteaux romans, analogues à ceux de la nef.

« La tribune est un des plus étranges détails du monument. C'est un encorbellement formé de douze rangs de tores superposés en saillie progressive et qui du sommet intérieur de la nef, s'élève jusqu'au niveau du triforium. Il est difficile d'y voir une tribune car on n'y remarque aucun moyen d'accès. On ne peut y arriver qu'en rampant sous le comble en appentis du bas côté septentrionnal.

« Tout le monument appartient au roman de transition de la fin du XIIe siècle. » (1).

(1) E. JEANNEZ. — *L'Art roman en Brionnais*, p. 84 et s.

Cette église fut pillée une première fois, en 1364, par le prince de Galles, puis incendiée par les Calvinistes, en 1576. Il en résulta la chute de presque toutes les hautes voûtes. On les remplaça d'abord par des lambris ; le curé Bonnardel les fit refaire en maçonnerie.

En 1854, l'abbé Lamotte fit restaurer par Perrin, de Mâcon, les pignons et une partie du clocher.

En 1889, on enleva l'ancien badigeon intérieur et on refit les joints d'appareil et on ferma les baies avec des vitraux peints par M. Bégule, de Lyon.

FONDATION DU CHAPITRE DE SEMUR

Ce superbe monument, hommage anonyme de la dévotion des seigneurs semurois, devint vraiment la maison de Dieu, quand la prière publique y fut organisée pour toujours. Cet acte important qui dota Semur pendant cinq siècles d'une association de prêtres, chargés du service de la nouvelle église de Saint-Hilaire, nous est connu dans tous ses détails, grâce à la conservation du titre authentique qui en fut rédigé en 1274. Jean de Châteauvillain, baron de Semur, d'accord avec l'évêque d'Autun, Girard de Beauvoir, déclare qu'il y aura désormais, dans l'église de Saint-Hilaire de Semur en Brionnais, treize chanoines chargés de chanter le saint office et de rappeler, sur terre, par ces louanges ininterrompues en l'honneur de Dieu, l'occupation des bienheureux dans la céleste Jérusalem. De ces treize prêtres, trois devaient être dignitaires du chapitre ; c'était le doyen, le chantre et le sacristain ; les dix autres avaient le simple titre de chanoines. Les revenus du chapitre, mis en commun, devaient être partagés en quinze parts ou prébendes. Le doyen en avait deux ; le chantre et le sacristain, chacun une part et demie. La nomination des dignataires devait appartenir au chapitre,

Saint-Bonnet-de-Cray : Eglise et Cimetière.

avec obligation de faire confirmer son choix par l'évêque d'Autun. Les chanoines étaient nommés à tour de rôle, à mesure que se produisaient les vacances, par l'évêque d'Autun et par le baron de Semur.

Pour assurer le logement et l'entretien des chanoines, Jean de Châteauvillain donnait au chapitre le plein droit d'acquérir des terrains et de bâtir, dans la portion occidentale de l'enceinte fortifiée, à partir du chemin qui de la porte de la Madeleine tendait vers la poterne, jusque vers les murailles de la haute ville. Cet espace entourait l'église. On y trace d'abord le terrain nécessaire pour la sépulture des morts et les maisons qui, de nos jours encore, bordent l'église au sud; celles qui du côté du nord ont été démolies et remplacées par les bâtiments du Petit-Séminaire, formaient le quartier ecclésiastique, la part de Dieu et de l'Eglise, pendant qu'à l'autre extrémité du *castrum*, se dressait le donjon entouré des demeures des soldats et des officiers de la justice des barons. Comme premier apport pour la constitution des revenus du chapitre, le seigneur de Semur lui donnait vingt livres tournois de rente annuelle et perpétuelle, assignés sur ses domaines. Il permettait aux chanoines d'augmenter cette somme par la suite jusqu'à la concurrence d'un revenu de deux cent livres tournois dans l'étendue de sa baronnie. Enfin il leur accordait le droit de pêcher dans la Loire le poisson nécessaire à leur usage. De son côté, l'évêque d'Autun, réglait la situation respective de l'ancienne église de la vallée et du nouveau chapitre de Saint-Hilaire. Tout en restant paroisse distincte de la ville de Semur, Saint Martin était uni au chapitre et le service spirituel en était confié au doyen et aux chanoines, qui devaient y aller célébrer les offices, administrer les sacrements et donner aux morts la sépulture chrétienne pour les habitants des villages de la banlieue de Semur, sauf Montmegin qui avec sa modeste chapelle faisait jusqu'à la Révolution un groupe autonome. Pour augmenter les ressources du chapitre, il était stipulé que tous les revenus et le casuel des deux églises serait mis en commun et partagé entre tous les chanoines.

Les doyens du chapitre de Semur. — Cette charte de fondation, que nous venons de résumer, a été reproduite dans le cartulaire de l'Evêché d'Autun. Si l'on s'en rapporte à un renseignement des papiers du prieuré de Marcigny, les dispositions en auraient été calquées sur celles de la collégiale de Montbrison. De fait, ce fut un forézien, Nicolas de Montchauvet, qui le premier fut mis à la tête du chapitre de Semur, en qualité de Doyen. « Sa grande érudition en la « jurisprudence dont les charges étaient alors pour l'ordi- « naire exercées par des ecclésiastiques lui servit de marche « pour être élevé en la dignité qu'il posséda dans l'église. « Le seigneur de Semur le nomma premier doyen du chapitre « qu'il venait de fonder en cette ville et voulut qu'avec cette « dignité, il conserva celle de juge qu'il avait auparavant. « La réputation de ce savant homme s'étendait par toute la « Bourgogne. Le duc Robert, deuxième du nom, concevant « beaucoup d'estime et d'affection pour lui, outre la judica- « ture qu'il avait au nom du baron de Semur, lui donna celle « celle du bailliage que le duc de Bourgogne avait en ville « et y joignit encore celle du baillage de Montcenis. »

La Mure, *Histoire du Forez.*

Ses successeurs immédiats n'héritèrent pas de sa célébrité. Jusqu'à la fin du xve siècle la liste des doyens du chapitre de Semur ne renferme, avec bien des lacunes, que des noms inconnus. Quand, à la mort de Charles le Téméraire, le Brionnais, avec le reste de la Bourgogne, fut réuni à la couronne et que, peu après, les droits des barons de Semur furent cédés à Charles VIII, la nomination des doyens de l'église de St-Hilaire appartint par moitié aux rois de France. Au lieu d'ecclésiastiques sans autorité et tirés sans doute des paroisses ou des communautés du voisinage on choisit pour doyens des noms plus célèbres, et ce bénéfice passa, comme la plupart des autres revenus d'Eglise. aux cadets des grandes familles de noblesse, attachés au service du roi dans ses armées ou ses tribunaux... La charge de doyen de Semur n'assurait pas des revenus fort élevés, suffisant pour un train de maison considérable. Aussi n'était-ce qu'un supplément destiné à parfaire les revenus d'autres bénéfices et en même temps que le roi de France ou l'évêque d'Autun le conférait à un ecclésiastique, ils ne lui enlevaient pas ses autres titres ou dignités.

Depuis le règne de Louis XI jusqu'aux guerres de religion, le décanat de l'église de Saint-Hilaire appartint à des ecclésiastiques de deux familles bien connues dans la noblesse du Brionnais, les Damas et les Digoine. Après Jean Rollin, neveu du célèbre cardinal de ce nom, et qui, sans compter sa charge de doyen de Semur, fut prieur de Saint-Marcel-les-Chalon et abbé commendataire de Saint Martin-d'Autun, avant de devenir lui-même évêque de cette ville, Philibert de Damas et Jean de Damas furent doyens de l'église Saint-Hilaire de 1476 à 1555. Leur famille, richement possessionnée et largement apparentée dans toute la région brionnaise, avait, à Semur même, la petite seigneurie de la Vallée, sous les murs de la ville et occupait dans le ressort du bailliage, une charge de judicature inférieure. En même temps qu'ils présidaient au service divin et assuraient le service religieux de Semur, ils pouvaient trouver appui et protection pour la défense des intérêts temporels du chapitre. Aussi est-ce durant cette période que furent réglées à l'amiable un certain nombre d'affaires litigieuses, pendantes entre les chanoines de Semur et les paroisses des environs. Du passage des Damas en notre ville, il reste un témoignage dans l'église même où ils ont présidé si longtemps, Le plan primitif ne comprenait pas de sacristie. C'est au XVIe siècle que fut construite, au midi de l'abside, celle qui existe maintenant et qui d'ailleurs a été depuis allongée d'une façon plus utile que gracieuse, pour servir de dépôt aux vases sacrés, aux ornements et aux archives de l'Eglise. A la clef de voûte se voient encore les armes des Damas : De gueules à la croix ancrée d'or.

Philibert de Damas mourut en 1522. Son épitaphe se lisait sur une tombe dans l'église de Marcilly-les-Buxy. « Ci git révérend père, Messire Philibert Damas, en son vivant protonotaire et doyen de Semur en Brionnais, chanoine de Saint-Ladre d'Autun, curé de Mellecey, de Lenax et de Fautrières, qui trépassa le huitième jour d'octobre 1522. Priez Dieu pour son âme. »

Deux ans avant sa mort il avait résigné sa dignité de doyen en faveur de son parent Jean de Damas, qui durant 35 ans présida le chapitre de Saint-Hilaire.

Aux Damas succédèrent deux doyens d'une autre famille également célèbre, les Digoine. Le petit fief du Palais qu'ils possédaient à Mailly, dans le voisinage de Semur, fut sans doute l'occasion qui leur fit ajouter à leurs autres bénéfices le décanat de cette ville. Guillaume de Digoine, curé d'Oyé et chanoine de Saint-Pierre de Mâcon, le posséda de 1555 à 1582. Après quelques difficultés, il y fut remplacé de 1583 à 1610 par François de Digoine. Ce demi-siècle coïncide avec la période la plus troublée de l'histoire de Semur et le plus triste attentat qu'ait subi l'église de Saint-Hilaire. En 1576, un détachement de l'armée des reitres, conduite par le prince Casimir et le prince de Condé, en pilla le trésor, en incendia les papiers et les ornements. Quinze ans plus tard, les troubles de la Ligue mirent de nouveau le désarroi dans le service du chapitre. Il fallut le retour de l'ordre public sous Henri IV pour que la régularité d'autrefois pût reprendre parmi les chanoines et se maintenir durant les deux siècles qu'allait encore durer la collégiale de Saint-Hilaire.

Ce fut à une famille purement semuroise, les Bouthier, qu'appartint l'honneur d'en présider le chapitre à la belle époque de l'histoire de notre pays et de l'église gallicane. Avant qu'ils en devinssent les doyens, Jean de Massenay, dont

Saint-Bonnet-de-Cray : Château de Malfaras

les parents possédaient la terre du Lac, près d'Anzy-le Duc, exerça ces fonctions durant 47 ans, de 1610 à 1657 ; mais sa nomination amena d'abord des divisions dans le chapitre. Mal accueillie par une famille alors puissante à Semur, les Rousset, dont les membres furent longtemps à la tête du bailliage de cette ville et occupaient dans le chapitre la seconde dignité de chantres, elle donna lieu à des querelles de préséance; dans le genre de celles qu'a ridiculisées le *Lutrin* de Boileau, mais que traitent et essayent de régler fort sérieusement les pièces de procédure que nous a transmis le mémoire. Assoupies avec le temps, ces discussions ne prirent véritablement fin qu'à la mort de Jean Massenay. Les trois doyens qui lui succédèrent, Jean Bouthier (1657 1685), François Bouthier (1685-1718) et Claude Bouthier (1718 1761) virent des temps plus calmes et n'eurent guère à s'occuper que de la bonne gestion des revenus du chapitre et de l'exacte célébration des divins offices. Ils s'acquittèrent avec zèle et avec succès de cette tâche. Sans entrer dans le détail de leur administration, conservée au long dans de nombreuses pièces originales, il nous suffira, pour en donner une idée exacte et en même temps pour faire connaître l'organisation du chapitre de Saint Hilaire, de résumer le long règlement en 43 articles où François Bouthier condensa en 1701 toutes les anciennes ordonnances de ses prédécesseurs.

Statuts du Chapitre de Semur.— 1° Chaque année, le dimanche de la Trinité, se tenait une assemblée générale du chapitre à laquelle étaient obligés de se rendre, sous peine d'être privés de leur traitement annuel, tous les membres, doyen, chantre, sacristain et chanoines. Dans cette réunion se lisaient les statuts du chapitre et se donnaient les avis nécessaires au maintien du bon ordre et de la régularité.

2° Quand un ecclésiastique, nommé chanoine de Saint-Hilaire, voulait prendre possession de sa dignité, il présentait ses lettres de nomination au doyen du chapitre qui en donnait lecture aux chanoines et les faisait transcrire sur les registres de la communauté. La cérémonie de la prise de possession se faisait à l'entrée ou à l'issue d'un des offices, en la forme ordinaire, encore usitée de nos jours pour l'installation d'un curé dans une paroisse. Le récipiendaire payait un droit de 12 francs pour l'entretien des ornements de l'église. Avant de percevoir aucun émolument, il devait faire un stage de quarante jours, et même la première année de son entrée, il abandonnait la part qui lui revenait dans les vignes du chapitre, pour les réparations de l'église.

3° Trois fois par jour, les chanoines étaient tenus de se rendre à l'église pour y célébrer l'office divin. En hiver, c'est-à-dire, depuis la Toussaint jusqu'à Pâques, ils chantaient les matines à 6 heures du matin, la grand'messe à 9 heures et les vêpres à 2 heures du soir. En été, c'est-à dire depuis Pâques jusqu'à la Toussaint, les matines étaient à 5 heures du matin, la grand'messe à 8 heures et les vêpres à 3 heures du soir. Les stalles, d'ailleurs sans aucun caractère, où ils se tenaient, présidés par le doyen, pour cette récitation quotidienne des prières liturgiques, se voient encore en avant du sanctuaire dans la travée du transept de l'Eglise.

4° Cette célébration des divins offices étant la partie principale des fonctions du chapitre, le but même que s'étaient proposé ses fondateurs, les statuts avaient veillé à assurer par des moyens efficaces l'exacte assistance des chanoines à toutes ces réunions. L'un d'entre eux, appelé le plombier ou ponctuateur, était chargé de constater, chaque fois, l'état des présences et des absences. Aux matines et aux vêpres cette constatation s'effectuait après le chant du premier psaume, et à la messe avant le chant de l'Evangile. On donnait aux chanoines présents des jetons en plomb dont le nombre déterminait pour chacun la part proportionnelle qui lui revenait dans le casuel du chapitre.

5° Pour mieux obtenir encore la régularité dans l'assistance aux chœurs, chaque chanoine, à tour de rôle, était obligé de célébrer pendant une semaine la grand'messe du chapitre. Il prenait alors le titre de chanoine hebdomadier et il devait, avec les trois autres qui l'avaient précédé dans les mêmes fonctions, se trouver à tous les offices depuis le commencement jusqu'à la fin.

6° En outre de la récitation du saint office, le chapitre était tenu de faire célébrer un grand nombre de messes. C'était le résultat des différentes libéralités qui, dans le cours des siècles, avaient peu à peu augmenté son revenu et permis à l'œuvre de Jean de Châteauvillain de subsister, malgré la diminution de ses ressources primitives. Les pieux fidèles qui avaient laissé à l'église de Saint-Hilaire des biens fonds ou des sommes d'argent, avaient d'ordinaire grevé leurs dons de quelques charges. La plus ordinaire était la fondation de services au jour anniversaire de leur mort ou la récitation de *Libera* ou de *Salve Regina*, auprès de leur tombeau ou vers le grand autel à l'issue de la messe. Aux dates marquées, les chanoines, présents à Semur, disaient ces messes aux divers autels de l'église, selon l'intention des fondateurs.

7° Les chanoines de Saint-Hilaire portaient l'habit des prêtres séculiers. Durant les offices, leur costume était celui des autres églises collégiales, le surplis et l'aumusse ou capuchon fourré.

8° A partir du XVIIIe siècle, l'usage s'établit d'enterrer dans le chœur de l'église les chanoines qui mouraient à Semur. L'entrée du caveau funéraire se voit encore dans la nef près de la porte latérale nord. En soulevant la table qui la ferme, il est facile de visiter les tombes des derniers doyens, seul souvenir, hélas ! du chapitre de Saint-Hilaire, comme de tant d'autres œuvres humaines !

9° Dans la sacristie se trouvait le trésor du chapitre. On donnait ce nom à l'armoire, fermée à trois clefs, où étaient renfermés le sceau, les terriers et autres papiers du chapitre.

Lors du passage des reîtres à Semur, en 1576, ces papiers furent mis au pillage et en grande partie détruits. On les reconstitua, mais avec bien des lacunes, au moyen des doubles déposés ailleurs ou à l'aide de dépositions orales des plus anciens habitants de la ville.

10° Les fonctions du doyen étaient de présider à toutes les réunions du corps du chapitre, de faire les corrections verbales à tous ceux des chanoines qui commettaient quelque faute répréhensible à l'église ou au dehors, et d'officier aux jours de fêtes solennelles. Les honneurs attachés à sa charge et dont il avait surtout l'occasion de jouir dans les cérémonies officielles, furent plusieurs fois l'occasion de difficultés entre lui et les autres dignitaires du chapitre. Ces querelles de préséance, souvent les plus âcres de toutes, parce qu'elles sont les plus futiles, nécessitèrent parfois, pour s'éteindre, l'intervention des tribunaux séculiers et des réglementations très explicites. C'est ainsi qu'il fut décidé que dans les processions où le chapitre assistait en corps, le doyen devait marcher seul et immédiatement avant le célébrant et ses assistants et qu'il avait seul le droit de porter l'étole, en sa qualité de curé de la ville de Semur.

11° Les fonctions du chanoine chantre, second dignitaire du chapitre, étaient de remplacer le doyen en cas d'absence, de régler l'office de chaque jour pour assurer la bonne exécution des chants liturgiques. Il devait en conséquence veiller à ce que les autres chanoines fussent présents au chœur à l'heure fixée, avertir ceux qui devaient dire les leçons des matines, les versets et antiennes des vêpres et leur donner le ton. Enfin il devait prendre garde que la récitation des prières se fit avec décence, sans précipitation et sans confusion.

12° Les fonctions du chanoine-sacristain, troisième dignitaire du chapitre, étaient de prendre soin des ornements d'église qui appartenaient au chapitre et de préparer ceux qui étaient nécessaires pour les offices de chaque jour. Il prenait soin des linges d'autel et devait tenir les chapelles convenablement garnies. Il s'occupait de la cire et de l'huile pour le luminaire des messes et l'entretien des lampes de l'église. Il avait à fournir les pains eucharistiques. Il dressait chaque semaine la liste des messes à dire et des fondations à acquitter par le chapitre. Il veillait aux réparations de l'église et avait la garde des clefs.

13° Le chanoine hebdomadier devait se trouver le premier au chœur pour y commencer les offices. Il avait soin de les faire sonner par un homme aux gages du chapitre. Une fois les chanoines assemblés en nombre, il donnait le signal pour avertir qu'il était temps de commencer. Il célébrait chaque jour la grand'messe du chapitre et du 3 mai au 14 septembre, jours des deux fêtes de la sainte Croix, après le premier coup des matines, il récitait la Passion pour la protection des récoltes, pieux usage qui s'est conservé dans beaucoup de paroisses.

14° Il était d'usage que le chanoine qui se trouvait être hebdomadier les jours de fête de saint Hilaire, patron de l'église, le 14 janvier et le 26 juin, donnât un repas à ses confrères. Cette coutume, utile pour entretenir les sentiments de bonne entente entre les membres du chapitre, fut abolie par un règlement de 1677, « s'y étant glissé quelques abus pour la dépense et trop grands frais qu'on faisait, ce qui était beaucoup à charge à celui à qui arrivait cette dépense ».

15° La résidence à Semur était une des obligations imposées aux chanoines. Ils ne formaient pas une communauté régulière, ayant l'habitation et la vie commune. Ils logeaient cependant presque tous dans les maisons voisines de l'église, en particulier dans celles qui bordent au midi les murailles de la ville et où se voient encore quelques traces du cloître ou promenoir couvert à l'usage du chapitre. Cependant, pour permettre à chacun de vaquer à ses affaires, on accordait quinze jours de vacances par an, à prendre quand bon leur semblerait, sauf aux jours des fêtes solennelles où nul ne devait s'absenter ni pendant les semaines de son service.

Revenus du chapitre de Semur. — Assez semblable à celui des nombreuses collégiales et des autres associations de prêtres séculiers qui avant la Révolution existaient dans toute la France, ce règlement suffisait pour maintenir le bon ordre, la décence et l'édification dans la vie des chanoines et assurer un certain éclat à la célébration des offices dans la belle église de Saint-Hilaire. Le côté faible du chapitre était ailleurs. En le fondant pour la plus grande gloire de Dieu, en le maintenant, cinq siècles durant, dans l'esprit des fondateurs, on ne parvint jamais à lui assurer des revenus stables et suffisants. Pour faire vivre treize chanoine, il aurait fallu que le chapitre possédât des biens fonds assez étendus ou eût droit à des rentes perpétuelles comme lui. Dans tous les établissements ecclésiastiques, c'est là le point le plus difficile à réaliser. Il manqua à la collégiale de Saint-Hilaire et malgré les donations qui lui furent faites à son origine et qui se succédèrent dans la suite, elle resta bien souvent, dans le cours de son existence, « le plus pauvre chapitre du royaume », comme les chanoines de Semur le disaient dans une des déclarations de leurs biens.

Ces déclarations, conservées dans plusieurs pièces, ont été fréquemment dressées sous l'ancien régime, chaque fois que les rois, pour taxer les communautés ecclésiastiques, exigeaient préalablement un état détaillé de leurs revenus. Nous nous contenterons d'en relever ici quelques unes des plus intéressantes, concernant le chapitre de Semur.

La première date du XVIe siècle.

Les doyens et chapitre de Semur ont en directe seigneurie et en la justice du roi notre sire audit Semur et aux lieux circonvoisins, à cause de la fondation de cette église faite par feu révérend Père en Dieu Girard, évêque d'Autun et noble Jean, seigneur de Châteauvillain, baron dudit Semur, en l'an 1274, au mois d'avril.

1° vin, 85 pintes; froment, 1 bichet 1/2; seigle, 10 bichets; avoine, 20 bichets; poules, 20; argent, 70 livres tournois. (1)

2° A prendre sur le péage de Maulévrier et Artaix, la somme de 20 livres; ce péage n'est ordinairement affermé que dix ou douze livres tournois.

3° Deux terres, situées en la paroisse de Jonzié, contenant onze bichettées, dont ils tirent chaque année onze bichets de froment: tant que les laboureurs qui les tiennent maintenant les voudront labourer.

4° Dans la paroisse de St Martin-du-Lac, environ trente-quatre bichettées de terre, cultivées à la tâche simple, rapportant onze gerbes par bichettée.

5° Dans la même paroisse, environ six bichettées de terre, cultivées à la tâche, rapportant sept gerbes par bichettée.

6° Dans la paroisse de Briant, quatre bichettées, cultivées à la tâche simple, rapportant dix gerbes par bichettée.

A la charge et condition que les dits doyens et chanoines disent chaque jour et en tout temps matines, une grand-messe, vêpres et complies et feront les réparations de l'église.

A cette dotation primitive étaient venus s'ajouter des libéralités dont voici les principales:

1° Une rente de 17 livres, 3 gros et de soixante bichets d'avoine, donnée par les seigneurs de la Bazole et à prendre sur le revenu de diverses terres de Saint-Christophe-en-Brionnais, aux villages de Mussy et de Ponay, à la charge de dire chaque jour une grand'messe à l'autel de Notre-Dame.

2° Le domaine des Chevanes, sur la paroisse de Saint-

(1) La pinte était la mesure usuelle pour le vin. Elle avait la valeur de deux pots. Le bichet, mesure de céréales, était la quantité de blé du poids de 84 livres. Il se divisait en 4 quarteranches, de 21 livres chacune.

Julien-de-Cray, entre les domaines des Igaux et de Rochefort, donné en 1408 au chapitre, par Jean Bossard, bourgeois de Marcigny, rapportant chaque année 28 livres, à la charge de dire chaque jour une messe basse à l'autel de Notre-Dame et de payer chaque année 20 livres aux chapelains de Marcigny.

3° Une rente de cent sous, donnée par Pierre Moyne, à charge de dire tous les mardis une messe en la chapelle de sainte Marthe.

4° Diverses rentes pour la célébration d'anniversaires à l'intention des membres des familles Moyne, Aumaître et Bouthier, notaires et procureurs à Semur.

5° Une rente de 5 francs, 5 deniers, à prendre sur les terres de la seigneurie de la Vallée et donnée par le seigneur de la Bazole, à charge de dire tous les vendredis une messe.

6° Une rente de 8 francs, fondée par le seigneur des Sertines, à charge de dire une grand'messe tous les lundis.

7° Une rente de 9 francs, fondée par le seigneur de la Fay, à charge de dire une messe et de réciter l'*Inviolata* et le *Libera* tous les dimanches.

8° Les dîmes sur les vignes des Cray, à Semur, données par le seigneur de Chamron, à charge de dire une messe, tous les jours, à l'autel de saint Pierre.

9° Les dîmes de blé de la paroisse de Saint Martin-la-Vallée, rapportant en moyenne 25 bichets par an.

10° Une dîme de blé à Varennes, rapportant en moyenne 20 bichets par an.

11° Le quart d'une dîme de blé, en commun avec le commandeur de Launay, rapportant en moyenne 8 bichets par an.

12° Environ 40 bichettées de bois, situés en trois endroits divers.

Sur toutes ces rentes, il y avait à acquitter par an environ 80 à 100 anniversaires, et jusqu'à la fin le chapitre en vit augmenter le nombre, car les fondations de messes se continuèrent sans interruption dans l'église de Saint-Hilaire. C'est le plus clair de ses profits, avec les dîmes de blé et de vin qui se recueillaient sur le territoire desservi par le chapitre et les honoraires perçus à l'occasion des mariages et des sépultures.

Pour faciliter la perception de ces revenus, dès le XVIe siècle, on prit l'habitude de les amodier à un fermier qui se chargeait de les faire rentrer et laissait le chapitre, libre de ces soucis temporels, vaquer tout entier à ses fonctions liturgiques.

Nous donnerons ici le modèle de quelques-unes de ces amodiations, qui feront mieux voir au lecteur ce qu'étaient sous l'ancien régime les ressources des corps ecclésiastiques.

I. — Amodiation des revenus de l'église Saint-Hilaire, en 1542. « Vénérables et discrètes personnes, messires Jean James, chantre ; Jean Sarrazin, sacristain ; Pierre Moine, Antoine Bouthier, Jean Lévêque et Claude Forays, tous prêtres chanoines de l'église collégiale de monseigneur saint Hilaire, de Semur en Brionnais, pour les autres vénérables doyens et chanoines de cette église, absents, pour lesquels ils agissent et se font forts, sachants et bien avisés, ont accensé et amodié à titre de cense et amodiation donnent et délivrent à vénérable et discrète personne, maître Jean Merle, aussi prêtre chanoine de cette église, présent et acceptant, à savoir : leur recette pour le temps et terme de quatre ans et quatre perceptions et levées de leurs cens, servis, lods et vends, rentes, tailles, fruits, profits et émoluments de cette recette, pour le prix et somme de quatorze-vingts livres tournois, monnaie courante, pour chaque année des dites quatre années, celles-ci commençant la veille de saint Barthélemy apôtre, dernière passée et finissant à tel et semblable jour, lesdits quatre ans et quatre perceptions de cette recette entièrement faits, finis et révolus, le tout selon la forme et teneur des articles ci-après déclarés desquels, la teneur s'en suit :

« 1° Donnent les dits seigneurs au dit Merle amodiateur leurs dîmes de Tréval, tant de blé que de vin, ainsi qu'il se comporte et s'étend; mais sans y comprendre aucune autre de leurs dîmes.

« 2° Donnent semblablement tous les blés qui durant ce temps se récolteront dans leurs terres tachables.

« 3° Donnent semblablement tous les fruits, profits et émoluments de tous leurs bois, pourvu toutefois que ledit amodiateur n'y prendra aucun bois sans le consentement du chapitre.

« 4° Donnent leur droit de péage de Marcigny, en la forme et manière qu'il se lève selon la pancarte.

« 5° Donnent tous les profits et émoluments de leur domaine des Chevanes, ainsi que leurs droits de justice dans l'étendue de ce domaine.

« 6° Sera tenu ledit Merle de faire faire les reconnaissances et terriers de cette église et de les rendre au chapitre grossoyés et expédiés en bonne et due forme par un notaire royal, le tout à ses dépens, dans deux ans prochains. Et si aucun des tenanciers refusent de reconnaître ce qu'ils doivent, le dit amodiateur sera tenu de les poursuivre et contraindre par voie de justice.

« 7° Sera tenu le dit Merle de donner banquet et réfection corporelle à tous les chanoines, chacun des dits quatre ans, le jour de la fête de la Sainte-Trinité.

« 8° Sont retenus et réservés et non compris en cette amodiation toutes les dîmes de vin de Semur, Saint-Martin-la-Vallée et Montmegin ; les dîmes de blé, froment et seigle; les oblations, la cire et l'huile qui seront données à leur église ; les droits de bénédiction des mariages, de rendue des bans et les terres des sépultures ; les revenus de la chapelle de sainte Marie-Madeleine ; les revenus de la cure de Charrain (1) ; l'argent des anniversaires qu'on a l'habitude de payer de main à main.

« 9° Payer ledit Merle deux bichets de froment pour la fourniture des hosties, vingt livres chaque année aux chapelains de Marcigny, le jour de la fête de saint André.

« 10° Sera tenu ledit Merle de présenter chaque année ses comptes au chapitre. Et a promis ledit Merle de payer ladite somme de quatorze-vingt livres chaque année aux termes suivants : 93 livres 6 sols 8 deniers, le 1er décembre prochain ; 93 livres 6 sols 8 deniers, le 1er mars suivant et le reste, c'est-à-dire 93 livres 6 sols 8 deniers, le dernier jour de mai suivant, et ainsi des trois autres années de son amodiation, et fait à Semur, en la maison dudit Merle, le 18 septembre 1542. »

II.— Amodiation des revenus de la chapelle de Ste-Marie-Madeleine, en 1512, pour la somme de 24 livres tournois par an.

III.— Amodiation des revenus de la cure de Charrain, 1552, pour la somme de six vingt-cinq livres tournois.

IV.— Amodiation des dîmes de blé et de chanvre appartenant au chapitre de Semur, dans les paroisses de Semur et de Saint-Martin-la-Vallée, y compris le droit de prendre un bichet de seigle sur les dîmes de Saint-Martin-du-Lac, et quatre bichets de seigle dus annuellement au chapitre par le seigneur de la Fay, moyennant la quantité de 40 bichets de blé, un tiers froment et deux tiers seigle, mesure de Semur, et 12 livres de chanvre, payables à la fête de saint Martin, l'hiver 1590.

V.— Amodiation des dîmes du vin appartenant au chapitre de Semur dans les paroisses de Semur et de Saint-Martin-

(1) La paroisse de Charrain, en Nivernais, sur les bords de la Loire, près de Decise, appartenait au chapitre, qui, pour y assurer le service religieux, y nommait un prêtre à titre de vicaire. Le chapitre de Semur avait également le droit de nommer le curé de Lenax, près de Montaiguët (Allier).

la Vallée pour la quantité de huit bottes de vin clairet, bon, pur, loyal et marchand, la botte étant de deux poinçons, le poinçoin de quatre barraux, et le barral de vingt-sept pintes. mesure de Semur; à charge pour les amodiateurs de conduire les raisins et vendanges aux cuves et pressoir du chapitre et de tirer le vin des cuves. Fait à Semur le 19 septembre 1588.

A la fin des comptes de 1552, on lit en note : « Tout le revenu du chapitre de Semur se monte à 425 livres, sur quoi il faut prendre les quinze prébendes des chanoines, sans compter les frais et charges de l'église.

A chaque chanoine serait ainsi revenue la somme de vingt huit francs environ. Quel que pût être le chiffre du casuel de leur église, il n'y avait pas même là le montant d'une portion congrue et tout ce que le chapitre reçut dans les deux siècles qui suivirent, ne porta la part d'un chanoine qu'à 200 livres au plus.

Suppression du chapitre de Semur. — Cette situation devait amener la fin du chapitre. Son premier résultat fut de restreindre le nombre des chanoines et d'empêcher leur résidence à Semur. Dès le XVIe siècle, on ne trouve guère que huit ou dix membres au plus dans les procès-verbaux des assemblées générales et encore beaucoup ne sont chanoines de Semur qu'à titre accessoire. On les voit curés de Poisson, de Montmegin, de la Chapelle-sous-Dun, de l'Hôpital-le-Mercier, de Mailly, et de beaucoup d'autres paroisses des environs. Ils venaient dans l'église de Saint-Hilaire faire leur semaine de service et, avec la dispense du chapitre, ils pouvaient toucher les fruits de leur canonicat, comme s'ils eussent été présents toute l'année. Mais c'était là une situation anormale, et comme au XVIIIe siècle, bien loin d'augmenter, les revenus du chapitre subirent une réduction considérable, à la suite de la banqueroute de Law et du mauvais

Saint-Christophe: Le champ de foire

entretien des bois de la collégiale, il devint de plus en plus difficile d'en recruter les membres en nombre suffisant et avec toutes les qualités requises. Après la mort du dernier des doyens, Bouthier, aucune autre famille de Semur ne se soucia de le remplacer dans cette dignité par un de ses enfants et les chefs du chapitre furent dès lors des prêtres étrangers. Les autres chanoines ne semblent pas avoir tous été de premier choix. La régularité s'affaiblit; l'oisiveté, le manque de tenue, la fréquentation des cabarets, qui jusqu'alors n'avaient existé qu'à l'état d'exception et seulement aux périodes démoralisantes des discordes religieuses, se rencontrèrent un peu plus fréquemment et, devant l'impuissance des doyens à remédier à ces abus, exigèrent l'intervention du chef du diocèse. En 1773, l'évêque d'Autun demanda au dernier doyen, M. Decharmes, un mémoire détaillé sur les revenus du chapitre et la conduite des chanoines. Ce mémoire, transmis au roi, décida le pouvoir civil à autoriser la supression du chapitre. Il ne restait plus qu'à remplir les formalités canoniques exigées pour cette suppression. A la fin de décembre 1775, Mgr de Marbœuf la prononça et régla la nouvelle situation religieuse de Semur. Les biens du chapitre supprimé étaient annexés et unis à la cure de Semur. Son église collégiale devenait une simple église paroissiale avec M. Decharmes, ancien doyen, pour curé. Aux anciens chanoines encore vivants on assignait des pensions alimentaires. Le curé était obligé de tenir deux vicaires pour le service de la paroisse de Semur et de Saint-Martin-de la-Vallée. On lui donnait pour presbytère la maison qu'il occupait comme doyen, avec une somme annuelle de 600 livres et de 400 livres pour ses deux vicaires.

Ainsi finit, sans trop de secousses, quelques années avant la Révolution qui l'aurait emporté dans la tempête, le chapitre de Saint Hilaire de Semur. Né aux beaux jours de la société féodale, à la fin de ce XIIIe siècle qui avait vu les règnes de Philippe Auguste et de saint Louis, il suivait dans son déclin et dans sa ruine ce monde qui succomba, pour faire place aux idées modernes, sous les coups de la renaissance et du philosophisme. Avec lui disparaissait de Semur ce que le moyen âge y avait établi de meilleur : l'église au pied du donjon, la prière permanente à côté et comme remède de la violence et du pillage.

LE PETIT SÉMINAIRE DE SEMUR-EN-BRIONNAIS

Des ruines du passé semurois devait pourtant sortir un renouveau de gloire pour la petite ville brionnaise. Quand la Révolution eut achevé son œuvre détruisant l'ancienne organisation judiciaire et supprimant le bailliage dont Semur était le siège, il ne restait des anciens établissements que des souvenirs. Grâce à l'homme de zèle et d'initiative que le Concordat mit à la tête du canton, Semur demeura le centre du Brionnais par un bel établissement d'éducation ecclésiastique, après l'avoir été par la puissance de ses barons et la renommée de ses chanoines.

M. Bonnardel, fondateur du petit séminaire de Semur, appartenait à une honorable famille, originaire de La Pacaudière et établie à Marcigny vers le milieu du XVIIIe siècle. Son père exerçait dans cette ville les fonctions de notaire et, le destinant à l'état ecclésiastique, lui fit faire ses études au collège de Roanne, puis au grand séminaire d'Autun. Ordonné prêtre en 1788, il fut nommé vicaire à Semur à la veille de la Révolution. Obligé de quitter la France au moment des décrets de l'Assemblée législative contre les prêtres réfractaires, il se retira dans le Bas-Valais et y passa en exil près de trente mois, de septembre 1792 à janvier 1795. Il n'y oubliait ni sa famille ni sa première paroisse. Dès que la Terreur eut cessé en France, il se hasarda d'y rentrer et pendant cinq à six ans, caché chez sa mère à Marcigny ou dans des maisons sûres des environs; il exerça son ministère publiquement ou en secret, suivant que le gouvernement appliquait avec plus ou moins de rigueur les lois contre les émigrés et le clergé insermenté. Semur resta le centre principal de son zèle. Dès 1796, il en rouvrit l'église, profanée par un instrus et les réunions du décadi, et consacra solennellement la ville au Sacré-Cœur. Aussi, quand le Concordat vint régulariser la situation de l'église de France, dans la nouvelle organisation des paroisses, M. Bonnardel se trouva naturellement choisi pour être curé de Semur et obtint le titre d'une charge dont il faisait depuis si longtemps les fonctions au péril de sa liberté et de sa vie.

Tout était à refaire dans le nouveau diocèse d'Autun. La région brionnaise elle-même, bien que moins atteinte que d'autres pays par les scandales de la Révolution, se composait de paroisses jusqu'alors séparées, les unes soumises déjà à l'évêque d'Autun, les autres venues du diocèse de Mâcon. La plupart étaient restées chrétiennes et formaient, avec quelques cantons de la Nièvre, ce qu'il y avait de meilleur dans le vaste territoire confié aux soins de Mgr Moreau. La nécessité la plus pressante était de réparer les vides faits par la persécution et l'apostasie dans les rangs du clergé. Dix ans d'interruption du culte public et de fermeture des séminaires avaient presque tari dans sa source le recrutement des jeunes lévites. A ces populations dont la foi s'était ravivée au feu de l'épreuve, il fallait des prêtres de choix. Notre pays devra une éternelle reconnaissance aux hommes d'intelligence éclairée et de cœur généreux qui, sans compter avec les difficultés de tout genre, se vouèrent résolument à cette grande entreprise. M. Bonnardel fut un de ces bons ouvriers de la première heure.

Son œuvre débuta très modestement. « A peine rendu à sa paroisse, après les jours mauvais de l'exil et de la persécution, il se mit à rechercher avec soin des enfants qui annonçassent des dispositions pour l'état ecclésiastique. Il en trouva quelques-uns dès les premières années qui suivirent le Concordat; il les attira auprès de lui et commença leur éducation. Jugeant avec raison qu'une bonne école primaire favoriserait le développement des vocations, il ne manqua pas de saisir l'occasion qui se présenta bientôt d'en fonder une et de la confier à un excellent maître. Un décret impérial ayant fermé les collèges des Pères de la Foi, un homme de Dieu, attaché à la maison de Roanne, M. Davrange, se trouva disponible. M. Bonnardel l'accueillit chez lui avec bonheur, comme un envoyé de la Providence, et le mit à la tête des petites écoles. D'abord tous les enfants de la paroisse et bientôt même plusieurs des paroisses environnantes s'empressèrent de venir suivre les leçons du digne autant que modeste instituteur. De sorte que cette simple école primaire de Semur acquit dans tout le voisinage une certaine célébrité et devint nombreuse... Bientôt à côté de cette école, fondée avant tout pour former à la piété les petits enfants, il y en eut au presbytère une autre pour préparer de loin au sacerdoce ceux de ces enfants dont les leçons de M. Davrange avaient fait éclore et nourri les bonnes dispositions. Les vocations, en effet, naissaient nombreuses dans cette petite pépinière. Le zélé curé leur faisait lui-même la classe, écartait de cette chère jeunesse, avec une attentive et sévère vigilance, tout ce qui aurait pu souiller le cœur, faisait observer avec exactitude les règles que lui-même avait tracées et s'attachait à former par tous les moyens, par ses leçons, par des habitudes de piété, de régularité, de discipline, par son habile direction, par sa parole si persuasive et surtout par ses exemples, les futurs élèves du sanctuaire, à la piété, à l'esprit et aux mœurs ecclésiastiques, autant et plus encore qu'à la science. Devant le nombre de jeunes gens que les saintes industries de son zèle amenèrent à Semur, il lui fut impossible de suffire seul à l'œuvre. Alors, pour que son ministère pastoral ne souffrît pas de cet accroissement de

Saint-Julien-de-Jonzy : Portail de l'église, monument historique (XIIe siècle).

travaux, il demanda un collaborateur qui le secondât dans les fonctions de l'enseignement. Le seigneur bénit ces premiers efforts, entrepris en son nom et pour sa gloire. Les élèves affluèrent de toutes parts. Il fallut un second professeur et M. Bonnardel acheta un local attenant au presbytère, l'appropria aussi bien que possible à sa nouvelle destination et y établit les maîtres et les élèves. Tant de zèle fut couronné de succès, et dès 1806, le pieux curé de Semur avait la consolation d'envoyer à Autun quatre jeunes gens, ses élèves, heureuses prémices de cette tribu sacerdotale, sortie de Semur, et qui aujourd'hui dirige un si grand nombre de paroisses. » (1)

Les épreuves ne manquèrent pas à l'œuvre naissante. En 1811, quand la direction du grand séminaire d'Autun fut retirée aux prêtres de Saint-Sulpice, M. Bonnardel, fut choisi par M. Imberties pour remplir les fonctions de supérieur de cette maison. Il fut obligé de quitter sa paroisse et son école, mais il ne s'en sépara qu'à regret et sa santé ne lui ayant pas permis d'occuper longtemps son nouveau poste, il revint à Semur, « vers ce peuple privilégié, lui disait son évêque, qui avait conservé pour lui toute son estime et toute son affection ». Mais il ne rentra dans sa paroisse que pour voir son œuvre de prédilection exposée à de nouveaux périls. Les lois de l'empire n'autorisaient, par département, qu'une seule école ecclésiastique pour la première formation des aspirants au sacerdoce. Le grand-maître de l'Université fit cesser la tolérance dont on avait jusqu'alors usé à l'égard de l'école presbytériale de M. Bonnardel et il fallut la fermer et renvoyer les élèves au séminaire d'Autun ou à celui de Nevers. Cette fermeture ne fut que momentanée et quand la Restauration fit cesser envers le clergé les tracasseries des dernières années de l'Empire, le curé de Semur réinstalla dans sa maison une partie de ses élèves avec un professeur.

(1) *Mémoires* de M. Dinet, ancien supérieur du petit séminaire de Semur.

Mais la situation restait précaire. L'Université voyait de mauvais œil l'existence à Semur d'un établissement qui pouvait faire concurrence à ses collèges, en particulier à celui de Marcigny où l'on enseignait le latin. Toutes les démarches de M. Bonnardel pour obtenir l'autorisation pour son école et sa transformation en petit séminaire restèrent plusieurs années inutiles et sans espoir de succès pour l'avenir. Il fallut l'arrivée dans le diocèse d'un évêque influent à la cour et des circonstances particulièrement favorables pour que les vœux du zélé curé fussent enfin réalisés. Encore les difficultés de la dernière heure ne manquèrent-elles pas. Toute l'année 1821-1822 se passa en démarches de Mgr de Vichy auprès du préfet de Saône-et-Loire et des bureaux du ministère de l'Instruction publique pour l'affaire du petit séminaire.

« J'ai beaucoup d'espérance pour le petit séminaire, écrivait-il à M. Bonnardel, il est certain qu'une ou deux conversations font plus d'effet que dix et vingt lettres. Je crois vous avoir mandé dans le temps que le ministre d'alors m'avait dit que quand Nevers, qui en avait un, serait distrait d'Autun, la chose serait facile. Vous sentez bien que je n'avais pas perdu de vue l'affaire du petit séminaire. J'en avais parlé à M. de Corbière avant que M. Frayssinous fût nommé, mais il me dit : Patientez un peu et d'ici à quelque temps vous aurez à faire à quelqu'un avec qui vous vous entendrez bien... Je suis assuré des bonnes dispositions de M. Frayssinous pour les petits séminaires et pour tout ce qui touche à la religion. Il est de même très bien disposé pour m'obliger et je ne doute pas que nous n'ayons notre petit séminaire. Je crois pouvoir le regarder comme certain. M. Frayssinous ne peut pas encore s'occuper de ces objets de détails, avant qu'il n'ait bien organisé son conseil ; mais, quoique la chose ne soit pas terminée avant mon départ de Paris, les choses seront en train de manière à ce que nous l'aurons, s'il plaît à Dieu, pour la rentrée. »

Cette fois l'espoir ne fut pas vain. L'autorisation si longtemps attendue arriva au mois d'octobre 1822, et sans retard le curé de Semur s'occupa d'en profiter pour l'ouverture du petit séminaire. M. de Précy, le neveu du général qui avait dirigé le siège de Lyon contre les troupes révolutionnaires, venait de mourir. Sa maison, construite vers le milieu du XVIIIe siècle et l'une des plus belles de la ville, était à vendre dans le voisinage des bâtiments de la petite école ecclésiastique. Le curé de Semur en fit l'acquisition et, avec l'approbation du gouvernement, la céda à l'évêque.

Mgr de Vichy voulait que l'inauguration du petit séminaire eût lieu dans le courant de novembre de la même année. « Il comprit que pour cela il devait mettre à la tête de la maison naissante un homme zélé et actif autant que sage, prudent et persévérant, modeste et patient autant qu'habile et expérimenté dans la tenue d'une maison d'éducation, qui sût se contenter de peu, ne pas se laisser déconcerter par les difficultés inséparables de la fondation d'une maison, attendre les circonstances favorables, sans vouloir devancer le temps, enfin faire beaucoup avec de faibles ressources. » (1) Il le trouva dans un enfant de Semur, M. Millerand, alors directeur au petit séminaire d'Autun. Les quinze années de son supériorat sont, comme toutes les périodes de fondation, l'époque féconde en souvenirs et respectée des générations qui la suivent.

« Le nouveau supérieur, surpris mais non déconcerté de l'ordre inopiné que lui donnait son évêque, partit sur le champ et sans ressources, comme les apôtres, mais plein comme eux du zèle qui fait les grandes et saintes choses. Ayant trouvé la maison complètement vide et nullement appropriée à sa nouvelle destination, il descendit chez M. le curé qui lui donna l'hospitalité, s'occupa activement d'y faire les réparations urgentes, les changements nécessaires, la

(1) *Mémoires* de M. Dinet.

fournit du mobilier indispensable et s'y installa bientôt avec trois professeurs. On avait à peine le nécessaire et cependant la joie la plus franche présida à cette réunion : c'était comme un présage des bénédictions divines et du succès futur. Le lendemain de cette modeste, mais gaie installation, arrivèrent à peu près trente élèves. Les dortoirs furent aménagés à l'étage supérieur de la maison Précy. Au premier, la pièce qui sert maintenant d'infirmerie fut transformée en chapelle et salle des exercices religieux de la communauté. Le salon de M. de Précy devint le réfectoire et la salle d'études fut installée dans la chambre voisine, et, devant les scènes pastorales des tapisseries du XVIIIe siècle, les jeunes élèves se mirent au travail. » (1)

Dès 1824, le nombre des élèves s'était assez accru pour rendre les premiers locaux trop étroits. On transforma en chapelle le grand bâtiment où étaient les écuries et les remises de M. de Précy. Puis on acheta toutes les vieilles maisons en bordure du chemin qui allait alors de la porte de la Madeleine à la Poterne, en traversant la place du Plâtre. C'est sur leur emplacement que M. Millerand fit construire ce qu'on appela la Grande Salle. Le premier étage de ce bâtiment fut divisé en deux parties par un mur supporté par les colonnes de la salle. Dans une de ces parties on mit la salle d'études et dans l'autre les classes. La cour de récréation avait été jusqu'alors sur l'emplacement du jardin de M. de Précy à côté de la chapelle.

En 1829, le diocèse d'Autun, après la mort de Mgr de Vichy, fondateur du séminaire, avait reçu de la Providence un nouvel évêque, Mgr d'Héricourt, dont le zèle ardent et la charité inépuisable devaient donner à cet établissement tout son éclat. Dès 1830, pour fournir aux élèves un champ plus vaste pour leurs ébats, il acheta, au-delà de l'ouest des murailles de la ville, un terrain caillouteux et aride qui

(1) *Mémoires* de M. Dinet.

s'étendait en pente roide vers l'ancienne porte au Van. On l'appelait le pré Coyer, du nom de son possesseur au XVIIe siècle. Mais son œuvre maîtresse fut la construction des bâtiments qui de nos jours constituent le séminaire proprement dit. Jusqu'alors la maison Précy en avait formé la partie principale et c'est autour d'elle qu'on avait édifié tous les agrandissements. Mais bornée au matin par la maison Bouthier de Rochefort, au soir par une voie publique, la plus ancienne qui donnât entrée dans l'enceinte de Semur et qu'il semblait impossible de supprimer, elle ne fournissait pas l'espace suffisant pour un établissement d'instruction secondaire digne de ce nom. L'augmentation du nombre des élèves qui, un peu arrêtée par les événements de 1830, avait repris les années suivantes son cours régulier, rendait nécessaire, à bref délai, une solution dont ni M. Bonnardel ni M. Millerand n'avaient encore pris l'initiative. C'était seulement à l'ouest que le séminaire pouvait s'étendre et trouver à bon compte le terrain qu'il lui fallait. La première condition était d'acquérir le chemin qui séparait la maison Précy et la grande salle des bâtiments de l'école Bonnardel et du pré Coyer, pour que le petit séminaire ne fût pas coupé en deux parties par une voie publique et la régularité de ses exercices sans cesse troublée par les allées et venues des passants. Le conseil municipal de Semur avait jusqu'alors refusé de vendre ce chemin. Il fallut l'intervention de Mgr d'Héricourt pour le décider. L'évêque d'Autun, a-t-on dit, ne connaissait pas l'impossible. En cette occurence, il n'admit pas même de trop longs retardements. Il mit l'administration semuroise en demeure de céder la rue qui mettait obstacle à l'agrandissement de sa maison et déclara qu'en cas de refus, il transporterait le séminaire près de La Clayette, dans le magnifique château de Drée, alors en vente. La municipalité céda et l'évêque n'eut plus qu'à acheter les divers bâtiments qui bordaient les deux côtés du chemin jusque vers l'église. C'est ce qu'il fit les années qui suivirent la mort de M. Bonnardel, décédé à la fin de 1836, et remplacé comme curé de Semur par M. Millerand. Une fois en possession de ces terrains qu'occupaient alors la cure, l'école des Frères, les maisons Deshaires et Préveraud de Laubépierre, on put penser aux constructions nécessitées par les progrès du petit séminaire. Les bienfaiteurs généreux n'avaient pas manqué à l'œuvre naissante. La charité, qui est l'âme et la raison d'être de l'Eglise, fait servir à ses fins même l'argent, le grand corrupteur du monde. Elle n'abandonna pas Semur au moment où les dépenses allaient être les plus fortes, et le zèle des premiers fondateurs, alors disparus, passa avec toutes ses industries dans le cœur des bons prêtres qui secondèrent en ces années Mgr d'Héricourt. Un ancien religieux du prieuré de Charlieu, M. Samoël, alors curé de Fleury-la-Montagne, se montra un des insignes bienfaiteurs de la maison. M. Polette, directeur du séminaire en 1842, lui légua aussi sa fortune, et M. Beurrier, nommé économe en 1840, se dépensa sans mesure et sut recueillir par mille canaux l'argent nécessaire pour l'achèvement de l'œuvre de M. Bonnardel.

Il fallut presque une dizaine d'années pour ces acquisitions préparatoires. On les employa à préparer les terrains déjà possédés par le séminaire, en nivelant et en plantant d'allées d'arbres les escarpements rocheux du pré Coyer, en établissant le jardin, en construisant les murs de clôture. « En 1846, on se mit à l'œuvre. Toutes les vieilles maisons au nord de l'église furent successivement démolies et l'on construisit le grand corps de bâtiment qui domine les pentes de la Madeleine. M. Samoël vint poser solennellement la première pierre à l'angle occidental et l'on y voit une inscription gravée sur une plaque de plomb. En 1848 l'installation des classes et des dortoirs dans les constructions nouvelles était chose accomplie.

Tous ces travaux s'étaient faits sous la direction de plusieurs supérieurs. M. Mariller, qui en 1837 succéda à

M. Millerand, gouverna la maison jusqu'en 1849 et après sa démission, devint curé de Paray-le-Monial. M. Bachelet, curé de Louhans, le remplaça et ne resta que trois ans à la tête du petit séminaire. Après lui, vint M. Berland et ce fut durant les sept années qu'il demeura supérieur que s'achevèrent les constructions dont nous venons de parler. M. Dinet, qui plus tard devint chanoine théologal de la cathédrale d'Autun et qui a laissé deux volumes sur l'histoire et le culte de saint Symphorien, fut supérieur de Semur de 1850 à 1857. Puis vinrent M. Martin de 1857 à 1863; M. Vittaut, mort curé de Notre-Dame de Cluny (1863-1867), et M. Lapalus dont le supériorat eut la durée la plus longue, puisqu'il s'étendit de l'année 1867 à 1894, celle de sa mort.

A partir de 1850 les grands travaux de construction étaient à peu près arrivés à leur terme; seule la chapelle restait à bâtir. En mourant, Mgr d'Héricourt avait laissé au séminaire une somme dans ce but, continuant après sa mort ses bienfaits envers sa chère maison de Semur. Elle fut achevée vers 1860, sur les plans de M. Ridot, architecte diocésain. Elle remplaça dignement l'ancien bâtiment aménagé pour le service du culte, assez vaste pour contenir tous les élèves, mais sans aucun caractère architectural. La nouvelle chapelle, au contraire, sobrement et élégamment construite dans le pur style ogival, adossée aux pentes de la Madeleine et du Pré-Coyer qui en dégagent mieux les heureuses proportions et semblent relever la hauteur svelte de la nef et de l'abside, s'adapte extrêmement bien au grand corps de bâtiment qui forme la façade principale du séminaire. C'est ce qu'on aperçoit tout d'abord en venant de Marcigny, et si ces édifices nouveaux enlèvent un peu la vue de l'église de Saint-Hilaire et de la tour Saint-Hugues, ils n'ont en rien changé le caractère de la ville. A l'aspect des massifs touffus de verdure que forment dans les champs de récréation les belles allées de marronniers et de tilleuls, et qui semblent prolonger le séminaire jusqu'à l'extrémité de la colline, en donnant le plus beau des cadres à la chapelle et à la longue rangée des classes et des salles d'études, on se sent toujours, comme au temps des chanoines, dans la demeure tranquille et pure de la prière, et la jeunesse choisie qui, depuis près d'un siècle, se prépare à Semur par le travail, la piété et les salubres exercices du corps aux combats variés de l'existence, ne pouvait trouver un meilleur asile qu'à l'ombre de la vieille église et du donjon féodal, pour lui maintenir au cœur, en notre temps de scepticisme moral, les belles vertus des XIIe et XIIIe siècles, le patriotisme de la chanson de Roland et la naïve vertu du bon sire de Joinville.

BRIANT

592 habitants. — Poste de Saint-Christophe-en-Brionnais, à 5 kilomètres, à 9 kilomètres de Semur, à 12 kilomètres de la gare de Marcigny et à 23 kilomètres de Charolles. — Superficie : 1350 hectares, dont 1085 en prairies, 154 en céréales et cultures, 62 en vignes et 49 en bois. — Vins tendres. — Commerce de bœufs gras. — Riches prés d'embouche. — Village sur un coteau.

Branovium, *Brianeum*, *Brienna* sont les noms qui, dans les anciennes chartes, désignent Briant. Ce lieu paraît être le berceau des Branovii, premiers habitants du pays dont parle César.

L'église de Briant fut donnée à Cluny pour le prieuré de Marcigny par Ilion de Semur, en 1103. Le patronage fut consenti par Humbert, évêque de Semur, mais confirmé par Innocent II et depuis par Célestin II, en 1144.

Au XIe siècle, la seigneurie se partageait entre la maison de Semur et celle de la Barge dont le nom s'est conservé dans le village du même nom. Girard de la Barge signa une charte avec Geoffroy de Semur ainsi que Hugues de la Vallée.

Tout ce qui appartenait au baron de Semur fut cédé au prieuré de Marcigny. Josserand de Saint-Alban et Hugues, son neveu, lui cédèrent aussi ce qu'ils y possédaient en fief, Hugues et Geoffroy d'Essertines cédèrent au prieuré de Marcigny leurs dîmes de Briant. Jean de Fautrières, seigneur du Petit-Bois et de la Grange, les imita.

Le château du seigneur J. de Terray de Saint-Christophe, ainsi que le presbytère, furent détruits pendant les guerres de religion, en 1576.

FLEURY-LA-MONTAGNE

1.146 habitants. — Poste et gare d'Iguerande, à 4 kilomètres ; 13 kilomètres de Semur et 34 kilomètres de Charolles. — Superficie : 875 hectares, dont 368 en vignes, 235 en céréales, 212 en prairies, 60 en bois. — Bons vins rouges de conserve ; crus : Bois du Lac, Fongrain, Corbey. — Commerce de vins, fourrages et bétail. — Territoire accidenté. — Châteaux : d'Escreux, de Dinechin.

Fleury s'appelait autrefois Fleurié-sur-Loire.

L'église actuelle a des parties fort anciennes, notamment la principale porte qui paraît être du XIe siècle. Ses archivoltes ne sont que des moulures toriques en retraite ; elles portent sur des pieds droits à arêtes vives abritant deux colonnettes dont les chapiteaux représentent du côté droit le combat de David avec Goliath, et du côté gauche un animal cornu jouant du violon et deux autres également musiciens. Le linteau figure l'Adoration des Mages. La Vierge est représentée entourée d'un nimbe circulaire à fond de damier ; le personnage qui lui fait pendant est entouré de la même auréole. Le tympan représente la Résurrection du Christ. A côté sont deux personnages assis sur des escabeaux ornés de sculptures romanes.

A l'entrée de la cure se voient deux chapiteaux couronnant les pieds droits de la porte d'entrée de la cour. Sur l'un d'eux est sculptée la tentation d'Adam et d'Eve ; l'autre est difficile à déchiffrer, les personnages étant trop mutilés. Ils proviennent de l'ancienne église.

Le sanctuaire primitif était voûté en berceau et l'abside en cul de four. Le clocher est implanté au milieu du transept. Il comprend deux étages. Le percement du beffroi consiste, pour chaque face et chaque étage, en un rang de deux fenêtres géminées à plein cintre. Le clocher a conservé ses anciennes colonnettes du XIe siècle, et le cordon mouliné qui sépare le premier étage du second. L'abside a encore ses anciens modillons, mais un affreux badigeonnage et un maladroit plâtrage lui ont enlevé, à l'intérieur de l'église, son caractère du XIe siècle.

Cinq châteaux ont existé sur la commune de Fleury, trois ont disparu. C'étaient ceux de l'Hirondelle, à la hauteur de Fongrain, de Floresse et de Beaulieu. Les deux autres encore debout, sont ceux d'Escreux et de Dinechin. Le château d'Escreux a successivement appartenu aux de Foudras, aux Chantois de la Mure, aux de la Martinière, aux Devilleroi, aux Séveyrac, aux Jacquet-Duchailloux et en dernier lieu aux Dugas de Saint-Sigolaine.

Le château de Dinechin devrait son nom (dîner de chiens) à sa primitive destination ; il servait de rendez-vous de chasse. La terre de Dinechin-en-Brionnais fut confisquée en 1473, par Charles le Téméraire sur les seigneurs Poulion et Jouly « tenant le party des Françoys nos ennemis », et donnée à Eymard et Guillaume de Fautrières (archives de Corcheval).

Au XVIe siècle, cette seigneurie appartenait à noble Philibert Dupont, conseiller du roi et lieutenant en l'élection de Roanne. La famille Dupont était connue à Charlieu dès le XIIIe siècle. Dinechin passa ensuite à Gaspard Dupont, frère du précédent, seigneur de Liesme, lequel fit foi et hommage au roi en la Chambre des Comptes de Dijon pour la terre et seigneurie de Dinechin. Ce château appartient toujours à la famille Dupont.

CHAPELLES RURALES ET CHAPELLES DOMESTIQUES

Il n'existe qu'une chapelle rurale dite de Saint-Claude, au hameau de la Barnaudière. En 1669, le sieur Laronzière de la Douze y fit une fondation de messes pour sa famille. Elle a été réparée en 1822.

La plus ancienne des chapelles domestiques est celle du château de Dinechin. Elle fut bâtie en 1664 et dédiée à saint Roch.

CURÉS DE FLEURY

Le plus anciennement connu est M. Thévenay, en 1615; puis vinrent : Huillard, vers 1645-1671; Langueron, neveu du précédent, en 1674-1720; Moulis ou Molis, en 1720-1734; Louis Manoury, en 1734-1775; Louis Lamarre, 1775-1801; Ducray, 1802-1804; Em. Beauchamp, 1804-1806; J.-P. Barruel, ancien prieur de Charlieu, curé de Fleury, 1806-1813; Ph. Samoël, dernier bénédictin de Charlieu, 1815-1844; J. Renard, 1844-1890; M. Paperin, 1890-....

Cette paroisse ayant caché plusieurs prêtres pendant la Révolution fut condamnée à payer une amende de 60.000 francs et dut subir la présence de nombreux garnisaires envoyés de Paray pour surveiller les mouvements des curés cachés dans les environs.

ROYAUTÉ

De temps immémorial, l'usage voulait qu'on fit, au jour des fêtes du Saint Sacrement, de la Saint-Barthélemy, de saint Vincent, de saint Roch et du Rosaire, des offrandes de cire à l'église de Fleury. Les donateurs prenaient le nom de Roi, de Reine, de Dauphin et de Dauphine. Cela s'appelait la Royauté. Les fabriciens remettaient des bouquets aux plus offrants. Ces enchères de bouquets se faisaient à la porte de l'église. Cet usage a subsisté à Fleury jusqu'en 1832.

Saint-Julien-de-Jonzy : Réception du cardinal Perraud.

IGUERANDE

1642 habitants. — Poste et gare de la localité, à 13 kilomètres de Marcigny et à 36 kilomètres de Charolles. — Superficie : 2146 hectares, dont 1022 en céréales et cultures, 415 en vignes, 510 en prairies et 199 en bois. — Bon vin ; les meilleurs sont à la Rivière, à Charancy, aux Perrières. — Commerce de vins, de bestiaux, de chaux et de pierres à bâtir. — Tissage de la soie. — Fours à Chaux. — Huilerie. — La commune est traversée par la Loire et le canal de Roanne, à Digoin. — Beau pont de pierre sur la Loire. — Eglise du XIIe siècle. — Ruines du château de Troncy-sur-la-Montagne de Fleuriot, détruit au XVe siècle.

Iguerande *(Aqua Grandis)*, est bâti sur une épaisse couche de terrain diluvien qui atteint jusqu'à dix mètres de profondeur. Lors de l'établissement de la voie ferrée, l'excavateur en a extrait deux défenses de mammouth *(Elephas Primigenius)* et plusieurs dents de ce mammifère, dont une seule a pesé plus de sept kilos. Les défenses reconstituées auraient une longueur dépassant trois mètres. Le même terrain a rendu des ossements et des bois de cervidés, un d'eux est même taillé de main d'homme. Une hache polie en porphyre vert a été trouvée à peu de distance de la gare, à Pesselle. Cette région baignée par un grand fleuve dut être recouverte d'une végétation luxuriante et animée par des troupeaux de bêtes aux formes gigantesques. Nos ancêtres y établirent probablement leurs demeures.

Les Romains attirés par la beauté du site et la fertilité du terrain y fondèrent de nombreuses villas. Les déblais des travaux du chemin de fer ont rendu beaucoup de médailles en argent et en bronze de Vespasien, d'Antonin-le-Pieux, etc., ainsi que des vases et des poteries sigillées. (1)

Dans cette localité, trois châteaux y subsistaient au

(1) L. Perrou. *Découvertes archéologiques sur la ligne de Roanne à Paray.* Bul. Diana, t. VIII.

XIVe siècle. On n'en connaît plus l'emplacement. Ces châteaux portaient les noms de : La Motte-Crau, Montfornier et la Forêt.

Celui du Palais fut brûlé par les Reitres en 1676. Le Palais est appelé Châteaufort en 1396. Il releva de Marcigny en 1280, puis du roi comme baron de Semur au XVIIIe siècle. Pierre de Luzy, bâtard d'Oyé, ayant épousé Antoinette du Palais, avait été seigneur du lieu en 1418. Il devint panetier du duc Philippe le Bon en 1419. Au bas du village était le château occupé par les religieux Bénédictins et qu'on nomme encore aujourd'hui le prieuré.

ÉGLISE D'IGUERANDE

Le territoire d'Iguerande est situé sur les anciennes limites du Forez et du Brionnais. Au Xe siècle, il paraît avoir fait partie du comté de Forez, de même que Saint-Julien-de-Cray (1). On sait d'ailleurs combien les limites de ces deux circonscriptions étaient mal déterminées à l'origine et l'on connaît les différends qui surgirent à ce sujet entre les comtes de Forez et le barons de Semur.

La prieure de Marcigny, dit Courtépée, était dame du clocher de Saint-André d'Iguerande, depuis l'échange qu'elle en fit à la fin du XIe siècle avec saint Hugues contre la seigneurie de Bergé-la-Ville.

Cette église était celle d'un petit prieuré de moines Bénédictins, déjà détruit à l'époque de la Révolution. Courtépée signale à Iguerande une autre chapelle, dédiée à saint Marcel et qui aurait été l'ancienne église paroissiale ; elle a été détruite au commencement de ce siècle.

La première mention de l'église d'Iguerande date du

(1) RAGUT. — Cartulaire de Saint-Vincent de Mâcon, app., p. XVI.

début du XIe siècle (1). Le plan de Saint-André d'Iguerande est celui d'une église à trois nefs, interrompues par un transept faisant saillie à l'extérieur. La nef centrale se termine par une abside en hémicycle, les nefs collatérales par des absidioles. Le clocher s'élève au-dessus de la croisée du transept. La nef centrale voûtée à plein cintre, renforcée d'arcs doubleaux, communique avec les collatéraux par des arcades séparées par arcs doubleaux plein cintre.

L'aspect de l'église est massif, trapu.

La nef est divisée en trois travées par deux rangées de piliers carrés dont chaque face est contournée d'une colonne engagée. Des pilastres appliqués contre le mur reçoivent les retombées des arcs doubleaux.

Les chapiteaux des colonnes paraissent dater de la fin du XIIe siècle.

La croisée du transept est voûtée par une belle coupole octogonale sur trompes en cul de four.

Les croisillons sont voûtés en berceau plein cintre.

L'abside est éclairée par trois larges fenêtres, plein cintre ébrasées.

Les absidioles n'ont qu'une ouverture.

Une seule toiture à deux rampants posée directement sur les reins des trois voûtes de l'église recouvre les trois nefs, peu différentes de hauteur.

Au centre de la façade est percée une baie plein cintre. Elle est amortie d'un linteau qui supporte un tympan appareillé. Les pieds droits qui supportent le linteau sont des demi-colonnes engagées, comme à la porte de la façade de Châteauneuf. Les motifs qui décorent les chapiteaux sont empruntés au règne végétal et paraissent dater du XIe siècle. La sculpture est plutôt en creux qu'en relief.

Au-dessus de cette porte, est une longue baie en plein cintre fortement ébrasée.

---

(1) Cartulaire C., de l'abbaye de Cluny, fol. 24, col. 2.

Trois énormes contreforts en talus ont été ajoutés, au XIXe siècle, à l'église.

La corniche du toit est soutenue par des modillons très simples non sculptés. Celle de l'abside possède des modillons dont les sculptures sont des têtes d'hommes ou d'ani maux grimaçants et des motifs de feuillage.

Le clocher carré, massif et trapu est divisé en deux étages. Le premier étage est percé de deux fenêtres plein cintre au nord et au sud. L'étage supérieur est orné sur chaque face de doubles baies jumelles amorties en plein cintre dont les retombées portent sur des colonnettes. Chacune de ces baies géminées divisée par un système de deux colonnettes placées l'une derrière l'autre, s'ouvre dans un encadrement, en plein cintre doublé dont les archivoltes sont ornées de gros tores. La toiture est une pyramide à quatre jours. La construction de l'église d'Iguérande, faite en grand appareil ne présente pas les arcatures lombardes des édifices du Brionnais. Elle paraît dater de la fin du XIe siècle, ainsi que le prouve l'absence au fond du chœur d'une décoration d'arcature retombant sur des pilastres ou des colonnettes.

Varennes-l'Arconces : Eglise, monument historique (XIIe siècle)

LIGNY-EN-BRIONNAIS

1.036 habitants. — Poste de Semur à 10 kilomètres; gare de Saint-Maurice-les-Châteauneuf à 6 kilom. et à 29 kilom. de Charolles. — Superficie : 1.649 hectares, dont 752 en prairies, 550 en céréales et cultures, 344 en bois, 3 en vigne. — Embouche et commerce de bétail. — Tissage de la soie. — Village sur la pente d'une montagne. — Eglise du XIIe siècle. — Château de Mont-Cellis bâti vers 1800. — Au village de Saint-Rigaud, ruines de l'abbaye de ce nom.

Le pays a jadis été couvert de forteresses ou abris dont il reste encore des vestiges.

La Brosse avait une tour avec des constructions qui servaient d'abris aux laboureurs. La vallée de Burlon avait le château Gaillard dont le nom seul existe. Il reste quelques ruines de la tour de Fromentalet qui a appartenu aux sires de l'Etoile et puis aux moines de Saint-Rigaud et aux de Vichy. Elle défendait la vallée du Suppléon (Saint-Nicolas actuellement).

Les prairies appelées aujourd'hui les Etangs formaient autrefois de grands marécages.

Le château de l'Etoile, perché comme un nid d'aigle, commandait la vallée du Suppléon ; il fut reconstruit vers 1680. La chapelle castrale était sous le vocable de saint Amable. Il ne reste rien de cet antique manoir. Le Suppléon prend sa source au-dessus de Fougères, commune de Vauban, arrose les communes de Saint-Christophe, de Ligny et de Saint Bonnet et se jette dans le Sornin au-dessus de Charlieu.

Des trois moulins que faisait tourner cette rivière, il ne reste que celui de Champron. Cette rivière a porté le nom de Bèze ; à Charlieu, elle est connue sous le nom de Saint-Nicolas.

La partie du territoire de la commune qui regarde Saint-Maurice est formée de terrains fangeux, autrefois drainés par les moines de l'abbaye de Saint-Rigaud. A cette époque, ces religieux entretenaient de nombreux étangs destinés à leur fournir du poisson.

Ligny est à une altitude de 610 mètres; les point les plus élevés sont : Mussy de Vauban, à 620 mètres; le Grand-Poirier, à 512 mètres; les Places de Ligny, à 498 mètres; Saint-Rigaud n'est qu'à 366 mètres. (1)

Sur le territoire de cette commune se trouvait l'abbaye de Saint-Rigaud dont l'histoire, que nous abrégeons, a été écrite par M. F. Cucherat.

ABBAYE DE SAINT-RIGAUD

Le xe siècle avait été une époque de relâchement dans la discipline ecclésiastique, le xie siècle fut un siècle de réforme générale. Saint Dominique l'Encuirassé et saint Pierre Damien remirent en usage parmi les religieux les jeûnes rigoureux et les instruments de discipline.

A Issoire, vivait un religieux nommé Eustorge, homme simple et craignant Dieu. Depuis longtemps il se sentait un attrait particulier pour la vie érémitique et la solitude absolue. La règle de saint Benoît a prévu cette aspiration. Eustorge, muni de la permission et de la bénédiction de ses supérieurs, s'achemina vers le Brionnais. Ayant trouvé dans la forêt d'Avaize, en la paroisse de Ligny, le lieu rêvé pour y passer ses jours en paix, il en fit sa résidence.

Le bruit se répandit bientôt de l'arrivée de l'homme de Dieu. Les grands le respectaient et l'évêque d'Autun, Aganon, le comptait au nombre de ses meilleurs amis. De nombreux

(1) Notes de M. l'abbé Jean Raquin.

disciples demandèrent à partager sa vie. Il fallut construire un monastère qui fut mis sous la protection de la souveraine Trinité, de la Sainte Mère de Dieu et du glorieux confesseur saint Rigaud.

Dès que le monastère fut fondé, Arthaud de Néronde en Forez donna le premier titre (1065) que l'on trouve en faveur de l'abbaye. Il concéda aux moines toutes les terres. prés, forêts, etc., depuis la rivière de Suppléon (saint Nicolas) jusqu'à celle d'Osière. Sa femme promit d'y ajouter, par testament, une terre proche de celle donnée par Arthaud.

La consécration de l'église eut lieu, selon Severt, le 18 décembre 1067. A cette occasion, Arthaud céda à l'abbaye ses droits sur les terres et églises de Crozan, Gibles, Matour, Melay et saint Sornin (Vauban). Artaud étant mort, sa femme se remaria ; mais ayant négligé de tenir sa promesse, elle tomba malade et ne recouvra la santé qu'en confirmant la donation d'Arthaud et en y ajoutant la terre de Fressy, paroisse d'Oyé. Plus tard, Landry, évêque de Mâcon, approuva toutes les donations faites au monastère.

Pour assurer la durée de sa fondation et pour la garantir des coupables entreprises des seigneurs usurpateurs des biens d'Eglise, Eustorge la plaça sous la protection du pontife romain. Le 16 mars 1071, le pape Alexandre II donna la bulle demandée; cette bulle fut contresignée par saint Pierre Damien, cardinal de la sainte Eglise romaine.

L'abbaye de Saint Rigaud n'eut point dans l'histoire ecclésiastique un de ces rôles brillants qui font la réputation et captivent l'admiration de la postérité. Sa mission semble avoir été d'honorer, en l'imitant, la vie cachée de la Sainte-Famille de Nazareth. En effet, Saint-Rigaud naît d'un modeste ermitage. son saint patron est presque inconnu des âmes pieuses, sa juridiction ne s'étendra que sur quatre ou cinq prieurés sans nom et sans richesse. Il ne pourra offrir à son titulaire qu'un faible revenu de 1.800 francs, alors que l'abbé commendataire de Cluny en recevra 50.000 et celui de Citeaux 120.000. (1)

Le pape Alexandre II avait adressé sa lettre apostolique « A la congrégation de Saint-Rigaud d'Avaize ». Elle n'avait pas encore d'abbé. Le saint fondateur voulant donner un exemple d'humilité à ses disciples fit si bien de son côté et les frères procédèrent avec tant de simplicité qu'ils élurent abbé le moine Hugues l'an 1072. Celui-ci reçut la consécration abbatiale dans l'église d'Ainay, des mains de l'archevêque de Lyon, car Drogon, évêque de Mâcon, était mort sur ces entrefaites.

Le gouvernement de Hugues Ier se passa comme celui de Eustorge à faire le bien dans l'ombre et le silence et se termina en 1087. (Gal. Chr.)

C'est sous son gouvernement que fut faite la charte des bienfaiteurs de Saint-Rigaud. La Mure en énumère les principaux : Humbert de Bourbon; Dalmace; Hugues, comte de Chalon; Guy, comte de Mâcon; Guillaume, comte de Forez; Geoffroy de Semur; Humbert de Beaujeu; Girard de Perreux; Hugues Le Blanc; Bourbon-Archambaud, etc...

Hélas ! une telle protection ne sera pas longtemps assez efficace pour assurer à Saint-Rigaud paix et sécurité.

L'histoire, dit Severt, n'a pas conservé le nom du successeur de Hugues Ier. Puis apparaissent à la fois, Etienne, abbé et Eménalde, prieur de Saint-Rigaud. Pour la consécration de l'abbé Etienne, les religieux s'adressèrent à l'évêque Landry, de Mâcon, l'an 1087. C'est l'époque des grandes tempêtes et des grandes pérégrinations, car Etienne et Eménalde nous disent eux-mêmes que, *voulant d'un commun accord se soustraire au tumulte orageux des affaires de ce siècle, ils abandonnèrent leur monastère de Saint-Rigaud* et allèrent s'établir, avec l'agrément de l'abbé de Cluny, sur le rocher

---

(1). Courtépée — *Description du Duché de Bourgogne*, t. IV, p. 439.

de Cordouan, à l'embouchure de la Garonne, et plus tard sur le territoire de Grave, dépendant de la même abbaye.

Que se passait-il alors dans le Brionnais? Quelles étaient ces agitations séculières, ces contestations irritantes qui forçaient nos humbles solitaires à aller si loin chercher le repos et le silence?

Nos religieux veulent-ils faire allusion aux incursions des Normands qui, à cette époque, avaient ravagé le Brionnais? Sommes-nous en face de sanglantes querelles locales? Car Saint-Rigaud se trouvait au point de contact des souverainetés féodales du Brionnais, du Bourbonnais, du Forez, du Beaujolais et du Mâconnais. Une autre hypothèse se présente. Cet abbé anonyme, dont parle Severt, et qui ne fit que passer, est peut-être un compétiteur ambitieux et simoniaque de l'abbé Etienne. Il peut avoir trouvé quelque puissant appui qui aurait agité le pays et menacé le monastère de Saint-Rigaud au point d'amener les religieux pacifiques à l'extrémité qu'on vient de dire. Le triomphe temporaire du siècle ou de l'intrus expliquerait le long silence de l'histoire dans la suite des abbés de Saint-Rigaud et l'oubli où est resté le nom du premier auteur de ces calamités.

Il faut remarquer que le seigneur abbé de Cluny, qui se montre si empressé à favoriser ces fervents religieux est St-Hugues de Semur. Le monastère de Grave eut donc une origine toute brionnaise. Hélas! la Révolution a fermé cet asile de paix et de prières. Grave n'est plus connu aujourd'hui que par les vins recherchés que produisent les coteaux jadis défrichés et plantés par ces utiles et intelligents solitaires.

Tandis que Etienne et Eménalde prenaient la route de l'Occident, un autre enfant de Saint-Rigaud, Pierre l'Ermite, s'en allait en Orient chercher la paix et la consolation au tombeau du Sauveur. Enfant de la Picardie, il avait d'abord porté les armes, puis s'était retiré dans cette abbaye. Mabillon et Ducange le disent en termes formels dans leurs

Annales Bénédictines, t. V, page 324. « Pierre l'Ermite, du territoire d'Amiens, fut d'abord moine à Saint-Rigaud, en Forez. » Or, Saint Rigaud d'Avaize touche au Forez. Mabillon ajoute : « C'est de Saint-Rigaud que Pierre l'Ermite partit pour les Lieux-Saints d'où il ne revint que pour exposer leur déplorable situation au pape Urbain VIII. »

Le régime intérieur de la congrégation subit, au XIIe siècle, une modification importante. A la règle de saint Benoit, on avait ajouté les rudes observances mises en honneur par saint Dominique l'Encuirassé et saint Pierre Damien. Il fallut s'arrêter dans cette voie où la nature aurait succombé. Le pape Innocent IV, par une bulle du 21 novembre 1251 permit de dispenser les religieux de saint Rigaud des austérités particulières auxquelles ils s'étaient voués, tout en leur enjoignant de garder avec fidélité la règle primitive.

Le prieur de Murard. Ordonnance de Mgr de Lingendes, — Saint Rigaud tombé en commende dès le XVIe siècle eut à souffrir au XVIIe siècle une grande épreuve. La dignité de prieur fut envahie par un soi-disant moine du nom de Jean-Baptiste de Murard, homme incapable qui avait surpris la confiance des supérieurs. Mgr de Lingendes, évêque de Mâcon obtint un bref d'Alexandre VIII qui l'autorisait à remédier à ce mal. Il substitua à l'indigne intrus Ennemond Germain, prieur de Joux, au diocèse de Lyon, à la condition que ce digne religieux viendrait résider et prendre le gouvernement intérieur de l'abbaye de saint Rigaud, sous l'abbé L. de Gaspard du Sou.

Mgr de Tilladet, évêque de Mâcon, permit à l'abbaye de Saint Rigaud de remplir les fonctions curiales sur une partie de la paroisse de Ligny. Il leur était permis « d'administrer le sacrement de pénitence dans leur église abbatiale, de visiter les malades sur le territoire de Saint-Rigaud, de leur porter le viatique et l'extrême onction, de faire les enterrements audit St-Rigaud, d'en tenir le registre, d'en percevoir les droits de casuel, de faire le catéchisme aux enfants et de leur faire faire la première communion. La messe du dimanche était considérée comme paroissiale pour les habitants de Saint-Rigaud et le pain bénit y était offert ». Tels sont les termes du rapport de la visite pastorale de Mgr de Valras, le 21 juillet 1746.

Le nombre de religieux à l'époque de cette visite était très réduit. Ils suffisaient à peine aux offices de la communauté, qui étaient ceux de grand prieur, de sacristain; de chambrier et de chantre. Le grand prieur remplaçait l'abbé commendataire. L'abbé de Saint-Rigaud avait droit de patronage sur les églises de Melay alternativement avec le prieur du Bois de Donzy, archiprêtré de Roanne ; de Croizet, archiprêtré de Néronde en Forez, et de Ligny (1).

Il était collateur de l'église d'Azollette ; de Notre Dame de Boisset, de Vauban (2).

L'ordre suivait la règle de saint Benoit. « Attendu leur petit nombre, les religieux récitaient à deux chœurs dans l'église, l'office du Bréviaire des Bénédictins de Saint-Maur, savoir : Matine, Laudes et Prime, sur les six heures en été et sur les sept en hiver. Leur messe conventuelle se disait tous les jours ouvrables à voix basse. Avant l'on récitait none, vêpres et complies » (3). Le reste du temps était employé à la méditation, à l'étude et au travail manuel. « Chacun avait son logement et son ménage en particulier ». (4)

Les édifices réguliers étaient fort modestes. On entrait dans une vaste cour, sur laquelle donnait, près de la porte, la maison du grand prieur ; au fond le palais abbatial ; à gauche

(1) LaMure. — *Histoire ecclésiastique, diocèse de Lyon*, p. 234 et 235.

(2) *Dictionnaire chronologique du Mâconnais*, pour 1786.

(3) Visite pastorale de Mgr de Valras, 1746.

(4) Visite pastorale de Mgr de Valras, 1746.

l'église qui communiquait avec le cloitre; à droite d'autres constructions pour le service de la communauté.

L'église avec ses trois nefs, son chœur spacieux et deux rangs de stalles, et la tour carrée du clocher surmontée d'une flèche octogonale sortait seule de la modestie traditionnelle de Saint-Rigaud. La foudre la consumma le 18 mars 1786.

LISTE DES ABBÉS DE SAINT-RIGAUD.

Eustorge, religieux de Saint-Austremoine d'Issoire, vient embrasser la vie érémitique dans la forêt d'Avaise, au diocèse de Mâcon, vers 1060.

Hugues Ier. Il reçut la bénédiction abbatiale des mains d'Humbert, archevêque de Lyon.

Hugues II est remplacé, en 1087, par un abbé dont le nom est inconnu (*Chr. hist.*, p. 115).

Etienne, cet abbé avec le prieur Erménalde, fidèles à l'esprit d'Eustorge, quittent ces contrées trop agitées et vont chercher la paix et le silence sur le rocher de Cordouan, à l'embouchure de la Gironde. Vers cette époque, Pierre l'Ermite quitte Saint-Rigaud pour prêcher la croisade.

Dalmace Ier était abbé en 1200. (Masures de l'I. B.)

Geoffroy en 1230. Il unit par des liens spirituels ses religieux à ceux de Cluny et de l'Ile-Barbe. Cet abbé obtint, en 1252, d'Innocent IV, une bulle qui mitigeait l'austérité de la Règle.

Dalmace II, 1260, sert d'intermédiaire entre les moines de Charlieu et les habitants révoltés.

Jean Ier. Un titre conservé aux archives de Mâcon le mentionne en 1279.

Girard de Jantes mourut en 1300.

Guillaume du Bois, indiqué par un acte de 1303.

Jean II du Bois, en 1306.

Hugues II, en 1320, d'après une charte de Philippe VI de Valois, roi de France.

Jean III en 1340.

Suivent dans le *Laboureur* deux anonymes dont le *Gallia Christiana* ne fait pas mention. L'un de ces deux abbés est Gérald que l'on trouve dans un titre de l'an 1532, aux archives de Mâcon.

Raoul Périère, de la famille des seigneurs du Banchet, à Châteauneuf, vers 1409.

Thomas Périère, neveu du précédent, vers 1445.

Claude de la Magdeleine, dès l'an 1471. Sous son gouvernement l'abbaye de St-Rigaud s'entoura de hautes murailles et de larges fossés.

Jean IV de la Madeleine de Ragny était abbé en 1507. Il devint grand prieur de Cluny, prieur de Charlieu et de la Magdeleine de Charolles. Il fut élu abbé de Cluny, en 1518. Il fut chargé par le pape Jules II, en 1506, conjointement avec l'abbé de Saint-Allyre de Clermont, d'une mission apostolique relative aux intérêts spirituels de Cluny.

Claude II de la Magdeleine, neveu du précédent, en 1518; il était aussi prieur de Charlieu.

Martin de Beaune, évêque du Puy, abbé commendataire, en 1540.

Marc de Lespinasse, en 1555.

Jean V du Mas, 1560.

Gaspard du Vernay, dit de la Garde, 1567.

Antoine d'Amanzé, doyen de l'église de Lyon, fils de Jean III d'Amanzé et de Béatrix de Chevrières. Il se démit de sa fonction en 1577.

Michel de Villecourt, 1577, se démit, comme le précédent, en 1602.

Claude III de Gaspard, 1602-1619.

Laurent de Gaspard du Sou, neveu de Claude, n'étant que tonsuré. En 1644, il obtenait à Rome un *extra tempora* pour recevoir les ordres sacrés du diaconat et de la prêtrise.

Jacques de Chamarande, doyen des chanoines de St-Just à Lyon, 1674.

Etienne du Sauzay, clerc tonsuré, nommé par Louis XIV, abbé commendataire le 25 novembre 1671. Il ne reçut l'institution canonique, des mains de l'évêque de Mâcon, qu'en 1683.

N. de Clermont-Tonnerre, abbé commendataire, fin août 1727.

Pierre-François d'Esterno, abbé commendataire, juillet 1746.

N. d'Espiard. Sous son gouvernement, par ordonnance de l'évêque de Mâcon, en date du 23 juillet 1767, les manses de Saint Rigaud furent unies au séminaire de Mâcon.

J.-B. Deville de Villette paraît comme abbé commendataire de Saint-Rigaud, dans les années 1775-1779.

M. Drouas du Roussey, vicaire général d'Autun, abbé commendataire le 29 avril 1784.

Charles-Camille Circaud, vicaire général de Mâcon, puis d'Autun, dernier abbé commendataire de Saint-Rigaud.

MAILLY

482 habitants — Poste et gare d'Iguerande, à quatre kilomètres ; à neuf kil. de Semur, à 34 kilomètres de Charolles. — Superficie 547 hectares, dont 225 en prairies, 175 en vignes, 92 en bois, 55 en céréales et cultures. — Vins de bonne conservation — Commerce de vin et bétail. — Pays accidenté formé de vallons parallèles. — Ruines de l'ancien château du Palais.

La prieure de Marcigny nommait à la cure

D'après une transaction du 7 mai 1339, entre Jeanne de Châteauvillain, dame de Semur et Etienne de Pouilly, seigneur du Palais, la justice du clocher est déclarée appartenir au seigneur de Semur et le reste à celui du Palais.

Le château du Palais est un démembrement de la baronnie de Semur ; elle fut vendue par Pierre du Palais en 1288, à Bernard de Pouilly. aïeul de Jeanne de Pouilly dont la fille, Guyette, fut mariée en 1359 à J. de Digoine. Ce château, brûlé pendant les guerres de religion, est demeuré dans la famille de Digoine jusqu'à la Révolution. Le dernier des Digoine fut Alphonse-Honoré de Digoine, marquis du Palais, né le 15 mai 1750, décédé à Versailles le 18 février 1832.

Le fief de la Palu a fait surnommer Mailly, Mailly-la Palu. J. de Chandon en était seigneur en 1489. Il a appartenu aussi à une branche de la Palu de Bouligneux.

OYÉ

805 habitants. — Poste de Saint-Christophe, 7 kilomètre de la gare de la Clayette, 12 à 14 kilomètres de Semur et à 17 kilomètres de Charolles. — Superficie 1837 hectares, dont 1505 en prairies, 192 en céréales et cultures, 71 en bois, 69 en vignes. — Vins de bonne conservation. — L'embouche est la principale ressource du pays. — Territoire ondulé. — Le village est situé sur la pente d'un côteau. — Eglise moderne avec clocher du XIe siècle. — Châteaux d'Oyé (XVe siècle); de Daron (XIVe et XVe siècles); du Bourg (XVIIIe siècle).

Il a été fondé à Oyé, en 1890, une vacherie modèle exploitée par une société civile pour l'amélioration de la race charollaise. Cet établissement renferme 30 vaches et 2 taureaux de grands prix. Les produits sont vendus chaque année aux enchères publiques, au mois d'octobre.

Oyé qui était une des quatre anciennes baronnies du Brionnais et qui faisait autrefois partie des bailliages de Semur et de Mâcon, est qualifié de ville dans un titre de 1640, où l'on parle d'une chapelle fondée en 1450, *in morto nobilis viri de Chevigny, juxta muros antiquos oppide Oyetta.*

Le prieur de Saint-Germain-des-Bois nommait à la cure. Cette baronnie fut, au XIe siècle, l'apanage d'un puîné de la maison de Semur, où il entra en 1070, par le mariage d'Hermengarde d'Oyé, avec Geoffroy IV. Pierre de Luzy en était baron en 1488. J. Breschard, fils d'une de Luzy, en 1566; elle fut acquise en 1636, de la marquise de Dampierre par Hector Andrault de Langeron. Les Langerons l'ont possédée jusqu'à la Révolution.

Guillaume de Digoine, protonotaire du Saint-Siège, était curé d'Oyé en 1564. Il y existait alors une société de prêtres composée de trois vicaires et de six mépartistes ou chapelains.

La chapelle de Notre-Dame de Chauveton fut fondée en 1450. Courtépée croit qu'il dut y exister une maladrerie.

Bernard Mammessier, curé de Vareilles, donna en 1686 un domaine de 800 livres pour marier une pauvre fille d'Oyé à la nomination du curé et des échevins. Cet usage a subsisté jusqu'en 1715.

On voyait autrefois plusieurs seigneuries sur le territoire de cette commune : Chaumont, Chassignole, Orval, Tressy. Toutes ont disparu.

Sancenier était un fief appartenant au marquis de Saint-Christophe. La chapelle était une annexe d'Oyé. Girard de Semur, seigneur de Sancenier et de Tremont et Marie de Villers-la-Faye, sa femme rebâtirent en 1497, le château qui avait été brûlé. Il fut achevé en 1500 et la chapelle fut bénite en 1510.

Courtépée dans son *Histoire de voyage en Bourgogne*, signale comme de grands bourgeois enrichis par le commerce du bétail, MM. Mathieu, Circaud et Daron.

SAINT-BONNET-DE-CRAY

1064 habitants. — Poste de Charlieu, 8 kilomètres; gare d'Iguerande, 7 kilomètres; 8 kilomètres de Semur et 32 kilomètres de Charolles. — Superficie 2471 hectares: 1500 en prairies; 628 en céréales et en cultures, 160 en vignes; 160 en bois. — Bon vin rouge de conserve. — Commerce de vins et de bétail. — Industrie du tissage de la soie. — Châteaux de Malfarat, du Pallier, de Vermont.

L'origine de la paroisse est inconnue et remonte avant le XIIe siècle, comme l'attestent le chœur et le clocher de l'église.

ÉGLISE DE SAINT-BONNET-DE-CRAY

Cette église, très remaniée, est surtout remarquable par la beauté et la très grande dimension de ses matériaux, ainsi que par son clocher monumental et trapu dont les baies géminées sont séparées par des colonnettes supportant des archivoltes ornées de dents de scie. A noter la jolie proportion des ouvertures et les pilastres cannelés de l'intérieur.

La nef et les collatéraux sont modernes et sans intérêt.

La nef communique avec le dessous du clocher par une grande arcade brisée doublée; des colonnes engagées supportent les retombées intérieures des arcs; les piliers sont cantonnés de pilastres cannelés du côté de la nef et de colonnes engagées pour la retombée des grandes arcades. La travée sous le clocher est voûtée par une belle coupole sur trompes, elle communique avec le chœur par un arc triomphal en cintre brisé doublé.

Le chœur se compose d'une partie droite et d'une partie en hémicycle, la partie droite est voûtée par un berceau brisé ; l'abside par un cul de four brisé. Elle est éclairée par trois petites fenêtres en plein cintre dont l'ouverture à l'intérieur est encadrée dans un système d'arcatures en plein cintre retombant sur des colonnettes. Les cordons de perles sont très employés dans l'ornementation. Le chœur et le clocher sont du milieu du XIIe siècle ce dernier très trapu a conservé son vieux toit, il n'a sur chaque face qu'un seul étage de baies géminées très ébrasées, séparées par un groupe de quatre colonnettes; les archivoltes sont moulurées et présentent de gros tores. La grande archivolte qui encadre la baie géminée sur chaque face est ornée de dents de scie. La corniche du toit est soutenue par des modillons de sculptures variées. Les contreforts du chevet sont du XIIe siècle, ainsi qu'en témoignent les moulures des bases.

(D'après J. Virey).

La nef fut incendié par les Huguenots entre 1569 et 1575, comme l'indique une note renfermée dans les archives de la paroisse. Ils brûlèrent en même temps les titres de l'église et de la cure. Une épaisse couche de cendre que l'on trouve à un mètre de profondeur, près des murailles de l'église atteste le passage des religionnaires.

L'abbaye de Charlieu devait pourvoir à tous les frais du culte et à l'entretien du chœur et du clocher. Le soin des nefs était à la charge des habitants.

La justice était partagée entre les prieurs de Charlieu et les seigneurs de La Motte-Camp et de Champron.

Le traitement du curé était assuré par les prieurs de Charlieu ; mais ces derniers acquittaient mal leur dette, de là une foule de procès dont on conserve la minute aux archives de la cure.

Plusieurs châteaux existaient sur cette paroisse.

Le château de Saint-Bonnet, à peu de distance du bourg, paraît avoir été construit au XVe siècle. Il n'en reste que quelques vestiges; ce château servait de résidence en été aux prieurs de Charlieu.

Au territoire de La Motte était celui de La Motte-Camp; ce manoir a totalement disparu ainsi que celui de Lyems qui lui faisait face. Paillet et Malfarat ne sont plus que des résidences de fermiers et semblent dater du XVIIe siècle.

Parmi les anciennes familles qui ont habité Saint Bonnet, il faut citer les de Vichy-Champron; Monon de Sirvinge, seigneur de La Motte-Camp; les Dupont qui possédèrent les seigneuries de Lyems et de La Motte; les Donguy de Malfarat et la famille Magnin, alliée aux Captier et aux Pelletier.

CURÉS AYANT ADMINISTRÉ LA PAROISSE

Jean de la Ronzière vers 1517; Antoine de Sirvinge 1559; Bonnet Guyard 1531; vicaire, puis curé; Philibert Thévenet (1596-1646), de la famille Thévenet-Aumaître.

Messire Morestin, mort en 1660; Etienne Poyet (1660-1700); Guillaume Blanc (1700-1719); Jean Bardet (1719-1756); Etienne Deville (1756-1792). Durant la Révolution, Gabriel Captier de la Mollerie, vicaire exerça le ministère.

Denis Chamborre (1801-1829); François Saulet (1829-1847); J.-M. Millier (1847-1861); Gonfrier, (1861-...).

ST-CHRISTOPHE-EN-BRIONNAIS

1033 habitants. — Poste de la localité, à 9 kilomètres de Semur, à 10 kilomètres de la gare, de la Clayette, à 21 kilomètres de Charolles. — Voitures pour Marcigny, La Clayette et Chauffailles. — Superficie 1536 hectares, dont 1251 en prairies ; 217 en céréales et cultures ; 55 en bois ; 13 en vignes. — Vins de durée ; les meilleurs sont à la Garenne, au Treuil et aux Fromentaux. — Marché tous les jeudis, les plus considérables de la contrée pour les bêtes grasses ; moyenne amenée, 700 chaque semaine. — Riches prairies d'embouche. — Source d'eau minérale ferrugineuse analogue à celle de Spa en Allemagne. — Mine de plomb non exploitée. — Tissage de la soie. — Territoire ondulé au centre du Brionnais. — Château à M. Meaudre. — Les eaux appartiennent aux de Busseul.

La prieure de Marcigny nommait à la cure.

Jocerand de Sartine lui donna l'église et la dîme en 1090. On voit un Jocerand de Saint-Christophe, chevalier en 1290. L'ancienne baronnie de Saint-Christophe fut possédée par les de Terray pendant près de 400 ans. Ils l'avaient encore à la Révolution.

La Bourgogne ayant été réunie à la couronne par Louis XI, on obligea sous Charles VIII tous les vassaux à lui prêter, foi et hommage. Ceux du Brionnais remontrèrent qu'ils s'étaient épuisés au service du roi et qu'en conséquence, il plairait au roi de commettre un seigneur du pays pour recevoir leur serment. Jean de Terray, baron de St-Christophe reçut cette honorable commission en 1488. Le château des Noyers fut détruit par les Reitres en 1576, ainsi que celui de Fougères. On voit un de Fougères chevalier au XIIe siècle. Sancie de Fougères était religieux à Marcigny en 1136. Ce fief après avoir appartenu aux de Fougères, aux d'Alenai en 1380, aux d'Amanzé en 1588, aux de Busseul en 1595 rentra dans la famille de Terray.

Les seigneuries de Trelus et de Sernier, autrefois au chapitre de Semur, étaient aux marquis de Drée au XVIIIe siècle. Le fief de Sully eut son château ruiné pendant les guerres de la Ligue.

SAINT-DIDIER-EN-BRIONNAIS

363 habitants. — Poste de Saint-Christophe, 6 kilomètres ; à 10 kilomètres de Semur, à 9 kilomètres de la gare de Montceau-Vindecy et à 22 kilomètres de Charolles. — Superficie 1134 hectares dont 778 en prairies, 192 en céréales et en cultures, 151 en bois et 13 en vignes, — Vins ordinaires. — Commerce de bétail gras. — Excellentes prairies. — Territoire dans la vallée de l'Arconce.

La prieure d'Anzy nommait à la cure. L'ancienne famille de l'Aubépin de Sainte-Colombe-en-Forez était en possession de la seigneurie au xviiie siècle. Les hameaux de Chérancé et de Montraphon étaient des fiefs du prieuré de Marcigny depuis 1281. La Brosse du Busseul, autre fief donné à la prieure de Marcigny en 1063.

SAINTE-FOY

332 habitants. — Poste de Semur à 4 kilomètres, à 8 kilomètres de la gare de Marcigny, à 25 kilomètres de Charolles. — Superficie : 830 hectares, dont 350 en prairies, 283 en bois, 166 en céréales et en cultures, 31 en vignes. — Bon petit vin, les meilleurs sont récoltés à Launay, aux Effondrys. — Commerce de bétail gras. — Tissage de la soie. — Territoire situé sur le plateau de Cherra à 500 mètres d'altitude, vue magnifique. — Château moderne de Launay.

La prieure de Marcigny nommait à la cure.

Le prieuré de Marcigny avait une *Celle* à Sainte-Foy en 1120.

L'abbé de la Bénisson-Dieu y levait la dîme.

La prévôté d'Hurgues s'étendait sur cette paroisse qui avait pour seigneur au XVIIIe siècle, Jean de Terray, marquis de Saint-Christophe, à cause de son fief des Noyers. Cette terre avait appartenu à Girard de la Guiche au XVe siècle. Ce Girard tenait Sainte-Foy de son aïeule N. de Poquière. Il fut gouverneur de Savonne sous Charles VIII.

SAINT-JULIEN-DE-JONZY

783 habitants. — Poste de Semur à 5 kilomètres, à 7 kilomètres de la gare d'Iguerande et à 32 kilomètres de Charolles. — Superficie 2514 hectares dont 1860 en prairies, 499 en bois, 112 en vignes, 42 en céréales et cultures. Vins de bonne qualité, on cite les crus de Gournand, des Echelles, des Theureaux. — Commerce de bétail gras, de vins et de bois de chauffage. — Village situé sur un plateau de 500 mètres d'altitude, territoire coupé par de petites vallées. — Clocher et portail du XIIe siècle.

(Voir la description ci-dessous).

Cette commune portait le nom de Saint-Julien-de-Cray avant d'être réunie à la paroisse de Jonzy qui forme une commune indépendante.

JONZY

245 habitants. — Superficie 627 hectares dont 150 en cultures et en céréales, 104 en prairies, 71 en vignes et 302 en bois. — Minerai de fer inexploité. — Bonnes prairies. — Village situé au sommet d'une colline. On a trouvé sur son territoire des médailles et monnaies romaines entre autres une médaille d'argent à l'effigie d'Auguste ayant au revers la couronne de chêne entourée des mots : *Ob cives servatos.*

L'évêque de Mâcon nommait à la cure de Saint Julien.

Au bas de la montagne sont les restes du château de l'Etang, possédé par la maison de Semur et au XVIIIe siècle par le comte de Vichy-Champron. A Boschevenoux était un ancien manoir. Girard, chevalier, en était seigneur en 1295. Sur ce territoire se trouvait la prévôté d'Yeurgue ou d'Hurgues, une des quatre de la châtellenie de Marcigny.

La seigneurie de Chavannes a appartenu au chapitre de Semur. Fromentalet avait encore une tour en 1606. Les fourches patibulaires du seigneur de Champron étaient en haut du clos de Gournou.

Sur la montagne du Cherra, Cassini fit des observations pour dresser la carte de France. Le chemin qui la traverse servait de limite au diocèse d'Autun et de Mâcon. Le ruisseau de Berry se jette dans le Suppléon (Saint-Nicolas) au-dessous de Champron. Pittoresque ruisseau appelé la Goutte d'Enfer.

ÉGLISE DE SAINT-JULIEN-DE-CRAY

Nous empruntons la description suivante à M. Joseph Déchelette, *(L'Art roman en Brionnais)* :

« Une construction moderne a remplacé l'ancienne église romane de Saint-Julien-de-Jonzy, mais l'architecte a eu soin de conserver deux parties importantes du vieil édifice : le clocher et la porte principale.

« Œuvre de la fin du XIIe siècle, le clocher mérite d'être compté parmi les meilleurs types de clochers bourguignons. C'est une tour quadrangulaire que recouvre une pyramide en charpente. Le beffroi, ouvert par un seul rang de baies, s'élève au-dessus d'un soubassement plein et repose sur une rangée de curieuses arcatures portées par de courts pilastres à cannelures en encorbellement. Il est caractérisé par les vastes dimensions de ses percements. Sur chaque face s'ouvrent deux hautes et larges baies en plein cintre, accolées, dont le support commun est un faisceau de quatre colonnettes minces.

« La porte est un morceau de sculpture de très haute valeur.

« Les supports de cette porte sont, de chaque côté, un pilastre cannelé et une colonnette au fût grêle dont le chapiteau, corbeille d'acanthes aux profonds refouillements, plutôt ciselée que sculptée, paraît emprunté au porche de Charlieu. Les deux pilastres, au contraire, s'amortissent sans chapiteaux sous le talloir qui marque la naissance des impostes ; l'extrémité de chaque cannelure abrite une pomme de pin.

« A ces couples de supports ne correspond aujourd'hui qu'une seule archivolte qu'ornent de larges feuilles dérivées de l'acanthe, repliées en crochets.

« Le tympan et le linteau pris dans un même bloc de pierre calcaire sont un des plus beaux morceaux de la sculpture bourguignonne au XIIe siècle. Le linteau représente la cène et le tympan porte l'image du Christ glorieux assis sur un trône dans une auréole elliptique soutenue par deux anges. A Charlieu l'art bourguignon touche à sa plus haute perfection ; importance de l'œuvre mise à part, il serait difficile de constater une infériorité marquée dans la statutaire de Saint-Julien, tant sous le rapport de l'inspiration artistique que pour les qualités techniques de l'exécution.

« Ici, contrairement à ce qui existe à Charlieu, le Christ et les deux anges ont gardé leurs têtes intactes ; le marteau huguenot ou terroriste qui a décapité les saintes images du linteau n'a pu porter ses coups assez haut pour mutiler le tympan. La tête du sauveur est médiocre, son nimbe manque d'ampleur ; mais celles des anges sont d'un ciseau énergique. Leurs cheveux retombent sur leurs épaules en boucles opulentes, mais leurs traits un peu rudes sont animés d'une mâle expression et n'ont rien de commun avec le type efféminé mis en vogue dans l'art chrétien par les Italiens.

« Deux caractères distinguent la sculpture du portail de St-Julien : dans la conception, la recherche manifeste du mouvement ; dans l'exécution, l'emploi d'un relief très accusé, rivalisant pour ainsi dire avec la ronde bosse. Et comme à Charlieu, la profondeur des évidements de la pierre est en effet très frappante. Le mouvement dans le geste et l'attitude atteint, avec les figures du porche de Charlieu, une énergie, une intensité qui peut difficilement être égalée. Le sculpteur de Saint-Julien, lui aussi, a su exprimer l'animation et la vie; il marche dans une route nouvelle, hors de l'ornière bysantine ; il donne une âme aux corps inertes que ses devanciers lui ont laissés pour modèle. Sous son ciseau créateur, s'animent non seulement les êtres vivants, mais encore les vêtements, les accessoires. Voyez ces tentures dénouées qu'un souffle semble agiter, ces draperies flottantes, ces ailes brisées en replis sinueux. Les efforts manifestes de l'artiste pour lutter contre l'immobilité rigide des types traditionnels de la vieille école s'exercent avec un succès complet. Il possède maintenant l'art de draper une figure dans les plis d'une étoffe légère, d'habiller le corps humain, sans cacher les belles proportions de ses membres, sans paralyser le jeu de ses muscles. Sous ce rapport examinez les deux anges du tympan de Saint-Julien et vous vous demanderez si les sculpteurs de l'antiquité ont seul connu le secret des draperies manillées.

« Le linteau représente la cêne. Le Christ et ses apôtres sont assis devant une table couverte de plats et d'ustensiles. C'est le poisson qui fait avec le pain l'unique nourriture des convives. A la droite de Jésus est placé saint Jean. Devant ce dernier et de l'autre côté de la table se tient agenouillé le traitre Judas. La table est la même que celle de Charlieu ; soutenue par des pieds cannelés, elle est revêtue d'une nappe aux plis réguliers, méthodiquement disposés comme des lambrequins.

« A l'extrémité gauche, un serviteur prend de la main droite une amphore déposée sous une niche gallo romaine surmontée d'un gabbe, tandis que de la main gauche, il dépose une assiette sur la table. Près de lui un convive présente sa coupe. A droite, un autre serviteur pénètre dans la salle par une porte du même style que la niche. D'une main il tient une coupe et de l'autre il soulève un pan de la nappe. Le ciseau de l'artiste se plaît aux menus détails : C'est le propre de tout art primitif. Il a eu soin d'indiquer scrupuleusement l'appareil du mur de la salle et la tenture brodée qui la décore.

« Un second sujet complète l'ornementation du linteau et en occupe les deux extrémités : c'est le lavement des pieds. A droite, Jésus à genoux lave les pieds de Saint-Pierre qui porte les clefs ; le prince des apôtres est assis sur un siège richement orné, dont les accoudoirs sont ajourés d'arcatures. De l'autre côté, deux disciples opèrent la même ablution ». (1)

(1). JOSEPH DÉCHELETTE. — *L'Art Roman en Brionnais*, p. 89 et s.

SARRY

268 habitants. — Poste de Saint-Christophe, à 6 kilomètres; à 7 kilomètres de Semur, à 8 kilomètres de la gare de Marcigny et à 23 kilomètres de Charolles. — Superficie 967 hectares dont 412 en prairies, 287 en céréales et cultures. 133 en bois et 35 en vignes. — Commerce de bétail. — Excellentes prairies. Territoire dans un vallon.

Châteaux: d'Essiat, du Magny, vieux manoir à M. Neyrand, Cet ancien château a été ruiné à la Révolution. Il n'en reste qu'un corps de logis privé de tours et deux portails. Les armes de François de l'Aubépin de Sainte-Colombe-en-Forez ont été effacées par les révolutionnaires.

A Chessy, on voyait une chapelle qui fut une succursale de Sarry. Boisset et Magny étaient des fiefs relevant du prieur d'Anzy. Courtépée indique à Sarry la meilleure prairie de la province; elle appartenait au seigneur et pouvait nourrir 125 bœufs.

VARENNE-L'ARCONCE

366 habitants. — Poste de Saint-Christophe à 7 kilomètres, à 13 kilomètres de Semur, à 17 kilomètres de Charolles et à 11 kilomètres de la gare de Montceau-Vindecy. — Superficie : 837 hectares, dont 580 en prairies. 150 en céréales et cultures, 57 en bois et 20 en vignes. — Vins ordinaires. — Commerce de bétail gras. — Carrière de grès. — Territoire accidenté. — Eglise du XIe siècle, monument historique.

La prieure de Marcigny nommait à la cure depuis 1094. Saint Odilon y établit un prieuré de Bénédictins en 1045, uni depuis à Marcigny. Le prieur de ce monastère fit hommage au roi de la terre de Varenne en 1244. Cette seigneurie avait été donnée en différents temps à Marcigny : Arthaud de Briant cède l'église et la dîme en 1094 ; Constance de Semur dite de Varenne y légua des fonds ; le fief de Montrafon fut cédé par Marguerite de Mailli, en 1281. Le fief de Forges, vendu par les Bénédictins, en 1393, à Jean du Palais, passa à Ant. de Digoine, en 1444 ; à Ant. de Vichy, en 1466 ; à Laurent de Thenay, en 1630 ; puis aux Joleaud.

La maison dite la Tour-Varenne, jadis aux Raquin, en 1500, passa aux Rosselin, puis à J.-B. Joleaud, en 1642. Ce fief était au XVIIIe siècle entre les mains de J.-B. Bouthier de Rochefort. Les Etats du Charollais firent construire un pont sur l'Arconce en 1731.

Une charte de Cluny nous apprend que, vers le milieu du XIe siècle, un seigneur nommé Artaud, et sa femme Eldeburge donnèrent au chef de l'ordre bénédictin l'église de Varenne-en Brionnais, alors dédiée à la Vierge et à saint Pierre. » (1)

(1). Recueil des Chartes de l'abbaye de Cluny. — Aug. Renard et Alex Bruel, tome IV, n° 2874.

D'après Courtépée, le donateur se serait nommé Artaud de Brionnais ou de Brian (*Briennensis*) : il aurait cédé en 1045, l'église de Varenne à saint Odilon pour y fonder un prieuré donné ensuite, en 1094, au couvent de Marcigny. Le prieuré fut détruit pendant les guerres de la Ligue.

Varenne possède une superbe église qui est classée parmi les monuments historiques. M. J. Déchelette la décrit ainsi dans l'*Art Roman en Brionnais* :

« L'église de Varenne, monument d'un haut intérêt, s'est conservée intégralement jusqu'à nous. L'architecte, M. Selmersheim, inspecteur des Beaux-Arts, n'a eu qu'à consolider la vieille construction lorsque la commission des monuments historiques en a décidé la restauration. Ces travaux de réparation ont fait disparaître les traces de l'appareil défensif dont le clocher avait été muni, il y a plusieurs siècles. C'est la seule modification apportée aux dispositions anciennes de l'édifice.

« Les tours d'église, transformées en donjon, sont encore assez abondantes dans nos provinces; elles subsistent comme témoins de ces époques troublées de notre histoire où l'on ne connaissait guère la sécurité dans les campagnes, alors théâtre de scènes sanglantes et meurtrières. Contrairement aux dispositions habituelles de la mise d'une église à l'état de défense, le mur de l'abside de Varenne n'avait pas été surélevé, mais au sommet du clocher on avait disposé un crénelage en maçonnerie ; de plus en murant jusqu'à mi-hauteur les fenêtres basses du beffroi, on avait obtenu un second rang de créneaux. A quelle époque doit-on faire remonter cette transformation ? Bien souvent, les moines et les habitants de Varenne ont eu l'occasion de s'armer contre des envahisseurs ou d'audacieux voleurs. Au XIVe siècle, le Charollais et le Brionnais furent ravagés par le prince de Galles, fils du roi Edouard III, qui passa la Loire à Marcigny, en 1366. Pendant les querelles meurtrières des maisons d'Orléans et de Bourgogne, sous Charles VI, les ducs de Bourbon et les comtes de Beaujeu traitèrent Semur comme pays ennemi », dit Courtépée. Au temps des guerres de religion, Poncenat, St-Aubrin et le prince Casimir désolèrent la région brionnaise à la tête de deux bandes indisciplinées.

« Mais c'est probablement pendant les guerres de la Ligue que l'on eut plus particulièrement recours à ce procédé expéditif des fortifications. C'est ainsi que l'église d'Avrilly fut changée en forteresse par le capitaine Mont, en 1592, et brûlée par un châtelain d'Arcy. Courtépée nous apprend aussi que le prieuré de Varenne fut détruit pendant ces malheureuses luttes religieuses. Les créneaux du clocher n'avaient donc pas suffi à arrêter l'assaillant.

« Le plan de l'église est cruciforme ; il comporte une nef centrale sans étagement, bordée de collatéraux, croisée d'un transept et terminée à l'orient par une seule abside semi-circulaire, précédée dans une courte travée de chœur. La tour est posée sur le carré du transept.

« Les heureuses et originales dispositions de la façade en font un modèle accompli d'ordonnance ingénieuse, obtenue par le moyen le plus simple sans le secours de la sculpture.

« Au rez-de chaussée s'ouvre une vaste et belle porte en plein cintre dont le haut est fermé par un tympan et un linteau sans ornementation. Les archivoltes ne sont que de grosses moulures toriques en retraite, encadrées d'un triple rang de billettes. Deux colonnettes servent de supports. Les chapiteaux, d'une exécution assez primitive, ont pour tailloir commun un large cordon chargé de besants qui se profilent sur toute la largeur de la porte.

« Pour obtenir un ébrasement plus profond et par là de plus puissantes oppositions de lumière et d'ombre, l'architecte de Varennes a fait saillir les archivoltes de la porte sur le nu du mur de la façade et pour protéger l'extrados contre les eaux de pluie, il a fait courir horizontalement un épais bandeau mouluré qui marque la naissance du premier étage. Là les contreforts cessent d'être noyés dans le massif central de la façade, mais ils se présentent sous la forme d'un dosseret à section rectangulaire auquel est adossé un pilastre cannelé, surmonté d'un talus. Au centre est percée dans le mur une baie à large ébrasement. De chaque côté de cette baie s'avance en saillie une petite colonnette effilée séparée du contrefort latéral par deux arcatures lombardes. Un bandeau couronne cet ensemble. Un pignon, évidé au centre d'une petite ouverture complète, termine la façade.

« Le clocher comprend un soubassement et deux étages d'ouverture, et se termine par une pyramide quadrangulaire en charpente. Sur chacune des faces sont appliquées, de haut en bas trois demi-colonnes d'une faible section ; elles se terminent sous les modillons de la corniche. Le percement du beffroi consiste, pour chaque face et à chaque étage, en un rang de deux fenêtres à plein cintre toutes pourvues de colonnettes d'angles, mais les fenêtres supérieures sont géminées, c'est-à-dire séparées en deux petites baies à colonnettes accouplées et inscrites sous une archivolte commune.

Une belle porte latérale donne accès dans le bas-côté sud. Elle est rectangulaire. Sur son tympan, on voit une curieuse sculpture romane représentant l'agneau pascal ; il se dirige à gauche, portant du pied antérieur gauche une croix stationnale nimbée. Au-dessus de cette dalle est bandé un arc de décharge qui forme une large plate-bande semi-circulaire ornée de cinq roses épanouies inscrites dans des cercles. L'intérieur de l'église compte trois travées dans chaque nef. Les collatéraux sont voûtés d'arêtes, la grande nef, les croisillons, la travée du chœur, en berceau, l'abside en demi-coupole, le carré du transept en coupole sur trompes.

« Tous les grands arcs sont en cintre brisé, de même que les voûtes en berceau. Les piliers de la nef sont des massifs de maçonnerie quadrangulaires, contournés de demi-colonnes, remplacées sur les bas côtés par des dosserets, à forme de pilastres rectangulaires.

« Une arcature romane à cinq compartiments, avec colonnettes engagées, posées sur un banc continu, suit le pourtour de l'abside. Le cordon horizontal, qui marque la naissance de la demi-coupole, est relié aux chapiteaux des colonnettes par des pilastres cannelés. Sur les chapiteaux de la nef, on voit, outre la décoration végétale, des figures que les sculpteurs romans des XIe et XIIe siècles ont fréquemment reproduits. La sculpture manque de fini, ce qui tient à la nature de la pierre employée, mais elle est d'un dessin énergique.

« Cette construction semble dater de la première moitié du XIIe siècle ». (1)

(1) Jos. Déchelette. *L'Art roman en Brionnais*, p. 91 et s.

TABLE DES GRAVURES

Fleury-la Montagne. — Entré du Bourg.
Iguerande. — Eglise paroissiale.
— Intérieur de l'église.
— Réception du cardinal Perraud.
— Construction du Pont.
— Pont sur la Loire.
Ligny. — Ruines de l'Abbaye de Saint-Rigaud.
Mailly. — Place de l'Eglise.
Sarry. — Maison Despierre-Sarry.
Saint-Bonnet-de-Cray. — Eglise et cimetière.
— Château de Malfarat.
Saint-Christophe. — Champ de foire.
Saint-Julien-de Jonzy. — Portail de l'église.
— Réception du cardinal Perraud.
Varenne-l'Arconce. — Eglise paroissiale.

TABLE DES MATIÈRES

ERRATA

Page 81, premier renvoi, au lieu de : D'après les documents recueillis par M. Vuillaume, libraire à Marcigny, lire : D'après les documents recueillis par M. DÉROT, libraire à Marcigny.

Page 209 et suivantes, lire de Tenay au lieu de Terray comme ancienne famille de Saint-Christophe-en-Brionnais.

www.ingramcontent.com/pod-product-compliance
Ingram Content Group UK Ltd.
Pitfield, Milton Keynes, MK11 3LW, UK
UKHW012010240726
13965UKWH00001B/273

9 782013 495370